COLECCIÓN CLÁSICOS DEL DERECHO

TÍTULOS PUBLICADOS

Filosofía del Derecho, *Gustav Radbruch* (2007).
Tratado de filosofía del Derecho, *Rudolf Stammler* (2007).
Teoría General del delito, *Francesco Carnelutti* (2007).
La autonomía en la integración política. La autonomía en el estado moderno. El Estatuto de Cataluña. Textos parlamentarios y legales, *Eduardo L. Llorens* (2008).
El alma de la toga, *Ángel Ossorio y Gallardo* (2008).
La filosofía contemporánea del Derecho y del Estado, *Karl Larenz* (2008).
Historia de las doctrinas políticas, *Gaetano Mosca* (2008).
El Estado en la teoría y en la práctica, *Harold J. Laski* (2008).
Derecho constitucional internacional, *B. Mirkine-Guetzévitch* (2008).
La situación presente de la Filosofía del Derecho, *José Medina Echavarría* (2008).
El método y los conceptos fundamentales de la Teoría Pura del Derecho, *Hans Kelsen* (2009).
La ética protestante y el espíritu del capitalismo, *Max Weber* (2009).
De la irretroactividad e interpretación de las leyes. Estudio crítico y de legislación comparada, *Pascuale Fiore* (2009).
Cartas a una señora sobre temas de Derecho político, *Ángel Ossorio* (2009).
Elogio de los Jueces escrito por un Abogado, *Piero Calamandrei* (2009).
Teoría general del derecho, *J. Dabin* (2009)
Enciclopedia Jurídica, *Rodolfo Merkel* (2009).
Breviario de un hombre de estado. Instrucciones a un embajador y algunas obras inéditas hasta el día, *Nicolás Maquiavelo* (2010).
Cartas a una muchacha sobre temas de Derecho civil, *Ángel Ossorio y Gallardo* (2010).
La crisis del Estado y el derecho político, *Adolfo Posada* (2010).
Hacia un nuevo derecho político. Reflexiones y comentarios, *Adolfo Posada* (2010).
El Ordenamiento Jurídico, *Santi Romano* (2010).

COLECCIÓN CLÁSICOS DEL DERECHO

Directores:
JOAQUÍN ALMOGUERA CARRERES
GABRIEL GUILLÉN KALLE

EL ORDENAMIENTO JURÍDICO

SANTI ROMANO

Traducción de
Sebastián MARTÍN-RETORTILLO
Lorenzo MARTÍN RETORTILLO
Doctores en Derecho por la Universidad de Bolonia

ESTUDIO PRELIMINAR DE
Sebastián MARTÍN-RETORTILLO
Catedrático de Derecho Administrativo
de la Universidad de Valladolid

REUS

Esta obra ha sido publicada con una subvención de la Dirección General del Libro, Archivos y Bibliotecas del Ministerio de Cultura para su préstamo público en Bibliotecas Públicas, de acuerdo con lo previsto en el artículo 37.2 de la Ley de Propiedad Intelectual.

Preciados, 23 – 28013 Madrid
Tfno.: (34) 91 521 36 19 – (34) 91 522 30 54
Fax: (34) 91 531 24 08
E-mail: reus@editorialreus.es
http://www.editorialreus.es

ISBN: 978-84-290-1639-0
Depósito Legal: M. 12131-12
Diseño de portada: María Lapor
Impreso en España
Printed in Spain

Imprime: Talleres Editoriales Cometa, S. A.
Ctra. Castellón, Km. 3,400 – 50013 Zaragoza

LA DOCTRINA DEL ORDENAMIENTO JURÍDICO DE SANTI ROMANO Y ALGUNAS DE SUS APLICACIONES EN EL CAMPO DEL DERECHO ADMINISTRATIVO

Por Sebastián Martín-Retortillo
Catedrático de Derecho Administrativo
de la Universidad de Valladolid

I

1. Se publica ahora la traducción castellana de una obra aparecida por primera vez hace cerca de medio siglo[1]*, y si tal hecho acaso pudiera parecer a primera vista un tanto sorprendente, lo que realmente debe producir extrañeza es precisamente lo contrario. Y ello no tanto en cuanto la versión castellana no se haya realizado hasta ahora, sino en cuanto puede decirse que la obra había permanecido ajena para el jurista español hasta hace media docena de años*[2]*, e incluso aunque después de esta fecha se ha hablado de ella, se ha hecho, en ocasiones, sin una exacta comprensión de su contenido, malentendiéndolo en otras. En definitiva, también entre nosotros ha ocurrido exactamente el mismo fenómeno que el propio Romano, denunciándolo, lamentaba al concluir la nota preliminar a la segunda edición de su obra. "Siendo ahora fácil la lectura del libro —decía— espero que no sean ya muchos los que, como con frecuencia ha ocurrido, hablen de él sin conocerlo directamente y por ello mismo incurriendo en graves errores."*

El ordenamiento jurídico de Santi Romano es, sin duda alguna, una obra fundamental. Y no es la circunstancia concreta de presentar ahora la obra al lector español la que

---

[1] La traducción de la obra de Romano, se ha realizado de la reimpresión de la segunda edición italiana, Editorial Sansoni, Firenze, 1951. Colección "I classici del diritto", 240 páginas.

[2] Vid. de modo especial García.-Trevijano, Principios jurídicos de la organización administrativa, Madrid, 1957. Sobre este mismo punto ha de tenerse también muy en cuenta la afirmación de Villar Palasí, Derecho administrativo, ed.lit. 225: El problema de la organización administrativa es lógicamente inmediato al del ordenamiento jurídico. Todo ordenamiento jurídico implica la necesidad de una previa organización; prácticamente puede decirse que no existe un ordenamiento de derecho sin una organización" Igualmente, Garrido Falla, Tratado de Derecho administrativo, I, Madrid, 1961, 54 s.

dicta estas palabras, sino que las recojo conociendo plenamente el valor objetivo que ellas tienen; sobradamente tendremos ocasión de ver la consideración que la obra de Romano recibe por parte de la doctrina, como de un auténtico y verdadero hito en el desarrollo del pensamiento jurídico contemporáneo. De ahí precisamente que no trate de llevar a cabo ni un análisis crítico de la misma, ni menos aún de la obra de Romano en general; tal pretensión de enjuiciamiento limitaría casi con lo grotesco, por carecer de toda autoridad en el campo de la dogmática general del Derecho, que es en el que, en concreto, se mueve Santi Romano en la obra que presentamos. Estas páginas, por el contrario, pretenden tener una finalidad mucho más modesta: simplemente presentar la obra al lector español, formulando al mismo tiempo algunas aplicaciones concretas de la tesis ordinamental en el campo específico del Derecho administrativo. Bien entendido, además, que si la obra de Romano aparece sin duda alguna superada en determinados puntos de su construcción —en el fondo hay quizá en ella demasiado formalismo, un tanto ajeno para el Jurista de nuestros días—, mantiene sin embargo todo su más sugestivo valor polémico en cuanto, en concreto, incide críticamente sobre la concepción normativa del Derecho, análisis que conserva, sí, todavía su más apasionante actualidad. Personalmente no debo ocultar que, en última instancia, quizá lo que más me interese de la tesis de Romano sea, precisamente por su interés dialéctico, más que la construcción positiva, tan difícilmente concretable en muchos casos —"el derecho es organización"—, el doble enunciado que a esta tesis precede sirviéndole de apoyo y sostén: por una parte, "el derecho no es solo norma", por otra, la determinación del significado y del sentido de las normas en función directa de la totalidad del ordenamiento, del que en última instancia aquéllas no son sino una de sus manifestaciones.

2 Santi Romano, que cuando aún no había cumplido los treinta años elaboró ya, esa pieza sorprendente que es su colaboración sobre los derechos públicos subjetivos en el Primo Trattato que dirige su maestro Orlando[3]*, ofrece con L'Ordinamento giuridico ni más ni menos que una formulación del concepto mismo de Derecho; una formulación del concepto de Derecho, decimos, en la que como idea central se asume la intención de reaccionar, decidida y radicalmente, contra aquella concepción que lo concibe exclusivamente en su sentido normativo y relacional.*

a) Para calibrar la trascendencia de la tesis expuesta, puede ser interesante constatar, en base a otros testimonios, y moviéndonos siempre en el plano de la más estricta objetividad, el impacto que la concepción de Romano ocasionó, advirtiendo además que la representación del mismo que podamos recoger en estas líneas será siempre sin duda alguna, pálida y escasa.

Resulta desde luego sorprendente observar la repercusión que tuvo El ordenamiento jurídico. "Nada más publicarse —escribe Orlando[4]*—, todos los estudiosos de la filosofía del Derecho italianos, con un interés que desde luego honra su atenta sensibilidad científica, puede decirse que advirtieron la importancia fundamental de la nueva teoría, hasta el punto que casi todos ellos —de modo más o menos directo, desde luego—, la hicieron objeto de su estudio, en el que aun cuando pudo ser criticada, se reconoció siempre la sustancial importancia de la tesis aportada". El propio Romano, con elogiable objeti-*

---

[3] Vid. Santi Romano, Teoría dei diritti pubblici subbiettivi, en el Primo Trattato, dirigido por V. E. Orlando, I, Milano, 1897, 111 ss.

[4] V. E. Orlando, Principi di diritto amministrativo. Ed: Lessona, Firenze, 1952, XXXVI, en nota. Parte de la Introducción redactada por Orlando para esta edición se publicó también bajo el título Intorno ad alcune fasi storiche e critiche del diritto amministrativo in Italia dopo il 1890 en "Riv. trim. dir. Pub". 1952, 2, 259-288.

vidad, expondrá después, en visión sistemática y de conjunto, todo ese mundo de opiniones y de críticas suscitado por su obra, opiniones y críticas que valora y analiza en las ediciones posteriores, en las que se recogen en notas separadas. No hay sino asomarse a las páginas mismas de la edición que ahora se publica para percibir la significación polémica que la obra de Santi Romano tuvo.

Insisto en que por el momento no formulo ningún juicio de valor ni sobre la tesis de Romano ni sobre los juicios por ella suscitados. Me basta, para realzar su significado, constatar el eco alcanzado por ella, que es, en definitiva, de por sí suficientemente expresivo. Del tema se ocuparon entonces, entre otros, Del Vecchio, Miceli, Cesarini Sforza, Volpicelli, Crisafulli, Capograssi, Bobbio, Cammarata, Condorelli, Perticone, Battaglia, Oresiano, Maggiore, Ferrara, Moriati, C. Schmitt, Ziccardi, Gueli, Carnelutti, Ago Messineo, etc[5]*. Señalemos por último, como en la exposición sistemática que Santi Romano lleva a cabo analizando los juicios de los autores citados, no faltan ni palabras de complacencia para quienes comparten y siguen su tesis, ni ponderadas respuestas a quienes la critican, ni tampoco rectificaciones por su parte; hay también desenfadados calificativos para quienes malentienden la obra, para quienes sin comprenderla opinan sobre ella, o para los que, incluso, ni siquiera el mismo Romano puede decir si la han comprendido o no.*

b) Como una prueba más, y ésta muy cualificada, acerca de lo que la obra de Romano significó, quiero recoger también el testimonio expreso de V. E. Orlando[6]*, en polé-*

---

[5] Cfr. especialmente la nota 89 de la obra de Romano. Por lo que se refiere a la acogida de que fue objeto en la doctrina alemana, vid. C. Schmitt, *Die drei Arten des rechtswissenschaftlichen Denkens*, 1934, 24.

[6] Las referencias de Orlando a la obra de Santi Romano son desde luego muy abundantes. La que transcribimos en el texto en Ancora del método in diritto pubblico con particulare riguardo all'opera di Santi Romano, recogido en Diritto pubblico generale. Scritti varii, Milano, 1940, 56.

mica a veces con el propio Romano, testimonio cuyo significado debe valorarse precisamente en función del papel que Orlando desempeñó como auténtico padre y maestro de la Escuela italiana de Derecho público. Dice textualmente Orlando refiriéndose a El Ordenamiento Jurídico, "La obra se presenta no tanto como enunciación de principios abstractos, sino como algo concreto, como modelo, como ejemplo. Es desde esta perspectiva desde la que la obra de Romano me parece sencillamente prodigiosa. Por mi parte, no dudo en afirmar que no conozco... en toda la literatura jurídica italiana y extranjera ninguna otra que realice de modo tan completo y definitivo lo que debe ser el modelo de una construcción de Derecho público general".

c) Por último, y en base a la conocida afirmación de que son los frutos los que en definitiva determinan la condición del árbol, podemos constatar la trascendencia de la tesis ordinamental de Santi Romano —y acaso sea éste, de todos, el testimonio más decisivo—, viendo cómo aun en medio de las polémicas suscitadas, por encima de ellas incluso, fue y es todavía en nuestros días la concepción metodológica que en su validez general ha encontrado y encuentra una mayor acogida entre los juristas italianos: con mayor o menor intensidad desde luego, o incluso sometiéndola a determinadas correcciones, la tesis ordinamental es frecuentemente asumida por distintos autores como punto de partida para llevar a cabo posteriores investigaciones. Y conviene destacar que esta circunstancia no se da solo en una determinada rama del derecho, sino que reviste caracteres auténtica-

---

(Este trabajo fue publicado inicialmente en los Scritti giuridici in onore di Santi Romano, Padova, 1939). Vid. igualmente Santi Romano e la Scuola italiana di diritto Pubblico, Modena, 1948; la Introducción a sus Principi, XXXVI ss.; también Intorno alla crisi mondiale del diritto. La norma e il fatto, en Scriti giuridici in onore di Francesco Carnelutti, IV, Padova, 1950, 579 ss, *mente generales. M. S. Giannini*[7] *lo ha puesto de relieve muy justamente, analizando el fenómeno en toda su amplitud: la tesis de Romano es acogida por constitucionalistas e internacionalistas; en el campo administrativo, por conocidas, resulta obvio destacar sus aplicaciones; los canonistas, por su parte, deducen también del estudio de los ordenamientos de las distintas religiones las más felices y acertadas consecuencias; a su vez, una autorizada dirección de historiadores del Derecho facilita, en base a la tesis ordinamental, convincentes aplicaciones del fenómeno histórico; los procesalistas e iusprivatistas la acogen igualmente, siendo sin embargo los estudiosos de Derecho romano —señala el propio Giannini— quienes con su natural tendencia a pensar en términos de teoría general, los que acaso la han llevado a sus más interesantes y sugestivas consecuencias. La referencia, entre otros muchos, a los nombres*[8] *de Morelli, Ziccardi, Sperduti, Monaco, Del Giudice, Messineo, Codacci Pisanem, Allorio, Biscaretti di Ruffia, Guarino, G. I. Luzzatto, Ruffini, Amorth, Salvatore Romano, Silvestri, Nigro, Ottaviano, etc., es por demás expresiva acerca de la fecundidad de la doctrina, debiendo añadirse a los nombres anteriores, y de modo muy especial como es lógico, los de los tres exponentes más caracterizados de la Escuela, de administrativistas que directamente deriva de nuestro autor, y que sin duda alguna son en nuestros días los representan-*

---

[7] M. S. Giannini, Gli elementi degli ordinamenti giuridici en "Riv. trim. dir. Pub". (1958), 2, 291 s.

[8] Cfr. M. S. Giannini, Glí elementi, 219 S., quien se refiere con todo detalle a los distintos autores en los que la tesis ordinamental encuentra acogida. A las referencias bibliográficas allí señaladas deben añadirse además, entre otras muchas, Codacci Pisanelli, L'annulamento degli atti amministrativi, Milano, 1939; del mismo autor también, L'invaliditá come sanzione di norme non giuridiche, Milano, 1940; Ottaviano, Sulla nozione di ordina mento amministrativo e di alcune sue applicazioni separata de la "Riv. trim. dir. Pub". (1958), 4; Biscaretti Di Ruffia, Diritto costituzionale. Napoli, 1962, 1, 12-13, 23, 35, 39 y passim, Más referencias bibliográficas también en la propia obra de Romano, nota 89.

tes más cualificados de la ciencia administrativa italiana: Guido Zanobini[9]*, Giovanni Miele*[10] *y M.Severo Giannini*[11].

II

Sabido es que la idea matriz a la que, en última instancia, reduce Santi Romano el concepto de derecho, objetivo no es otra que la de ordenamiento jurídico. Ordenamiento jurídico, sinónimo de institución, resaltándose así, fundamentalmente, el carácter esencialmente organizativo que aquél presenta. En la organización radica la esencia última de lo jurídico.

Ahora bien, si la tesis de Romano ha tenido como hemos visto, importantes y sugestivas aplicaciones, no han faltado tampoco supuestos en los que, a pesar de haber pretendido fundamentarse en ella, la doctrina ordinamental quedaba totalmente desvirtuada, desdibujada, precisamente al desorbitar el papel que un concepto como el de ordenamiento jurídico puede y debe desempeñar. Se ha pre-

---

[9] Es cierto, desde luego, que la obra de Guido Zanobini, especialmente su Corso, mantiene en líneas generales un carácter en cierto modo sintético-descriptivo; sin embargo, los puntos de partida, tanto de esta obra, como muy especialmente de sus ya clásicas monografías, están en evidente conexión con la doctrina ordinamental.

[10] Miele, Principi di dirítto amministrativo, I, Padova, 1960, presenta igualmente un claro entronque con la doctrina del ordenamiento, aunque se separe en algunos puntos de la tesis de Romano, como por ejemplo, al analizar la doctrina de los poderes. Cfr. también de este autor, muy especialmente, los trabajos monográficos de su primera época, como por ejemplo, Le situazioni di necessitá dello Stato, "Arch. di dir. Pub". (1936), 377 ss,

[11] M. S. Giannini, que tan ampliamente se hace eco de la concepción ordinamental, es sin duda alguna más fiel a ella en sus Lezioni di dirítto amministrativo, I, Milano, 1950, que en aquellos trabajos en los que directamente se ocupa del tema, como son, por ejemplo, Sulla pluralitá degli ordinamenti giuridici en Atti I Congresso int. di sociologia, 1951; Gli elementi, cit.

tendido encontrar en él una verdadera y trascendente chiave del mondo, auténtica piedra filosofal con la que resolver, con inexorable y radical exactitud, todos los problemas jurídicos presentados y que incluso pudieran presentarse.

El fenómeno que apuntamos, no es desde luego extraño y puede afirmarse que se ha repetido con frecuencia en el campo del Derecho. Los nombres de Kelsen y Hauriou, por ejemplo, lo atestiguan evidentemente: hay y ha habido siempre como una radical infidelidad a los maestros precisamente de quienes quieren y pretenden ser sus más fieles seguidores. Así, no pocos de los "discípulos" de Kelsen han encontrado o han querido encontrar por todas partes normas jurídicas y nada más que normas; los del decano de Toulouse, instituciones. También en el caso de Romano el fenómeno se ha repetido de modo muy semejante, queriendo ver ordenamientos jurídicos por todas partes. Conviene desde luego advertirlo para así relativizar inicialmente en su significado el concepto de ordenamiento, relativización que en definitiva corresponde absolutamente a todos los conceptos jurídicos; en otro caso se alcanza, en primer lugar, el desorbitamiento del concepto mismo; en ocasiones también desorbitamiento de las consecuencias que de él pueden deducirse. M. S. Giannini[12] ha ridiculizado este estado de cosas con su agudeza característica; permítaseme transcribir aquí sus propias palabras: "... si rischia di giungere a trovare ordinamenti giuridici ad ogni angolo di strada; sarebbero, per fare dei casi, ordinamenti giuridici la comunitá occasionale dei passeggeri di un batello, o quella dei partecipanti ad una riunione di rock and roll, sol perché le esigenze tecniche del mezzo o la specie particolare de-

[12] Item, Gli elementi 221; el propio Romano establece en la nota 34. una serie de correcciones frente a la ampliación excesiva propuesta por algunos autores, tanto de su concepto de ordenamiento jurídico como del de institución.

llo svago, impongono l'osservanza di regole che non sono certamente seguite dalle persone che si trovano in situazioni non cosi particulari. Del resto ciò non è mera fantasia perchè si sono spiegati in termini di ordinamenti giuridici taluni raporti tra due persone: senza così avvertire che accettando le premesse di questo risultato dovrebbe fissarsi un ordinamento giuridico in ogni madre col suo bambino o in ogni coppia d'innamorati: né ciò dovrebbe far sorridere ove si consideri, sulla scorta degli studi psicologici, che ogni rapporti educativo è un unicum, e che ogni corrispondenza amorosa e diversa dall'altra. Tutociò è totalmente stravagante che non puè neppur dirsi più grottesco..."

III

1. Santi Romano[13] *inicia su carrera universitaria con una prolusión en la Universidad de Palermo, que constituye a su vez uno de sus primeros trabajos: L'interpretazione delle leggi di diritto pubblico. Ya desde entonces va a manifestarse en él de modo constante una honda preocupación por los problemas de, carácter metodológico, y ello a su vez de la única forma que las cuestiones de método pueden y deben proponerse para que resulten eficaces: no en su formulación más o menos general, sino a través de su aplicación concreta*[14].

Preocupación metodológica decimos, que por su parte se exterioriza en un triple sentido. En primer lugar, por

---

[13] Orlando, Ancora 52.

[14] Que en ninguna parte como en las cuestiones metodológicas el movimiento se demuestra andando, lo ha puesto de relieve recientemente García de Enterría, "Rev. Admón. Pub.", 26, 255. También Alfonso de Cossío, La crisis de la ley, Sevilla, 1954, 9, denuncia el frecuente contraste que en ocasiones se da en algunos autores, entre exteriorizadas aspiraciones metodológicas de los mismos y la realidad concreta de sus mismas construcciones científicas.

medio de una dedicada y constante atención a todas las cuestiones referentes al sistema de producción del orden jurídico, a la doctrina de las fuentes, cuestiones que resolverá dimensionándolas siempre con un sentido objetivo, mediante su vinculación directa e inmediata con la realidad[15].

En segundo lugar —y aquí su vinculación con Orlando es obvia—, manteniendo una constante preocupación para fijar la plena autonomía sistemática de la Ciencia del Derecho público general, "que a lo largo del siglo XIX había venido formándose como una simple segregación de la antigua vinculación que presentaba con la Filosofía del Derecho"[16] *y con la Ciencia política.*

Por último también, el afán reiterado —y creo que antes que por él por nadie sistemáticamente expuesto en la literatura jurídica de los países latinos—, de que las construcciones jurídicas de validez general abarquen también y con igual significación el fenómeno jurídico-privado y el propio del Derecho público. Entre ambos fenómenos hay desde luego diferencias esenciales; no por ello, sin embargo, dejan los dos de integrar en su conjunto la realidad jurídica general[17].

---

[15] Casi no hace falta advertir que es necesario no confundir este realismo de Santi Romano con aquellas otras doctrinas que también se conocen bajo el nombre de "realismo jurídico", entre las que por ejemplo, hay que situar la conocida de Duguit o las más recientes norteamericanas.

[16] Orlando, Intorno 596.

[17] Cfr. Sebastián Martín-Retortillo, El Derecho civil en la génesis del Derecho administrativo y de sus instituciones. Sevilla, 1960. Por lo que al pensamiento de Romano se refiere, es fundamental el siguiente texto que se contiene en las primeras páginas de la obra: "Gran importancia tiene también señalar el origen, al menos el origen probable, de las definiciones corrientes de derecho, definiciones que han sido elaboradas o desde disciplinas iusprivatistas, que luego las han impuesto a las demás, o desde puntos de vista que no han logrado superar la orientación propia de esas mismas disciplinas... Quien conoce el fatigoso pero importante camino que ha sido iniciado por los modernos iuspublicistas, de integración y corrección de conceptos, un tiempo exclusivamente propios

2. Interesa resaltar cómo en el fondo de esta triple dirección, que tan inmediatamente puede percibirse en toda la obra de Romano, hay como una idea rectora, como un criterio fundamental y determinante; casi se diría que una misma intención preside todos sus trabajos: determinación de la realidad jurídica, y determinación cierta, objetiva y concreta; se supera así además no solo cualquier intento de fijación de esa realidad exclusivamente en base a un orden normativo, sino también en base a un pretendido sistema de validez trascendente, ahistórica y supratemporal. El enjuiciamiento critico que Santi Romano lleva a cabo, tanto del iusnaturalismo[18]*, como del positivismo, responde*

---

del derecho privado, fácilmente intuirá la necesidad de que se cumpla un procedimiento análogo en relación con la misma definición de derecho que, conviene repetirlo, el derecho público y la filosofía del derecho han modificado ad occhi chiusi dal diritto privato" (§ 2). En sentido totalmente análogo se había manifestado ya la doctrina jurídico-pública alemana: vid. Laband, Das Staatsrecht des deutschen Reiches, 1, Tübingen und Leipzig, 1901, VII.

[18] Parece obvio resaltar que las referencias de Romano al derecho natural han de conectarse de modo exclusivo, muy justificadamente por otra parte, con aquella concepción del mismo que lo configura como un pretendido orden superior y trascendente, de validez absoluta y general, siempre difícilmente reducible a categorías estrictamente jurídicas por la vaguedad y ajurídicidad misma de sus propios enunciados. (Vid. por ejemplo, en la dirección que criticamos, A. D'Ors, Principios para una teoría realista del derecho, en "An. Fil. del Der". (1953), I, 224: "Entiendo por Derecho natural aquel Orden jurídico de origen divino que viene admitido por la tradición de la Iglesia católica.) Por nuestra parte, creemos que no hay ningún obstáculo, sino muy al contrario, para estimar compatible la tesis ordinamental con otras concepciones iusnaturalistas distintas de la indicada: así por ejemplo —y sin pretender agotar con ella la formulación que el Derecho natural debe recibir— con la que se determina en base a "la naturaleza de las cosas", Se trata de un iusnaturalismo empírico que desde la natura rei de algunos escolásticos y juristas españoles del Siglo de Oro (Vitoria, Ginés de Sepúlveda, Molina, Gabriel Vázquez) puede conectarse directamente

precisamente a esta intención. Determinación de la realidad jurídica encuadrada siempre en un marco concreto y objetivo, resultado de la ponderación de unas situaciones existentes, situaciones para cuya justa comprensión es con frecuencia necesaria su misma explicación histórica[19].

Para llevar a cabo esta tarea, para determinar esa realidad, hay siempre en toda la obra de Santi Romano una

---

a través de una tradición ininterrumpida, variable desde luego en sus formulaciones y matices, con las concepciones jurídicas de Bodino, Montaigne, Vico y Montesquieu hasta llegar a las obras de Ihering, Savigny y Dernburg para concluir con las recientes tesis sustentadas por Radbruch, Husserl, Reinach, Arthur Kaufmann, Huber y Maihofer. Cfr. estas referencias en base a Erik Wolf, El problema del Derecho natural, Barcelona, 1960, 114-126. Añadamos por nuestra parte cómo este fenómeno de revalorización del Derecho natural no permanece solo en un plano estrictamente especulativo, sino que de modo directo incide sobre la realidad jurídica concreta, sobre las distintas disciplinas jurídicas. En el campo del Derecho administrativo es conocida la tendencia a consagrar la fórmula que el Estado de Derecho representa, no solo de un modo formal, sino también materialmente: conocido es así mismo el camino seguido para reducir en base a fórmulas de Derecho natural el ámbito de la llamada arbitrariedad administrativa, dándole a este término el significado con que García de Enterría lo ha formulado. Vid. también infra, nota 64, refiriéndonos ya de modo concreto al campo del Derecho administrativo.

[19] Señala Orlando, Principi XXXIII —y la observación me parece importante—, cómo debe hacerse entrar en la Ciencia del Derecho lo que propiamente forma parte de su proceso formativo, para de esta forma beneficiarse "dei riscontri storici come dati offertti dall'esperienza cui applica forme a gradi di astrazione che sono propi". Es lástima, sin embargo, que tan trascendental observación no fuera posteriormente puesta en juego en función de sus mejores posibilidades, ni por este autor ni por Romano. De todos modos me parece evidente la necesidad de acudir a la determinación histórica para explicar y comprender la realidad jurídica. Sobre este punto e insistiendo en la misma dirección, vid. la breve pero excelente lección de metodología histórica que se recoge en la Introducción de García de Enterría, a su libro Dos estudios sobre la usucapion en Derecho administrativo, Madrid, 1955.

buscada y absoluta ausencia de erudición, una falta total de referencias teóricas, de juicios preconcebidos: non si lascia aferrare da schemi, da teorie, observa Miele[20]*, pues en el fondo —advierte a su vez Capograssi*[21]*— "el principio que caracteriza su método es, precisamente, el de no adoptar teorías, modos provisionales siempre de ver y de conectar en su conjunto los datos positivos de la vida del derecho entendido en su plenitud". En tal sentido, resulta interesante constatar las muchas veces que Santi Romano, como suprema y más sólida argumentación en la que apoyar, por ejemplo, un determinado juicio, no hace sino indicar que de no admitirlo nos encontraríamos, en pura lógica, con que sería negada una valoración, una circunstancia constantemente reconocida y además, como tal, mantenida en la realidad. Es ésta, en definitiva, la que siempre debe marcar la línea de la argumentación del jurista. En su misma elementalidad, creo que no cabe argumento más convincente y efectivo. Conexión, pues, con la realidad en contra de la cual —en última instancia— en modo alguno puede explicarse el fenómeno jurídico; una realidad multiforme, con frecuencia irreducible a unos esquemas generales. De ahí que Romano renuncie casi como principio, a ofrecernos un desarrollo de su pensamiento en base a unos esquemas límites, desde luego más o menos definidos y completos, pero que en la misma medida que se presentan como una obra terminada y perfecta, se apartan casi siempre de la realidad, por lo que su valor acaso no sea otro que el puramente estético*[22].

---

[20] Esta referencia está tomada del trabajo a que se refiere la nota siguiente.

[21] Capograssi, L'ultimo libro di Santi Romano, "Riv. trim. Dir. Pub". (1951), 1, 60. Este largo estudio de Capograssi constituye una pieza fundamental para la comprensión de la obra de Santi Romano, estudio en el que, por otra parte, no faltan observaciones y juicios de honda y profunda significación humana.

[22] La expresión que el texto recoge la refiere Gerhart Niemeyer al sistema

En el fondo, y como base del planteamiento que Romano ofrece, hay —permítaseme la expresión— una constante y apremiante llamada al sentido común. Una auténtica llamada, que puede percibirse invariablemente, a lo largo de toda su obra hasta concluir en ese librito realmente magistral, que son los Frammenti di un dizionario giuridico[23]*, auténtico símbolo y testamento no solo de un modo de entender el derecho, sino también de un modo de entender lo humano. Y acaso no sea una simple coincidencia que esta obra, precisamente esta obra, escrita en los dolorosos y amargos anos de 1943-1946, que si para todos lo fueron, muy especialmente para Santi Romano —años de abandono, de depuraciones y de crisis*[24]*— concluya con esa deliciosa página sobre "el hombre de la calle"* [25]*, versión presente y societaria de lo que desde los juristas romanos ha sido siempre "el buen padre de familia".*

3. Esta conexión con la realidad, propia como es sabido del positivismo —quede bien claro que me refiero al positivismo en su significado amplio, al positivismo científico y cultural, que hay que mantener perfectamente diferenciado del positivismo jurídico—, en el que evidentemente hay

---

positivista, en el Prólogo a Heller, Staatslehre, Leiden, 1961, reproducción fotomecánica de la segunda edición. En este punto, difiero de las opiniones formuladas por Capograssi sobre la "joven literatura jurídico-administrativa" italiana en la obra recogida en la nota anterior: cfr. en sentido crítico, distintas observaciones sobre el tema en García de Enterría, "Rev. Admón. pub.", 19, 353, s. y Sebastián Martín-Retortillo en la misma Revista, 32, 350.

[23] En distintos pasajes de El ordenamiento jurídico —vid. por ejemplo § 36— se refiere Santi Romano a futuros trabajos a elaborar en la misma dirección y sobre problemática análoga. Creemos, fundadamente, que el que de modo más inmediato puede conectarse con esta intención es, sin duda alguna, su última obra Frammenti di un dizionario giuridico, Milano, 1947.

[24] Capograssi, *L'ultimo*, 75.

[25] Santi Romano, Frammenti, 234.

que encuadrar a Santi Romano, va a llevarle a articular técnicamente la realidad jurídica en base al concepto de institución. Sobre el insistiremos después, lo que interesa destacar ya desde ahora es la intencionada preocupación que nuestro autor tiene de moverse siempre dentro de unas categorías jurídicas, estrictamente jurídicas, que —como él dice tantas veces— "son las únicas que aquí interesan". La doctrina del ordenamiento de Santi Romano es rigurosamente jurídica, a diferencia de lo que ocurre con otros institucionalismos[26]*. Inmanencia, pues, de lo jurídico que debe mantenerse en un plano perfectamente diferenciado de lo no jurídico, especialmente de aquellas otras valoraciones propias y peculiares de la ciencia sociológica. Como ha observado muy bien Capograssi*[27] *no tienen razón quienes estiman que el institucionalismo de Romano lleva consigo un evidente peligro sociologista, dando a su vez a esta expresión un claro sentido peyorativo y crítico. Peligro sociologista inexistente, evidentemente, en Santi Romano, pero del que sin embargo no han sabido librarse del todo algunos de sus más caracterizados seguidores*[28]*.*

En este punto es necesario tener muy en cuenta una distinción que a pesar de su misma simplicidad es fundamental y que con frecuencia resulta olvidada: que hay

---

[26] Salvatore Romano, Autonomía privata, "Riv, trim. dir. pub." (1956), 4, 822.

[27] Capograsi, L'ultimo, 66 ss. En el sentido referido en el texto, por ejemplo entre nosotros, Legaz Lacambra en el Prólogo a la edición española de Del Vecchio, Derecho y Vida, Barcelona, 1942, 11, al comentar el peligro sociologista del institucionalismo de Romano.

[28] Es sin duda alguna en la obra de M. S. Giannini en la que más intensamente se perciben estas derivaciones de carácter sociológico: cfr. especialmente, Sulla pluralità cit. y Gli elementi cit., donde insiste Giannini de modo muy concreto sobre la imposibilidad de aprehender el concepto de ordenamiento si no es acudiendo al concepto sociológico de grupo.

un método jurídico, estrictamente jurídico, que si se quiere, por su vinculación con la realidad, puede calificarse como método sociológico, y que existe también, además, perfectamente diferenciada, la Ciencia de la Sociología. Y mientras que la vinculación al primero, que nos parece clara por lo que a Santi Romano se refiere, nos mantiene en el plano más estricto de lo peculiarmente jurídico, situarse en la segunda supone ya, sin, embargo, una evasión, una salida del mundo del derecho y, consiguientemente, el abandono de aquellas categorías que le son propias.

La distinción me parece importante y puede arrojar no poca luz sobre muchos problemas que la ciencia jurídica tiene actualmente planteados; en nuestro caso, sobre las críticas que en ocasiones se han formulado tachando la doctrina institucional de Santi Romano de excesivamente sociológica y poco jurídica.

En este punto, y en defensa del enjuiciamiento que hacemos de la tesis de Romano, conviene recordar también que no es desde luego una pura coincidencia la exaltación constante[29] *que han hecho de su obra, resaltando precisamente la validez jurídica de la tesis ordinamental, precisamente los juristas más representativos de la Escuela italiana de derecho público, autores en los que a su vez ese afán de pureza de lo jurídico, al margen de categorías económicas, políticas, culturales y sociológicas, es por demás evidente y manifiesto.*

4. La idea matriz y primaria del derecho en sentido objetivo la encuentra Santi Romano en la institución. Conviene destacar una vez más cómo al buscar en la institución

[29] Vid. por todos, y como el más expresivo, recogiendo además referencias a otros autores, el testimonio de Orlando: Principi XXVII ss. y passim, donde se refiere a las conexiones entre su obra y la de Romano, a la vinculación a éste de Guido Zanobini y de otros juristas, autores todos ellos en relación con los cuales nadie podrá apuntar siquiera que no usan del modo más depurado el llamado método jurídico.

esa idea matriz de toda su tesis, busca Romano no solo llevar a cabo la tarea constructiva que según su enunciado se propone —articulación de lo jurídico en base a la idea de institución—, sino también y de modo muy directo, aquella otra de significado polémico y que no es sino una crítica radical al positivismo jurídico. Critica no solo en cuanto éste reduce con carácter exclusivo el campo del derecho a un orden estrictamente normativo[30]*, sino también en cuanto fija las raíces mismas del sistema jurídico únicamente en la voluntad del Estado. Santi Romano reacciona con su obra contra el totalitarismo estatal*[31] *y con todos los honores puede considerársele —como muy acertadamente advierte Esser*[32]*— como auténtico pionero en Europa de la doctrina pluralista. "Aunque sus tendencias sean más organicistas que analíticas —dice— da el impulso para que se aprecie la nulidad funcional de todos los elementos del ordenamiento en tanto que "fuentes del derecho" sustanciales, y el hecho de que la tarea venga determinada previamente por la ley. Sobre todo la segunda parte [de El ordenamiento jurídico], proporciona un material convincente para demostrar la falsedad histórica y actual de la tesis del monopolio de las fuentes del derecho por parte de la legislatura estatal".*

En esta dirección polémica, enmarcada directamente frente al positivismo jurídico, la concepción de Santi Romano cobra actualmente una inusitada significación.

[30] Debe tenerse muy presente que la crítica de Romano no la formula solo y de modo directo al positivismo jurídico; sin embargo, a éste puede ser referida con todo rigor, en cuanto que en última instancia se comprende en aquella concepción más amplia, la concepción normativa del Derecho, con la que precisamente Romano polemiza.

[31] Salvatore Romano, Autonomía 822; en esta misma obra y en nota 74, cfr. referencias a otros trabajos precedentes del propio Santi Romano en esta misma dirección.

[32] Esser, Principio y norma en la elaboración jurisprudencial del derecho, Barcelona. 1961, 370, s. en nota.

No debe olvidarse que, como se ha señalado, toda la compleja polémica que desde una u otra dirección está debatiéndose en nuestros días en torno a los conceptos eseniales del derecho no responde en última instancia sino a un fenómeno de revisión crítica del positivismo jurídico. En tal sentido conviene proclamar —y es preciso poner en esta afirmación todo el énfasis posible—, conviene proclamar, decimos, los innegables beneficios que de la obra del positivismo jurídico se han derivado, y a la que sin duda alguna todos somos deudores[33]*; afirmación y reconocimiento que*

[33] Puede afirmarse, desde luego, que solo a una consideración unilateral del fenómeno jurídico, puede pasar injustamente inadvertida la afirmación del texto. Late aquí en el fondo, con toda su tensión polémica y con un profundo significado compensatorio, ni más ni menos que toda la cuestión del derecho natural, cuestión que, como es sabido, presenta, en cuanto a su contenido, un significado ciertamente "multívoco" aunque sea "unívoca" su función al concebirse siempre precisamente en sus relaciones con el derecho positivo (Erik Wolf, 17, 211, 214 y passim). En este punto conviene proclamar con toda radicalidad cómo el reconocimiento del derecho natural en modo alguno permite minusvalorar el orden positivo; a tal fin puede ser oportuno recordar el siguiente texto de Erik Wolf, 30 ss.: "Hoy, en el momento en que tras un largo período —primero de condena y luego de desinterés— los juristas vuelven a ocuparse teorética y prácticamente del problema del derecho natural, no basta con confesar, llenos de pathos religioso y moral, o de idealismo político-religioso, uno de los ideales iusnaturalistas, cubrir de insultos al positivismo, condenar la legislación formal y la sumisión del juez a la norma positiva (jamás estuvo el juez reducido a la interpretación literal del derecho positivo); conduciéndose así, en efecto se sucumbe fácilmente a la ideología, se entronizan precipitadamente, como permanentes, determinados principios y hasta se promueve la arbitrariedad legislativa o judicial". Sobre las garantías de imparcialidad y generalidad que el positivismo facilitó para el afianzamiento del Estado de Derecho, Wieacker, Privatrechtsgeschichte der Neuzeii, Göttingen, 1952, 257 s. La quiebra del positivismo se puso de relieve, a muy triste precio por cierto, al fallar los presupuestos éticos y políticos que pudieron servirle de apoyo (Wieacker, 327 ss.), habiendo sido acaso necesarias las últimas conmociones políticas para evidenciar cómo el sistema positivo no

deben adquirir especial relieve en el campo del Derecho administrativo. No hace más de cien años nos encontrábamos con una ciencia del Derecho público en la que, junto a las

---

estaba en situación de suministrar ningún criterio de valor aplicable a tareas no conocidas o no reconocidas hasta entonces (Esser, 6). Ello justificó, acaso en Alemania como en ninguna otra parte, una reacción a favor del derecho natural, reacción que se ha presentado con una intensidad realmente sorprendente. Relacionando el renacimiento aludido del derecho natural con la vuelta a una concepción material del Estado de derecho, Jesch, Gesetz und Verwaltunq, Tübingen, 1961, 164 en nota. Sobre esta vuelta al derecho natural, cfr. las referencias recogidas a lo largo de toda la obra de Erik Wolf, obra excelente y de muy importante significación a pesar de su intencionado carácter expositivo. El último testimonio en esta corriente de preocupación por el tema, si bien más desde una perspectiva filosófica, aunque también con especiales referencias a los problemas jurídicos, testimonio que a su vez ofrece una significación que me parece trascendental, es la obra de Ernst loch, Naturrecht und menschliche Würde, Frankfurt am Main, 1961, especialmente interesantes desde nuestro punto de vista, 161 ss. y 299 ss. La reacción hacia el neopositivismo no se ha hecho esperar sin embargo, reacción que por su parte es plenamente consciente de la necesidad de que en un momento dado fuera superado el positivismo, para volver más tarde a él. El conocido texto de Feuerbach —"hay que salir de lo positivo para volver a entrar en lo positivos"— cobra en este sentido especial significado, y no es ajeno incluso a la popularizada afirmación de E. Schmidt, Gesetz und Richter. Wert und Unwert des Positivismus, Karlsruhe, 1952, 22: "el positivismo ha muerto; ¡viva el positivismo!" Que en el fondo se trata de un movimiento constantemente pendular lo puede acreditar, incluso en su mismo valor anecdótico, el hecho de que al "eterno retorno al derecho natural" (Rommem Die ewige Wiederkehr des Naturrechts, 2ª ed., 1947) o a su "Hochrenaissance" (Gutzwiller en "Zeit. für schweizer Rechts", n. s. 76, 215 ss.), se contraponga ahora "el eterno retorno al positivismo jurídico" (Dietrich Lang-Hinrichsen, Fest. für Mezger, München, 1954, 60 ss.). Una visión de conjunto sobre el estado de la cuestión en nuestros días acerca de tan apasionante problema, puede encontrarse muy completa en el simposyum que, dirigido por Maihofer, acaba de publicarse bajo el título Naturrecht oder Rechispositivismus, Darmstadt, 1962, donde se recogen breves pero significativos trabajas, entre otros, de Wolf, Larenz, Welzer, Radbruch, Forsthoff, etc.

categorías jurídicas, se mezclaban indiferenciadas otras de carácter económico, filosófico, político o de simple ciencia de la organización. La "purificación"[34] *de todo ese complejo sistema, el establecimiento incluso de la fórmula técnica para, alcanzar tal resultado, fue sin duda alguna obra exclusiva y directa del positivismo jurídico. Ahora bien, lo que acabamos de decir en modo alguno supone que propugnemos la defensa de la concepción positiva, sino muy al contrario, ya que es preciso proclamar no solo su radical insuficiencia, sino también, y en general, la de todos los sistemas jurídicos estructurados en base a un orden exclusivamente normativo. Insuficiencia hoy manifiesta, directamente reconocida y expresada; insuficiencia sin embargo que de una u otra forma, siempre fue sentida y soportada. Porque no creo sea aventurado afirmar que en el fondo todos*

---

[34] Pueden aducirse aquí una serie de textos en el sentido indicado coincidentes todos ellos en un mismo afán: Laband, IX (prólogo a la 2ª edición) se manifiesta directamente contra el diletantismo histórico, filosófico y político en el campo del derecho público; Orlando, en I criteri tecnici per la ricostruzione giuridica del diritto pubblico, recogido en Diritto pubblico, 6, dice textualmente: "Nos lamentamos que los estudiosos del Derecho sean demasiado filósofos, demasiado políticos, demasiado historiadores y demasiado poco juristas, mientras que es esto lo que sobre todo deberían ser". Vid. también la significación que en análogo sentido tiene en la doctrina alemana la obra de G. Jellinek y la de Hans Kelsen, a las que expresamente se refiere Orlando en la Introducción a la ed. it, de Jellinek, Dottrina generale del diritto dello Stato, Milano, 1949, VIII, ss. El mismo intento de purificación continúa siendo siempre punto de partida para cualquier construcción sistemática: así Caetano, Tratado de Derecho administrativo, Santiago de Compostela, 17: "Pretendí sacar el Derecho administrativo de mi país de una fase que podía considerarse precientífica o prejurídica. En realidad el Derecho administrativo se enseñaba mezclado con nociones económicas, políticas, jurídicas, de mera administración...". Creo importante destacar cómo es siempre, en última instancia, el mismo afán el que se exterioriza desde posiciones tan diferentes, como son las de los autores indicados.

los problemas relativos a la determinación de las funciones del juez como auténtico creador del derecho, de las doctrinas formuladas acerca de la interpretación y aplicación de las leyes —tarea que permitirá precisamente determinar la realidad jurídica de cada caso—, en el fondo de toda la polémica habida en torno a la admisión y reconocimiento de los llamados conceptos standars o, incluso, de las cláusulas generales, en el fondo de la insistente llamada con que, para poder determinar la concreta efectividad del derecho, son reclamados una serie de valores superiores, como pueden ser el de la justicia material o el propio del derecho natural; en el fondo de la doctrina misma de la no aplicación de las normas como técnica correctora de su eficacia o de la tesis del incumplimiento de las leyes como fórmula que rectifica su posible inadecuación con la realidad[35]*, en el fondo de todas estas construcciones y problemas no hay sino una única cuestión: la inconsistencia del orden normológico en cuanto a su valor general y totalizador; la necesidad también de proclamar la imposibilidad de reconducir en su totalidad la realidad jurídica a un simple sistema de normas, porque en última instancia, por ejemplo, casi da lo mismo decir que el derecho no son solo normas que, residenciando en éstas lo jurídico, señalar a continuación que su determinación específica y concreta depende con carácter insoslayable de unas circunstancias de tiempo y lugar, o de las exigencias particulares de los casos singulares o que, incluso, esas normas solo habrán de ser aplicadas, y por tanto solo serán efectivas cuando incidan y en la medida en que lo hagan sobre una realidad social en función proporcional a unas posibilidades existentes o previsibles.*

[35] Sobre estas cuestiones, vid. la obra fundamental ya cit. de Esser, 101, 122, ss., 193, 223 y passim, así como las referencias que en ella se recogen.

Para salvar las consecuencias que en su misma radicalidad se derivan de los postulados positivistas, se ha tenido que echar mano de toda clase de justificaciones; en ocasiones, también, de toda clase de sutilezas. Lo cierto es, sin embargo, que hubiera sido más fácil abandonar aquellos postulados que explicar las técnicas arbitradas para justificarlos.

Imposibilidad, pues, de fijar el orden jurídico con carácter excluyente y total en base a un orden normativo. Es el primer punto central de la construcción de Romano. El derecho es algo más, algo mucho más complejo que las simples normas en las que se concreta. Insistimos: en su totalidad y con carácter exclusivo, porque lo que sobre este punto decimos en modo alguno supone anular o disminuir el valor del orden normativo, que siempre jugará un papel importante en la determinación de lo jurídico; pienso, incluso, que el papel esencial. Sobre este particular las advertencias de Romano[36] *son desde luego reiteradas y constantes: no se trata de reducir el valor de lo normativo, sino simplemente de proclamar que ese orden no agota en sí mismo la realidad jurídica.*

También, como segundo corolario básico a derivar de la tesis ordinamental, la necesidad de enmarcar esas normas, resultado objetivo del ordenamiento jurídico, en la totalidad que éste representa. Se trata de una técnica necesaria de muy amplias posibilidades en cuanto a sus consecuencias, y que va a jugar un papel sencillamente fundamental en puntos tan importantes como son los de la

[36] En que se evite este posible malentendido, insiste repetidamente Santi Romano a lo largo de toda su obra: la concepción ordinamental del derecho en modo alguno elimina, ni menos aún suprime, el papel esencial a desempeñar por lo normativo. Cfr. también Giannini, Gli elementi, 231, al considerar directamente el orden normativo como uno de los elementos integrantes del concepto de ordenamiento.

aplicación, interpretación e integración de las leyes, que solo en conexión y en dependencia directa con la aplicación, interpretación e integración del ordenamiento Jurídico pueden y deben realizarse. Más aún: ha de señalarse también cómo lo que con frecuencia ha venido siendo predicado como características de las normas —piénsese en el ejemplo de la coacción o de la coacitividad de las leyes— son más bien notas peculiares y propias de todo ordenamiento, no solo de las normas que, resultando de él, lo integran en una de sus partes. La diferenciación entre precepto y ordenamiento, y el posterior engarce de estos dos conceptos que en base, a la doctrina ordinamental debe realizarse, constituyen asimismo otro de los puntos de mayor significación y vigencia en la obra de Romano.

5. Es ahora el momento de traer aquí el juicio de ese "hombre de la calle", con su sentido común, con su sensatez propia, con su ius murmurandi incluso[37]*, tal y como Santi Romano lo representa: ese hombre de la calle que sabe muy bien que una cosa son las leyes, las normas, y otra muy distinta la realidad jurídica; que ésta en modo alguno puede hacerse sinónima de aquellas.*

Sin pretender desde luego agotar el tema, cuyo desarrollo completo nos llevaría acaso demasiado lejos, recojamos tan solo algunos ejemplos, referidos siempre al sistema administrativo español, en los que precisamente el juicio del hombre de la calle acaso deba interesar más a los juristas que lo que las mismas leyes puedan decir. Algunos ejemplos, pues, que evidencian en concreto cómo el derecho "no es solo y únicamente" un conjunto de normas, ni solo lo que en ellas se contiene.

a) La Ley de Procedimiento administrativo recoge, junto a otras normas no menos ambiciosas, una de importancia capital en su artículo 35. Debe señalarse, además,

[37] Santi Romano, Frammenti, 234.

que se trata de una norma de aplicación directa, no de carácter programático; que programáticas vienen llamándose a las normas cuando no se quiere que se cumplan... Pues bien, el artículo 35 de la Ley señala que en todos los Departamentos civiles, que en todas las oficinas públicas las tareas de carácter predominantemente burocrático habrán de ser desempeñadas exclusivamente por funcionarios administrativos; los profesionales de carácter técnico y de carácter facultativo deberán dedicarse, plena y exclusivamente, a las funciones propias de su especialidad. Yo me resisto sin embargo a afirmar que la realidad jurídica sea la expuesta en el texto de la Ley y que no continúan, como antes, desempeñando labores predominantemente burocráticas, médicos, ingenieros, arquitectos, catedráticos y demás "técnicos y facultativos". ¿Cuál es entonces la realidad jurídica en este caso? ¿La que nos dice la ley...?

b) En la legislación universitaria está vigente, como es sabido, aquella norma que prescribe que todos los estudiantes deberán acudir a los actos académicos obligatoriamente uniformados con los distintivos propios de la Milicia Universitaria o del S. E. U. ¿Habría algún Rector que pretendiese poner en práctica su cumplimiento? ¿O que exigiera la aplicación del apartado g) del artículo 18 de la Ley de Ordenación universitaria, según el cual debe nombrarse en cada Facultad un "Profesor de día", encargado en ella de su orden y disciplina?

c) Vigentes están también las normas fundacionales y reguladoras de la organización de las Administraciones autónomas de las aguas públicas en su ámbito superior; me refiero, como es obvio, a las Confederaciones Hidrográficas. ¿Quién podrá afirmar, sin embargo, que la organización de esas Administraciones públicas responde en nuestros días al principio de la representatividad de los usuarios contenido en aquellas normas fundacionales todavía vigentes? [38]

d) Más ejemplos todavía, y ahora en sentido contrario, no simplemente de inaplicación de normas. Como es sabido, la Ley de 20 de diciembre de 1952 vino a restablecer, dándole a su vez una nueva redacción, la vigencia del Capítulo V de la Ley de Administración y Contabilidad, cuya aplicación había sido suspendida por el Decreto-ley de 22 de octubre de 1936. De acuerdo con la Ley de 1952 debía entenderse que tal suspensión se extendía desde el 22 de octubre de 1936 hasta la fecha de esa Ley de 20 de diciembre de 1952. Hasta aquí el orden normativo; la realidad fue sin embargo muy distinta. Recojamos las consideraciones que a este respecto formula García de Enterría: [39] *en el propio seno de la Administración se entendió, y así lo había venido manteniendo ya el Consejo de Estado, que el Decreto-ley de 22 de octubre de 1936 había perdido su razón de ser con la desaparición de las circunstancias excepcionales que lo motivaron, mucho antes incluso de que fuera publicada la Ley de 1952.*

e) A conclusiones de significado análogo podemos llegar también al estudiar la figura de la inalienabilidad del dominio público. Remitámonos con carácter general a la investigación llevada a cabo por Clavero Arévalo [40]*, en la que se encuentran abundantes ejemplos de lo que decimos. Así, cuando frente a las soluciones estrictamente normativas señala ese autor, refiriéndose a la nulidad de las enajenaciones de dominio público, que existen muchos casos en los que "puede dulcificarse el rigor de la nulidad teniendo*

---

[38] Cfr. Sebastián Martín-Retortillo, De las administraciones autónomas de las aguas públicas, Sevilla, 1960, en toda su segunda parte.
[39] Vid. García de Enterría, Dos regulaciones orgánicas de la contratación administrativa, "Rev, Admón. púb.", 10, 241 ss.
[40] Clavero Arévalo, La inalienabilidad del dominio público, Sevilla, 1959.

en cuenta las circunstancias del caso, del estado presente y futuro de la función pública después de la enajenación, los intereses de los Usuarios de los bienes o servicios afectados y los del adquirente de buena fe". Es obvio, pues, que también aquí, al admitir todas estas valoraciones, se está proclamando del modo más radical la insuficiencia de las soluciones estrictamente normativas.

f) En el mismo terreno podríamos mantenernos para tratar de justificar la validez y eficacia de los actos de los funcionarios interinos cuando, existiendo prescripción legal que señale plazo máximo durante el Cual podrá tener validez ese nombramiento, continúan en el desempeño de las funciones una vez transcurrido dicho plazo. Hay acaso, en cierto modo una "concesión" del funcionario interino en funcionario de hecho. Pero, ¿qué justifica en tales supuestos la legitimidad de lo actuado por ese funcionario sino, al margen ya de lo prescrito por la ley, la existencia objetiva y cierta de un interés para ello por parte de la propia comunidad?[41]

g) Más todavía: la reducción de la realidad jurídica al orden normativo no solo resulta manifiestamente insuficiente para explicar todos esos problemas, y otros muchos, sino que siendo consecuentes con tal concepción nos encontraríamos de hecho frente a muy graves cuestiones, cuyo solo enunciado puede parecer casi demencial. Veamos un ejemplo. De seguirse estrictamente la tesis normativa con todas sus consecuencias, nos encontraríamos, ni más ni menos, con que la mayor parte de las concesiones de aprovechamientos de aguas públicas otorgadas desde hace unos treinta años eran todas ellas contrarias a derecho. No obstante nadie podrá pensar en sostener tal afirmación,

[41] Cfr. en tal sentido las sugestivas argumentaciones que recoge a lo largo de toda su obra Capaccioli, La gestione di allari in diritto amministrativo, Padova, 1956.

ni menos aún en que pudiera prosperar en cuanto a sus consecuencias, afirmación que por otra parte, y dentro de una concepción estrictamente positivista, resulta irrefutable. La argumentación en la que aquélla puede apoyarse es, como puede verse, clara: la tramitación y otorgamiento de todas, las concesiones de aguas de interés público, se reguló por el Real Decreto-ley de 7 de enero de 1927 [42]*, texto que contiene no solo normas procedimentales, sino también otras de carácter sustantivo. Este Real Decreto-ley derogó preceptos contenidos en normas de rango legal; por ello, precisamente, la exigencia de que la norma promulgada fuera un Decreto-ley. Ahora bien, el Decreto-ley de 15 de abril de 1931 dispuso con carácter general la revisión de toda la obra legislativa de la época del Directorio, ordenando que los decretos-leyes promulgados durante el mismo se clasificaran en cuatro grupos: derogados, totalmente anulados, subsistentes, en todo o en parte y, por último, los que, degradados de rango, continuaban vigentes pero como simples preceptos reglamentarios. El artículo 2 de ese Decreto-ley de 15 de abril de 1931 señalaba a su vez que esa reducción de rango tendría carácter general para todos los decretos-leyes que al llegar el 1 de junio de ese año no hubieran sido objeto de otra distinta y expresa clasificación. Pues bien, el Real Decreto-ley de 7 de enero de 1927 no fue específicamente calificado en ninguno de los grupos indicados; quedaba, por tanto, reducido a sim-*

[42] Este Real Decreto-ley de 7 de enero de 1927 al que nos referimos no debe confundirse con el de igual fecha que establece el carácter de públicas de las aguas nacidas en los montes municipales o en predios particulares cuando no fueran directamente aprovechadas por sus dueños, Real Decreto-ley este último que: en base a lo dispuesto en el Decreto-ley de 15 de abril de 1931, Si fue derogado por el Decreto de 6 de mayo del mismo año, Decreto este último de muy dudosa y parcial inspiración, cuyo preámbulo comenzaba con aquellas conocidas palabras de: "Alarmada la conciencia jurídica del país…".

ple precepto reglamentario. Además, que nosotros sepamos no ha sido objeto de ninguna ulterior convalidación que lo restableciera en su valor legal. Debe pensarse entonces que volvían a cobrar vigencia las normas por él derogadas, cuyo mantenido y constante incumplimiento nos colocaría frente a situaciones evidentemente contrarias a derecho. ¿Quién podrá pretender, sin embargo, que ello sea así, y que la realidad jurídica en este punto concreto no continúa siendo determinada en toda su extensión en función del Real Decreto-ley de 1927, cuando como tal viene haciéndose por la Administración activa, y como tal viene siendo reconocido por la Administración consultiva, por la doctrina y por los propios Tribunales?

A no muy diferentes consecuencias podría llegarse también si desde la misma perspectiva analizáramos la "llamada" Ley de Puertos de 1928, actualmente con plena vigencia y de mantenida aplicación.

Los ejemplos podrían, desde luego, multiplicarse indefinidamente.

IV

1. Pudiera acaso objetársenos que hasta el momento nos mantenemos en una posición quizá excesivamente negativa y crítica, sin proponer, por el contrario, una solución constructiva que pudiera sustituir esa radical insuficiencia que supone la reducción del sistema jurídico exclusivamente a un orden normativo.

En primer lugar, no es cierto que el adoptar una postura crítica suponga no adoptar posición alguna. En el fondo, no se trata, una vez más, sino de la radical limitación, de la esencial relatividad que todo lo humano tiene frente al deseo de satisfacerse con fórmulas plenas y totalizadoras. Pero es que además, al margen ya de esta consideración,

Santi Romano ofrece como elemento central como concepto base sobre el que llevar a cabo la determinación de lo jurídico, el concepto de institución.

No es cuestión de exponer aquí todo el desarrollo que esta tesis lleva consigo; su exposición constituye, ni más ni menos, que el contenido de buena parte de la obra de Romano, en concreto, de casi toda su primera mitad. Ahora bien, la circunstancia de que también para Romano el concepto de institución sea el concepto determinante de lo jurídico, evoca casi instintivamente la doctrina institucional de Hauriou[43]*, formulada poco más o menos, al mismo tiempo que la de Romano, no siendo desde luego una simple casualidad esta coincidencia cronológica, en cuanto acredita mejor que nada las necesidades que el institucionalismo vino a satisfacer. En tal sentido debe considerarse cómo el significado polémico que presenta la tesis del decano de Toulouse hay que conectarlo también y de modo muy principal en relación con la doctrina positivista*[44]*; en concreto, en relación con el desarrollo que recibe a través de la conocida tesis de la regla del derecho de Leon Duguit, frente a la cual Hauriou proclama le rôle secundaire de la règle du droit*[45] *punto éste en el que realmente encuentran expli-*

---

[43] Vid. Hauriou, La théorie de l'institution et de la fondation. Essai de vitalisme social en La Cité motierne et les transformations du Droit, "Cahiers de la nouvelle journée", IV, París, 1925; cfr. también de Hauriou, Principes de droit public, París, 1916 y Précis de droit constitutionnel, París, 1929.

[44] Cfr. el propio Hauriou, La théorie, 6 s.: "Le systéme [—el de la "regle de droit objectíve", de Leon Duguit—] est, d'ailleurs, inacceptable parce qu'íl dépasse le but. Il ne se borne pas à faire de la règle de droit un élément de continuité pour les institutions sociales, il prétend en faire l'élément formateur; or, s'íl est vraí que les règles de droit sont, pour les institutions un élément de conservation et de durée, on ne saurait en conclure qu'elles solent l'agent de leur creation."

[45] Hauriou, *La théorie*, 6.

cación las diferencias esenciales entre las Escuelas de Burdeos y Toulouse, y no en aquel otro, mucho más concreto, particularizado y accesorio, que es el de la cuestión acerca de la doctrina del servicio público.

Señalemos por último cómo la concepción institucional de Hauriou, en contraste con la de Romano, ha tenido entre nosotras una amplia resonancia[46]*, si bien limitada de modo fundamental al campo de la Ciencia política o al de la Filosofía del Derecho, sin que por otra parte haya trascendido mayormente al campo concreto de las disciplinas jurídicas de carácter ya mas particular y positivo.*

2. Santi Romano estudia con detalle a lo largo de su obra la tesis institucional de Hauriou, marcando analíticamente las diferencias que existen entre ella y su concepción ordinamental[47]*. Sobre este punto, más que llevar a cabo un estudio comparativo de las dos doctrinas, conviene poner de relieve al relacionar las dos tesis institucionalistas un fenómeno que ya acabamos de apuntar, y que en cierto modo no deja de ser paradójico. El institucionalismo de Santi Romano carece desde luego de la sugestiva jugosidad, qui-*

---

[46] Merece destacarse entre nosotros, como auténtico pionero del institucionalismo de Hauriou, a Ruiz del Castillo, quien en distintos trabajos y ya inicialmente en el Estudio preliminar a su traducción de los Principios de derecho público y constitucional, Madrid, 1927, ha recogido muy ampliamente las doctrinas del decano de Toulouse. También, entre otros, Corts Grau, Ruiz-Giménez y, muy especialmente, Jiménez Fernández, que ha sido y es, sin duda alguna, quien ha desarrollado más fielmente la doctrina institucional, tanto en el plano teórico como en el práctico.

[47] Vid. especialmente Santi Romano, El ordenamiento, § 11, in fine. No parece sea necesario traer aquí la abundante literatura publicada sobre el institucionalismo de Hauriou. (Cfr., por ejemplo, en Ruiz-Giménez, La concepción institucional del derecho, Madrid, 1944). Referencias expresas de carácter comparativo sobre las dos tesis institucionalistas, pueden verse en Orlando, Intorno, 594 ss. y en Lucas Verdú, infra en las notas siguientes.

zá más política que jurídica, que presenta el del decano de Toulouse; desde una perspectiva jurídica, sin embargo, ofrece sin duda alguna unos perfiles mucho más precisos y concretos, y por ello mismo también de mayor validez. El hálito sociológico e incluso metafísico que hay en toda concepción de Hauriou[48] *—no se olvide por ejemplo el mismo subtítulo de uno de los más caracterizados trabajos en los que recoge su tesis institucional, Essai de vitalisme social— la hace en cierto modo perder rigor jurídico. El fenómeno, por su parte, ha sido ya comparativamente resaltado por Lucas Verdú: "El institucionalismo de Santi Romano, menos genial que el de Hauriou, desprovisto de aliento metafísico, es sin embargo más preciso y técnico".*

La caracterización diferenciadora que señalamos de las dos concepciones institucionalistas, se acentúa todavía muchísimo más en relación con los desarrollos sucesivos de ambas tesis; singularmente en el caso de Hauriou, en el que sabido es, cómo algunos de sus seguidores hicieron perder a la doctrina del maestro no solo su auténtica significación jurídica, sino también el valor sugeridor que tenía[49]*, cuando no la emplearon muchas veces como fórmula justificativa de determinadas situaciones políticas siempre muy poco justificables.*

El institucionalismo de Hauriou y el de Romano en modo alguno pueden identificarse[50]*: ni en sus tesis originarias ni en el desarrollo de las mismas. Por ello, no parece del todo correcta la afirmación de Esser*[51] *cuando conecta los nombres de Renard y Delos con el de Romano. No obs-*

[48] Lucas Verdú, Introducción al Derecho político, Barcelona, 1958, 19, y Sobre el concepto de institución política, en "Rev. de Est. Pol." (1960), 108, 26.

[49] Acerca de los epígonos de Hauriou, vid. igualmente Lucas Verdú, Sobre el concepto 24, y la Introducción 19 y passim.

[50] Cfr. de modo expreso las obras recogidas supra en la nota 47.

[51] Esser, 370 s. en nota.

tante, y manteniendo siempre clara esta diversidad, es posible señalar sin embargo como comunes[52] *muchas más coincidencias de las que aparentemente se presentan —máxime si de las instituciones de Hauriou*[53] *consideramos las institutions-personnes, que son sobre las que de modo fundamental él construye su tests—, en cuanto que en ambas concepciones, si bien con distinta intensidad, el elemento primordial es desde luego el elemento organizativo. En este punto, esencial por otra parte, y en la referencia crítica a la doctrina positiva, hay pues una importante y evidente coincidencia entre las dos doctrinas institucionalistas.*

Ha sido conveniente formular la observación anterior, resaltando el aspecto orgánico que en ambos casos presenta la institución —Hauriou se refiere principalmente a las corporaciones, a las organizaciones—, porque ese fenómeno de equívoca expansión de los conceptos jurídicos, al que ya hemos hecho referencia, se ha dado también en relación con las tesis de Hauriou y de Romano: querer buscar instituciones jurídicas por todas partes, prurito de llamar instituciones a todo, ideologías, doctrinas, ismos, formas, estructuras, derechos, órganos y facultades[54]*. Y en esta línea deformadora, no han faltado tampoco quienes, en base al institucionalismo de Hauriou o al de Romano han consid-*

---

[52] Como la más elemental y lógica prueba en la que apoyar lo que decimos, cfr. el concepto de institución de Romano con el de Hauriou, La théorie, 10, concepto este último tantísimas veces aludido pero tan pocas precisado, y que literalmente transcribimos a continuación: "une institution est une idée d'reuvre ou d'entreprise qui se réalise et dure juridiquement dans un milieu social; pour la réalisation de cette idée, un pouvoir s'organise qui lui procure des organes: d'autre part, entre les membres du groupe social intéressé à la réalisation de l'ídée, il se produit des manifestations de communion dirigées par les organes du pouvoir et reglées par des procédures". (El subrayado es mío.)

[53] Hauriou, La théorie, 10 ss.

[54] Lucas Verdú, Sobre el concepto, 27.

rado y consideran como auténticas instituciones lo que no son sino simples figuras jurídicas, institutos jurídicos. El equívoco me parece evidente. La institución supone siempre un elemento organizativo, supone siempre una efectiva unidad social, unas voluntades, circunstancias que en modo alguno se dan en las llamadas "figuras" jurídicas, que, por el contrario, no son sino los tipos en que se exterioriza el germen jurídico que la institución lleva dentro de sí, las formas en que actúa y de las que se sirve.

Tal interpretación de la doctrina institucional es desde luego errónea[55]*; ello no obsta, sin embargo, para que esas figuras jurídicas puedan calificarse con toda propiedad como auténticas instituciones, pero dando entonces a esta expresión un sentido distinto. No el que Hauriou y Romano le dan, sino instituciones en el sentido tradicional de la romanística y de la Ciencia de las Pandectas, sentido que, como es sabido, absolutamente nada tiene que ver con las configuraciones que de este término formularon Santi Romano y Maurice Hauriou*[56].

V

1. El sistema administrativo español ha acogido recientemente, y que nosotros sepamos con una intensidad que no ofrece ningún otro sistema jurídico, la formulación

---

[55] Cfr. por ejemplo, Ortiz Díaz, Modalidades y perspectivas del régimen especial de Carta, Madrid, 1954.

[56] En tal sentido y con todo rigor, formulando además la distinción entre la que pudiéramos llamar "institución del institucionalismo" y la institución como figura jurídica, Esser 405, así como las referencias allí recogidas. También en el campo del derecho público y refiriéndose al concepto de institución en este segundo sentido es fácil encontrar numerosísimos ejemplos: ya, Laband, IX. Como caracterización general de los "tipos" o figuras jurídicas, recientemente, Larenz, Methodenlehre der Rechtswissenschaft, Berlín-Göttingen-Heidelberg, 1960, 333 ss.

de la tesis ordinamental del derecho. La doctrina recoge la expresión de modo cada vez más frecuente: así, por ejemplo, entre otros, Clavero Arévalo[57]*, García de Enterría*[58]*, García Añoveros*[59]*. Acaso puede parecer aparentemente que esta circunstancia no ofrece mayor problema, y que habiendo sido Romano el que prácticamente acuñara el término, se trata ni más ni menos que de acoger, no solo en su expresión sino en su mismo e intrínseco significado su concepción ordinamental. Veremos, sin embargo, que esto no es así.*

La jurisprudencia también ha reiterado últimamente y de modo constante este mismo concepto, al menos en su expresión formal, así, en fecha reciente por ejemplo, las sentencias de 18 de abril y de 30 de noviembre de 1961 que argumentan en base a lo que establece la Ley de la Jurisdicción contencioso-administrativa de 27 de diciembre de 1956.

Igualmente la legislación. El ordenamiento jurídico vincula en su totalidad a la Administración; a él debe ajustarse el contenido de todos los actos administrativos (artículo 40 de la Ley de de Procedimiento administrativo). Las infracciones del ordenamiento jurídico no tipificadas expresamente, dan lugar —según señala el artículo 48 de la misma Ley de Procedimiento—, a la anulabilidad de los actos administrativos. Por su parte, la sentencia del juez —dice el número 2 del artículo 83 de la Ley jurisdiccional— estimará el recurso contencioso cuando el acto o disposición incurrieren en cualquier infracción del ordenamiento jurídico.

---

[57] Clavero Arévalo, Consecuencias de la concepción del Derecho administrativo como ordenamiento común y normal; separata de la "Rev. Gral. de Leg. y Jur.", nov. (1952).

[58] Vid. García de Enterría, El fundamento de la inderogabilidad singular de los Reglamentos, "Rev. Admón. pub.", 27, 29.

[59] García Añoveros, Desarrollo económico y ordenamiento jurídico, "Rev. der. fin y Hac. pub." (1961), 44.

Que sea el ordenamiento jurídico lo aclara de modo expreso la Exposición de motivos de la última ley citada, texto que recoge en este punto unas consideraciones realmente importantes para la cuestión que nos ocupa. Se dice textualmente:

"Y refiere la conformidad o disconformidad del acto genérico al Derecho, al Ordenamiento jurídico, por entender que reconducirla simplemente a las leyes equivale a incurrir en un positivismo superado y olvidar que lo jurídico no se encierra y circunscribe a las disposiciones escritas, sino que se extiende a los principios y a la normatividad inmanente en la naturaleza de las instituciones."

2. Muchas son desde luego las posibilidades que contienen los textos señalados en cuanto que de modo directo ratifican la superación más absoluta de los criterios positivistas, llegando a hablar, incluso, de una normatividad inmanente en la naturaleza de las instituciones, expresión cuyo valor ya analicé al poco tiempo de publicarse la ley[60]. No es aventurado afirmar que quizá ningún otro sistema ofrezca al juez administrativo tan amplias posibilidades como el nuestro para hacer realmente efectivo un estado de derecho, al reconocer como vinculante para la Administración la misma naturaleza de las propias instituciones[61].

Ahora bien, si el eco de la obra de Romano puede desde luego percibirse muy cerca, no podemos sin embargo sostener[62] *que la doctrina y el derecho positivo hayan acogido*

---

[60] Sebastián Martín-Retortillo: La desviación de poder en el derecho español. "Rev. Admón. pub.", 22, 129 SS.

[61] Vid. infra, nota 71, refiriéndome de modo expreso a la importante sentencia de 20 de febrero de 1959, que directamente se determina en el sentido que se recoge en el texto.

[62] En tal sentido quiero rectificar el juicio que formulé en la página 170 del trabajo a que se refiere la anterior nota 61: acerca de las relaciones entre la tesis ordinamental de Romano y la de nuestra ley de la Jurisdicción contencioso-administrativa.

realmente y de modo total su tesis. Las referencias suponen, desde luego, un paso decisivo, fundamental, amplio camino que nuestros jueces deben recorrer. Pienso, sin embargo, que en todos los textos recogidos la doctrina ordinamental se rectifica en el sentido de reconducirla nuevamente a un orden normativo, todo lo amplio que se quiera desde luego, pero un orden que se apoya también y de modo fundamental en el concepto de norma. La adopción estricta de la tesis hubiera obligado a hablar no de "la normatividad inmanente en la naturaleza de las, instituciones"; sino de la juridicidad inmanente en la naturaleza de las propias instituciones; más aún, la propia doctrina cuando emplea la expresión ordenamiento jurídico, la refiere no a la inmanente juridicidad de lo institucional, tal y como Romano la establece, sino precisamente al orden normativo considerado en su conjunto; el mismo —y la circunstancia resulta aquí un tanto paradójica— el mismo, decimos, que ya con su conocida y gráfica expresión, fijó Maurice Hauriou en el llamado "bloque de la legalidad"; orden normativo integrado no solo por leyes —entiéndase normas escrita—, sino también por normas consuetudinarias y, muy especialmente, por los principios generales del derecho, todos ellos configuradores del obrar de la Administración[63]*. Destacar, de entre estos principios*

---

[63] Conviene destacar como fenómeno importante la valoración creciente que están recibiendo los principios generales del derecho, consecuencia, como ha señalado García de Enterría, de la evidente aceptación del pensamiento principalista en el campo del Derecho administrativo, "hoy mucho más importante en el terreno práctico que lo que lo es en los sistemas cerrados civiles". En la doctrina española, puede afirmarse ciertamente que la manifestación de este fenómeno se conecta en su totalidad con 1a obra trascendental de De Castro, que tanto por lo que se refiere al reconocimiento general del valor de los principios, como en concreto por lo que respecta a los principios institucionales, supone un verdadero hito en el desarrollo del pensamiento jurídico contemporáneo. Vid. sobre el valor de los principios generales del derecho en el campo administra-

generales, los llamados principios institucionales, puede ser sin duda alguna el mejor camino para acercarse a la valoración exacta de la tesis de Romano.

3. Formulada la aclaración anterior, debe considerarse cómo resulta obvio que la vigencia y efectividad del ordenamiento jurídico no puede determinarse en su generalidad, sino que precisamente, y en cuanto se da valor a una realidad inmanente en el seno de las instituciones mismas, solo es posible llevarla a la práctica en función de las distintas situaciones singulares. "Los principios de valoración y de orden que la práctica desarrolla, inventa o pretende extraer de la ley —ha podido escribir Esser[64]— son siempre descubiertos y comprobados en una problemática concreta, de modo que es el problema y no el "sistema" en sentido racional, lo que constituye el centro del pensamiento jurídico."

Técnica del caso concreto que precisamente tan gran papel podría jugar entre nosotros en el campo del Derecho administrativo en base precisamente a las amplias facultades que al juez le vienen concedidas. Y conviene señalar

---

tivo, en la doctrina española Clavero Arévalo, La doctrina de los principios generales del derecho y las lagunas de la legislación administrativa, "Rev. Admón. pub.", 7, 51, ss.; del mismo autor también, El recurso contencioso-administrativo y los principios generales del derecho, Bol. del Colegio Of. de Secr., Int. y Dep. Admón. local", 95 597· Sebastián Martín-Retortillo, El exceso de poder como Vicio del acto administrativo, "Rev. Admón. pub.", 23, 17 ss. Recientemente, y articulando ya técnicamente los principios generales del derecho en el sistema general de garantías de los administrados, vid. García de Enterría, La interdicción de la arbitrariedad en la potestad reglamentaria en "Rev. Admón. pub." 30, 157 ss. y La lucha contra las inmunidades del poder, en la misma Revista, 38, 204 ss. Resaltar el valor de los principios generales del derecho constituye también un fenómeno de muy actual significación en la literatura administrativa extranjera. Cfr. sobre ello las amplias referencias bibliográficas recogidas, respectivamente, en las notas 45 y 98 de los dos trabajos de García de Enterría últimamente citados.

[64] Esser, 9. (El subrayado del texto es mío.)

en este punto la gran actualidad que el problema referido tiene, hasta el extremo de que en base a esa misma técnica del caso concreto se llega incluso a fundamentar no solo la validez de unos principios jurídicos de carácter material, sino incluso también la efectividad misma del propio derecho natural [65]*, Nos situamos así en un marco en el que las funciones del juez quedan muy justa y lógicamente realzadas*[66]*, pues en definitiva será siempre el juez quien en última instancia haya de determinar la juridicidad de esas mismas situaciones, su acomodación o no al ordenamiento jurídico.*

El tema nos llevaría desde luego muy lejos, y aquí solo es posible apuntarlo[67]*. En relación con él, solo quiero se-*

---

[65] García de Enterría, en su trabajo todavía inédito, Introducción al Derecho administrativo, ha sido quien entre nosotros ha resaltado este punto, al poner en conexión la concepción tópica del derecho con el problema del derecho natural. La necesaria concreción que de este modo recibe el derecho natural me parece esencial, si realmente se quiere que, dejando de ser mera entelequia, desempeñe una auténtica función. En esta misma línea es esencial la segunda de las tesis que en su obra formula Erik Wolf, 216: "El derecho natural —dice— si es orden del ser (social) humano, no puede ser jamás "ahistórico"; no es ni norma abstracta, ni regla formal. No puede contemplarse sino dentro de cada situación dada, y solo puede decidirse en cada relación dada." (El subrayado es mío.) La técnica tópica, en base a la contemplación singular de las distintas situaciones particulares, no supone sin embargo caer en un disolvente existencialismo jurídico, en el que las valoraciones individuales no sean reconducibles a "un orden estimativo objetivo y conminatorio": vid. García de Enterría, La interdicción, 157.

[66] Cfr. por todos Viehweg, Topik und Jurisprudenz, München, 1953; Larenz, 273 ss.; Esser, 13, 77, 107 y passim, quien a su vez resalta el importantísimo papel que en este orden de cosas ha supuesto la obra realizada por Puig Brutau; Bachof, Grundgesetz und Richtermacht, Tübingen, 1959; sobre este último trabajo, y destacando el papel de los jueces en el campo jurídico-público, García de Enterría en "Rev. de Est. Pol.", 105, 303 ss.

67 En el fondo del problema, incluso en las mismas diferencias polé-

ñalar que, una vez más, la panorámica de nuestro Derecho no es muy halagadora que digamos. El contraste entre posibilidades y realidades alcanzadas, es desde luego desconsolador. Hace ya algunos años, al analizar la actual

---

micas que determinan los distintos sistemas —"abierto" y "cerrado"— no hay sino una auténtica ley de compensaciones según las peculiares necesidades a satisfacer. "En todas las culturas jurídicas —señala Esser, 10— se repite el mismo ciclo: descubrimiento de problemas, formación de principios y articulación de un sistema. Lo que la tradicional controversia metódica presenta como una supuesta pugna entre un pensar "abierto" y problemático por una parte, y un pensar "cerrado", conceptual y deductivo por otra, es en gran parte un metabolismo necesario, y que procede a empellones entre las nuevas experiencias de la práctica casuística y las energías formales de la Escuela." Si en estos momentos y en otros países, precisamente en los de sistema "abierto", la dirección puede ser acaso la contraria, es por demás, obvio que el sistema judicial español necesita el esponjamiento, un tanto anormal si se quiere, de una construcción desarrollada fundamentalmente en base a la acción de los jueces, para encuadrarse en esa línea cada vez más frecuente en el pensamiento jurídico continental (Esser,10) de ofrecer una fundamentación directa de las sentencias a partir de principios jurídicos generales, bien por causa de la misma insuficiencia de las leyes, bien como punto de partida de valoraciones totalmente nuevas: Debe advertirse además que la cuestión no es un simple problema de "valentía moral" o de "gozo en tomar decisiones", sino algo mucho más hondo: se trata, fundamentalmente, de un problema de minusvaloración de los presupuestos históricos y metodológicos que intervienen para la formación del derecho por obra de los jueces. Nuestro pensamiento oscila generalmente con sus hábitos axiomáticos, entre la ilusión de una simple aplicación de la ley y la explotación puramente lógica de unas rationes legis que se suponen siempre a mano, y la ilusión no menos funesta de una "creación" del derecho a partir de "sus" principios, por vía de la libre recherche. Sin las energías configuradoras de la conciencia social y de sus tradiciones, que se expresan en el sistema de una doctrina jurídica o en método de series de sentencias basadas en precedentes y que avanzan por vía de argumentación, semejante "creación" solo puede conducir a arbitrarias expresiones de opiniones subjetivas. (Esser, 107 s.)

Ley de la Jurisdicción contenciosa[68]*, señalé cómo los Tribunales, apegados hasta entonces a un rabioso formalismo, habían elaborado una jurisprudencia pobre e insuficiente, sin responder ni a la alta misión creadora que a la jurisprudencia en general y a la contenciosa muy especialmente le corresponde, ni menos aún utilizando las posibilidades que ya entonces tenían. La nueva Ley —indicaba—, nos presentaba como más deficiente, como muy deficiente, su parte orgánica, por escasamente innovadora, por insuficiente para evitar que esa misma situación se repitiera. No era difícil aventurar casi los mismos resultados, porque si los jueces (por supuesto, no solo los de procedencia "judicial" dentro del llamado "sistema mixto") fueron quienes malograron nuestro anterior sistema contencioso, ellos habrían de ser también quienes, marginando las amplias posibilidades de la nueva Ley de 1956 habrían de conducirnos también a una situación análoga en relación con el nuevo texto. Transcurridos ya seis años, y sin que en ningún momento pretenda recabar haber asumido el papel de profeta, puede tristemente constatarse*[69] *cómo aquellas previsiones no han sido, del todo equivocadas; una vez más, la jurisprudencia contenciosa sigue en su conjunto sin responder plenamente ni a los altos cometidos que debe cumplir, ni menos aún al papel que la ley le permite desempeñar; bien entendido, que no digo que el sistema de nuestra jurisdicción contenciosa no haya mejorado; todavía más, no ha faltado tampoco la construcción aleccionadora y certera, en unos casos dando la razón a la Administración, en otros a los particulares. La crítica, siempre con el máximo respeto, se dirige sin embargo a la falta de sentido ordinamental y de conjunto que en*

---

[68] Vid. Sebastián Martín-Retortillo, La desviación, 130 ss.

[69] Vid. las consideraciones que formula García de Enterría en La lucha, en su totalidad: el ponderado y fundado análisis que este autor hace de nuestra jurisprudencia me exime de cualquier otro comentario.

general presenta nuestra jurisprudencia: caminos abiertos y que en ocasiones —diré usando la expresión de García de Enterría—[70]*, han supuesto incluso auténticos hitos en la historia de nuestra justicia administrativa, no han cuajado en una auténtica y verdadera actitud, seguida sin desfallecimiento, quedándose con frecuencia solo en simples fallos ocasionales y aislados.*

Son muchas ciertamente las posibilidades que de modo fundado cabe esperar de un texto como el de nuestra Ley de la Jurisdicción contenciosa de 1956; solo quiero pensar qué no pueden hacer los jueces para afianzar un Estado de Derecho, para hacer realidad un ordenamiento cuya integración, cuya existencia misma, comprende ni más ni menos que la propia normatividad inmanente en la naturaleza de las instituciones...

VI

1. Son, sin duda alguna, numerosas las aplicaciones de que es susceptible la doctrina ordinamental, doctrina que se ofrece no como una tesis completa, perfecta si se quiere, pero cerrada en cuanto a sus posibilidades, sino como una verdadera técnica de validez general con un campo ciertamente insospechado en cuanto a las consecuencias que pueden derivarse de su aplicación. No se olvide que,

[70] Vid. García de Enterría, La interdicción, 132: en este punto quiero también resaltar por mi parte la trascendencia que en relación con la tesis ordinamental presenta la importante sentencia de 20 de febrero de 1959 (Ponente don Francisco Camprubí y Pader), en cuanto supone una amplia aceptación de la doctrina de "la naturaleza de las instituciones", más de destacar todavía si se considera que la citada sentencia recoge el significado de esa doctrina, no solo en base al sentido positivo que puede presentar, sino también como auténtico y verdadero límite al ejercicio de la potestad reglamentaria. Cfr. igualmente, García de Enterría, La lucha, 179.

en definitiva —es preciso repetirlo una vez más— la tesis de Santi Romano incide, de acuerdo por otra parte con su intención, sobre la teoría general del derecho, sobre su misma configuración temática. Algunas de las aplicaciones de que ha sido objeto en relación con las diferentes disciplinas jurídicas han quedado recogidas. Junto a ellas —y en última instancia pienso que como otras más—, son realmente importantes las consecuencias a derivar de la tesis de Romano, ni más ni menos que al tratar de fijar el propio concepto del Derecho administrativo, que precisamente sobre esa base ordinamental, puede elaborarse quizá con unos perfiles y características que no se dan en ningún otro caso. Para centrar la cuestión, conviene sin embargo, que muy brevemente nos refiramos a la situación actual del problema, para así poder hacer entrar en juego la construcción misma que de él propugnamos.

2. La frágil y anómala situación en que se encuentra el Derecho administrativo en relación con su propio concepto[71]*, situación en cierto modo desconocida para las otras disciplinas jurídicas, ha pretendido explicarse de modo elemental, señalando que el Derecho administrativo era, sencillamente, el Derecho de la Administración pública. Tal afirmación es desde luego cierta en su misma simplicidad; lo que ocurre, sin embargo, es que no resuelve por sí la cuestión planteada, en cuanto la remite a determinar que sea la Administración pública. Es, pues, en torno a este concepto, al de Administración pública, sobre el que realmente hay que operar.*

El concepto de Administración pública, determinante por tanto del de Derecho administrativo, puede formularse, como en definitiva cualquier otro concepto jurídico, desde tres perspectivas distintas[72]*: material, formal y orgánica.*

[71] García de Enterría, Verso un concetto di diritto amministrativo come diritto statutario, "Riv. trim, dir. pub." (1960), 2-3, 318.
[72] Cfr. el conocido trabajo de Vedel, Les bases constitutionelles du droit

La primera de ellas —aunque sabidas no será inútil precisar estas ideas—, se apoya en consideraciones que se deducen en base a una determinada actividad, en función del contenido de un hacer que se cumple. La perspectiva formal, por su parte, se relaciona con los procederes, con el modo cómo se obra; es la forma jurídica la que determina e impone la calificación[73]*. La valoración orgánica, por último, se establece en base a la determinación subjetiva de las personas u órganos que realizan tal actividad. No debe olvidarse, sin embargo —y es Vedel*[74] *quien formula la advertencia—, que una valoración no excluye a la otra; más aún, puede incluso afirmarse que son complementarias entre sí, hasta el punto de poder ver cómo junto a numerosas tesis que se apoyan específica y singularmente en una de las tres direcciones recogidas, es muy frecuente también encontrar otras que las relacionan y conectan; en concreto y de modo especial, la valoración orgánica y la formal se encuentran muy a menudo formuladas de modo conjunto y con carácter complementario entre sí.*

3. En vía de síntesis, puede afirmarse sin duda alguna que el criterio material es el que ha encontrado mayor número de sostenedores, a través de los diferentes matices y enunciados con que ha venido siendo recogido. Es el criterio propio de la escuela clásica alemana, de la italiana y, en buena parte también, de la francesa; es el de la mayor parte de la doctrina tradicional española[75] *y el de nuestro derecho positivo*[76]*.*

---

administratif, "Études et Documents. Conseil d'Etat", 1954, 8; también Zanobini, Corso 1, 23; H. J. Wolff, Verwaltungsrecht I, München und Berlín, 1961, 11 ss.

[73] Un análisis de este punto de vista en García Oviedo-Martínez Useros, Derecho administrativo, 1, Madrid, 1962, 36.

[74] Vedel, Les bases, 27.

[75] Cfr. una amplia exposición de estas tesis en Gareta Oviedo-Martínez Useros, 19 ss.

[76] Un análisis del problema en base a nuestro derecho positivo en Sebas-

También en nuestros días esta caracterización material ha vuelto a recibir nuevas y constantes formulaciones[77]. *Caracterización material que, por otra parte, es, sin duda alguna, la que de modo más directo y expresivo permite alcanzar una imagen real de lo que la Administración pública pueda ser.*

Ahora bien, este planteamiento objetivo o material es muy justificada y fácilmente criticable; por todos son conocidas las objeciones de que ha sido objeto, fundamentalmente en base al esfuerzo constante, insalvable y sin solución posible a que, para mantener su validez, se han visto obligados todos sus sostenedores, cualquiera que en concreto haya sido la formulación que la tesis objetiva haya podido recibir. Esfuerzo insalvable, repetimos, para reconducir a esa actividad tipo y cualificadora todo lo actuado por la Administración, todo lo regulado por el Derecho administrativo en su casi infinita variedad.

No es preciso insistir más sobre este punto, aunque debe advertirse que quizá no todas las críticas dirigidas a la concepción objetiva han estado siempre y en toda su extensión debidamente justificadas. Por nuestra parte, creo que no puede despreciarse, ni mucho menos, la aportación que facilita la valoración material, a la que acaso bien puede señalársele un papel complementario, aprovechando precisamente el juego de técnicas que hemos visto presentaba Vedel; un papel complementa variable según

---

tián Martín-Retortillo, Presupuestos constitucionales de la función administrativa en el derecho positivo español en "Rev. Admón. pub.", 26.

[77] La más sugestiva de ellas es, sin duda alguna, la de Forsthoff, Tratado de Derecho administrativo, Madrid, 1958, 15 ss., que la ha desarrollado a su vez en otras obras posteriores; un análisis de esta doctrina en Lorenzo Martín-Retortillo, La configuración jurídica de la Administración pública y el concepto de "Daseinvorsorge" en "Rev.Admón. pub.", 38, in totum.

circunstancias históricas Y políticas, de modo que viniera a completar la formulación dada en base al criterio orgánico o al formal, de validez siempre más permanente, y con lo que el concepto propuesto alcanzaría entonces, sin duda alguna, una mayor plasticidad y significación.

Dejando aparte el problema últimamente apuntado, es obvia y reconocida la indefendibilidad del criterio material como criterio válido para formular en base al mismo y con carácter exclusivo el concepto de Administración pública; y ello, repetimos, por esa imposibilidad de referir a un concepto determinador de características materiales todo lo que se comprende dentro de lo administrativo. Los hechos, las situaciones, se escapan en su misma fluidez y complejidad, y para evitarlo no vale echar mano del recurso de alterar entonces, con mayor o menor ingenio desde luego, esa cualificación material inicialmente asumida como determinante. Para mantener la validez de un esquema, se desvirtúa el concepto mismo que le sirve de fundamento, vaciándolo incluso, de su significado específico y peculiar. Si se argumenta, por ejemplo, que la policía administrativa o que la gestión industrial no son un servicio público, se responderá entonces —dejando desdibujados los perfiles técnicos del concepto mismo de servicio público—, que en última instancia la actividad de policía no es sino la consecuencia del ejercicio de un servicio público y que también la actividad industrial de la Administración constituye por su parte la prestación de un servicio público que se califica de impropio.

La alusión, en vía de ejemplo, a la doctrina del servicio público, puede referirse también, como es obvio, a todas las demás caracterizaciones materiales, absolutamente a todas. "¿Actividad del Estado dirigida a un fin concreto?" "¿Actividad conformadora del acontecer social?" Entonces, ¿es que el legislador no conforma realmente el orden social, en base a cuya obra actuará des-

pués de modo fundamental la Administración?... Aparece entonces ya la necesidad de distinguir entre una configuración mediata y otra inmediata. Pero, y los Reglamentos que, por ejemplo, no necesitan actos concretos de aplicación, ¿qué tipo de conformación llevan a cabo?

Los ejemplos podrían multiplicarse en el mismo sentido acreditándonos todos ellos directamente la inservibilidad de los criterios materiales, inservibilidad no solo para fijar el concepto de Derecho administrativo, sino incluso también, y por análogas razones, para establecer la correspondiente distinción entre los distintos poderes del Estado. Así, por ejemplo, no parece sea aventurado afirmar que entre la Legislación y la Administración no pueden establecerse diferencias bastantes si se toma como determinante un criterio de carácter exclusivamente material.

4. La fórmula orgánica y la formal se han desarrollado fundamentalmente como reacción contra el planteamiento anterior. Se trata, evidentemente, de dos criterios distintos; en común tienen, sin embargo, no solo esa "oposición" polémica a las tesis objetivas, sino también una íntima relación estructural que hace que con frecuencia se presenten de modo conjunto y complementario, fenómeno fácilmente explicable por otra parte, si tenemos en cuenta que la construcción orgánica no acostumbra generalmente a presentarse de modo aislado y autónomo[78]. Por su parte, también la consideración orgánico-formal ofrece en sus distintos enunciados innumerables matices; todos ellos, sin embargo, se apoyan siempre en la valoración de quién actúa y de cómo se actúa.

Poco hay que decir del desarrollo de estas tesis, tan explicablemente aceptadas en nuestros días. Frente a la inservibilidad de aquellas concepciones objetivas, se propone una solución que quedará formulada en el marco de unas estructuras jurídicas de gran significación técnica y

78 Vedel, Les bases, 27.

de evidente validez. Puede decirse incluso —usando una expresión terminológica muy del gusto de quienes llevaron a cabo la construcción científica de nuestra, disciplina—, que el concepto de Administración pública y el de Derecho administrativo quedaron justamente "purificados" como consecuencia del impacto de esta dirección orgánico-formal. La Administración queda así definida como l'exercice du pouvoir exécutif sous un régimen de puissance publique[79] *o como "complejo orgánico integrado en el poder ejecutivo*[80]*", o como die Gesamtheit der in der Hauptsache zur Verwaltung bestellten Glieder der ínneren staatlichen Organisatión und zwar im Unterschied... zu den Organen der Gesetzgebung, der Regierung und der Rechtsprechung* [81].

Una rectificación de estos enunciados ha sido, formulada recientemente por García de Enterría, cuya tesis suscribimos totalmente en cuanto a la crítica que hace de la concepción orgánica que estudiamos: "el planteamiento que hoy domina en nuestra disciplina de caracterizar a la Administración con criterios puramente orgánicos ("poder ejecutivo"), que como tales son esencialmente relativos y no tocan a una realidad sustancial[82]*", lo sustituye García de Enterría en base al concepto de persona jurídica. No en-*

[79] Vedel, Droit administratif, 1, París, 1958, 23.

[80] Garrido Falla, Tratado, 30, quien por su parte completa esta valoración formulando, al mismo tiempo un concepto de Administración pública en sentido objetivo. Cfr. de este mismo autor La Administración y el método jurídico en "Rev. Admón. pub.", 35, 45, ss.

[81] H. J. Wolff, 12, debiendo advertir, como ya hemos indicado en la nota 72, que esta valoración no la asume Wolff con carácter exclusivo, sino tan solo como una de las que hay que tener en cuenta.

[82] García de Enterría, Observaciones sobre el fundamento de la inderogabilidad singular de los Reglamentos, en "Rev. Admón. pub.", 27, 85 ofrece al concluir este trabajo los puntos de partida de su tesis que después desarrolló en su trabajo Verso, en su totalidad.

tramos en el desarrollo de este último punto concreto[83]*; nos basta recoger, aceptándolo, el enjuiciamiento polémico que lleva a cabo de la concepción orgánica, añadiendo además por nuestra parte cómo es preciso considerar también la circunstancia de que el concepto de órgano, tal y como se entiende, lleva siempre consigo una valoración meramente especulativa, creación del derecho, que no responde ni trasluce una realidad inmanente, una realidad con valor en sí misma. Se trata de una pura fórmula, de una simple creación.*

5. En base a las últimas consideraciones proponemos para el establecimiento del concepto de Administración pública una rectificación de la concepción orgánica, por lo que atañe al punto central que a esa concepción sirve de fundamento, fundamento que debe buscarse en algo que por sí mismo ofrezca una significación más objetiva y real, no exclusivamente de carácter especulativo; en concreto, en el concepto de ordenamiento jurídico en su sentido institucional. Frente al concepto de órgano, el ordenamiento tiene, por el contrario, una realidad in se, una realidad objetiva, no creada, de la que aquél sin embargo carece.

La Administración resulta así, sencillamente, un ordenamiento jurídico. Un ordenamiento que se articula

---

[83] Garrido Falla. Tratado, 40 en nota, critica la tesis de García de Enterría señalando que al no ser el concepto de persona un prius con respecto al derecho, sino un producto de éste, no puede servir como criterio central sobre el que apoyar el concepto de Derecho administrativo. Sin pretender en ningún momento entrar en esta polémica, lo que si resulta evidente es que, en primer lugar, si no sirve el concepto de persona como concepto base del de Derecho administrativo por ser precisamente una creación del derecho, tampoco sirve en función del mismo argumento el concepto de órgano en el que precisamente Garrido Falla se apoya. En segundo lugar, resulta obvio que desde la perspectiva en la que este autor se mueve, el único concepto que no es creación posterior del derecho, por ser el derecho mismo, es el de ordenamiento jurídico, tal y como Santi Romano lo formula y desarrolla.

en el ordenamiento superior del Estado; un ordenamiento integrado a su vez por otros que por su parte le están en cierto modo subordinados. No es posible una ulterior concreción. Cualquier paso hacia adelante que para buscarla se pretendiera dar, haría perder a la tesis del ordenamiento su validez general, tesis que desde luego presenta toda la asepsia de la doctrina orgánico-formal en comparación con la jugosidad fáctica y representativa de las concepciones objetivistas, concepciones estas últimas que, sin duda alguna, y con significación simplemente accesoria, acaso pudieran complementarla.

Naturalmente, no es solo por una necesidad, evidente si se quiere, pero en el fondo no más que teórica y conceptual, por lo que puede proponerse la solución esbozada, sino también porque, superando el campo estrictamente definitorio, la doctrina del ordenamiento permite además afrontar de modo armónico y de conjunto —consecuentes con el mismo concepto dado—, no pocas de las cuestiones que el Derecho administrativo tiene planteadas. Hay así una identidad, una línea unitaria y de conjunto, entre el criterio determinante del concepto y el que se asume para resolver las cuestiones particulares concretas y derivadas.

En la obra de Romano[84] *se apunta ya, un tanto incidentalmente, como de pasada, la tesis que exponemos de configurar a la Administración como un ordenamiento jurídico. Fundamentalmente en dos textos. El primero de ellos al referirse a las instituciones complejas —a los ordenamientos complejos—, entre los que naturalmente se incluye al Estado. También, en las últimas páginas del libro. El Estado como ordenamiento complejo y dentro de él, integrándolo, entre otros, el ordenamiento administrativo, la Administración pública. En este punto creo que no queda sino lamentarnos en cierto modo de que Romano,*

[84] Cfr. Santi Romano, El ordenamiento, §§ 3 y 48.

que con tan reiterada minuciosidad analizó en particular y de modo especial las relaciones entre algunos ordenamientos —me refiero, por ejemplo, a las relaciones entre el ordenamiento estatal y el eclesiástico, entre aquél y el ordenamiento internacional, entre el ordenamiento del Estado federal y los de los Estados miembros, etc.—, no haya dedicado una mayor atención al punto que ahora nos ocupa, pues sin duda alguna el estudio directo del tema, que como decimos queda apenas esbozado, nos hubiera permitido alcanzar muy importantes y sugestivas consecuencias.

6. La tesis de Santi Romano es susceptible en el campo del Derecho administrativo de muy importantes aplicaciones, no ya solo por lo que a su concepto se refiere, sino también en relación con otros muchos puntos. Sin pretender en ningún momento llevar a cabo su estudio sistemático y total —esto es, una construcción de nuestra disciplina en base a este concepto—, veamos algunos de ellos a modo de ejemplo, advirtiendo además que, como es lógico, damos aquí por presupuesta la doctrina de Romano, en base a la cual se desarrolla lo que sigue:

a) En primer lugar, la tesis ordinamental ofrece explicación plena no solo al problema del encuadramiento de la Administración dentro del Estado, sino también al de la inclusión —al de la "integración"— en ella de sus propios órganos, así como al de sus relaciones con los otros ordenamientos administrativos que en aquélla convergen —las diferentes Administraciones públicas territoriales o institucionales—, relaciones que aun caracterizadas por la nota de la sumisión —tráigase aquí toda la doctrina del control y de la tutela administrativa—, pueden representar en ocasiones y de hecho así ocurre con frecuencia, intereses contrapuestos o, incluso, antitéticos.

Por su parte, los problemas de la concentración y desconcentración administrativa, así como los de la descentra-

lización territorial o funcional, encuentran en la doctrina del ordenamiento una muy cumplida base paró, su explicación y desarrollo.

b) En un mismo orden de cosas, esto es, considerando los distintos ordenamientos administrativos en su unidad, la doctrina de Romano se aplica asimismo para explicar las consecuencias jurídicas que se derivan de las modificaciones que, en cuanto tales, pueden sufrir esos ordenamientos en su misma unidad —sucesión entre entes públicos, absorción de una Administración por otra, extinción de una de ellas— , así como las simples modificaciones de algunos de los distintos elementos que integran tales ordenamientos; piénsese, por ejemplo, en el supuesto de la alteración de los términos municipales, en determinados casos de "traslado" de funcionarios, etc.

c) Si todo ordenamiento jurídico representa un sistema de Derecho objetivo, la existencia de varios ordenamientos relacionados y subordinados entre sí, determina igualmente la subordinación o relación, en análoga medida e intensidad, de los sistemas de Derecho objetivo que en tales ordenamientos tienen su fundamento. Aplíquese esta doctrina, por ejemplo, no solo para explicar la subordinación del orden administrativo al legislativo —resultado de dos ordenamientos que a su vez se integran en el del Estado, pero no relacionados sobre una base paritaria, sino que el uno está sometido al otro, aunque zonas del primero están en cierto modo exentas de tal sometimiento—, sino también para explicar los límites y funciones de los llamados ordenamientos inferiores, por ejemplo una Administración municipal o una Administración institucional, en relación con el sistema de Derecho objetivo del ordenamiento superior, la Administración estatal en este caso; también, en relación con el fenómeno de la eficacia —prevista o no prevista—, que en mayor o menor grado puede tener el sistema del ordenamiento inferior para regular una determinada materia en un punto propio y específico del sistema objetivo del ordenamiento superior, pero no desarrollado en él.

d) Siendo a nuestro parecer importantes las aplicaciones hasta ahora señaladas, creo sin embargo que lo es todavía más aquélla en base a la cual se determina la intrínseca juridicidad de todo lo organizativo, al margen incluso de cualquier configuración relacional. En este punto los antiguos criterios de la Ciencia del derecho público, que como es sabido marginaban precisamente en este tema —recordemos el caso de Mayer—, están siendo radicalmente rectificados, hasta el extremo de haber podido afirmarse que la materia de la organización, prescindiendo de su misma irresidenciabilidad ante los Tribunales, constituye precisamente en su propia dimensión jurídica, ni más ni menos que el contenido más típico y más característico del Derecho administrativo[85]*. Pues bien, a este respecto conviene recordar cómo la organización es para Romano ni más ni menos que el dato primario, el dato básico y esencial de todo el ordenamiento en base al cual éste se manifiesta y desarrolla.*

Las consecuencias que se deducen en este mismo orden de cosas son desde luego importantísimas, no solo en cuanto a la valoración jurídica que recibe la parte orgánica en sí mismo considerada, sino también en relación con determinados aspectos concretos de la misma. Piénsese, por ejemplo, en una de ellas: la juridicidad misma de las relaciones entre los distintos órganos de la Administración[86]*, independientemente de que se dé o no la circunstancia de*

[85] Sobre la significación estrictamente jurídica de determinados conceptos y técnicas, al margen de su residenciabilidad jurisdiccional, vid. en concreto las consideraciones expuestas por Lorenzo Martín-Retortillo en La configuración, 51 ss., así como la bibliografía allí recogida.

[86] Garrido Falla, Tratado, 54, realza justamente esta consecuencia de entre las que se derivan de la tesis de Romano, punto que con anterioridad puse ya de relieve en mi trabajo El exceso de poder, 153.

una alteridad subjetiva como pretendida base de carácter necesario para establecer cualquier calificación jurídica.

e) Conocidas son también las constantes tentativas de la doctrina para explicar el hecho de que la Administración pública use en ocasiones su derecho propio y peculiar —el Derecho administrativo—, y en otras de las restantes ramas del sistema jurídico. Se trata de una cuestión a la que en última instancia puede reconducirse también la misma razón de ser del propio Derecho administrativo. Pues bien, la explicación más convincente que en un plano doctrinal se ha dado a este fenómeno es, sin duda alguna, la tesis del "Derecho estamental o estatutario" de García de Enterría [87]*, fundamentada en base a una técnica que, como el propio autor señala, no es exclusiva del Derecho administrativo, en cuanto puede encontrarse también en otras disciplinas jurídicas; en concreto, en todas aquellas que se establecen como derecho específico de una serie de sujetos singularmente determinados. La explicación del fenómeno, el fundamento de la doctrina recogida, puede también ponerse en conexión directa con la doctrina ordinamental que le presta en su mismo fundamento un evidente apoyo: el problema que nos ocupa, en definitiva, no es sino el de la posibilidad de que un ordenamiento reconozca valor al sistema de derecho objetivo de otro ordenamiento, e incluso se sirva de él dándole al mismo tiempo en su propio ámbito de acción plena eficacia jurídica.*

Santi Romano estudia muy ampliamente la cuestión en sus términos generales, planteándosela, a su vez, desde una doble vertiente, según se trate de que el derecho objetivo de un ordenamiento remita explícitamente al de otro —sería, por ejemplo, el supuesto de la Ley de Administración y Contabilidad o del Reglamento de Contratación de las Entidades locales en relación con el or-

[87] García de Enterría, Verso, en su totalidad.

denamiento privado—, o de que no exista tal remisión. La cuestión de la subsidiariedad general o no del Derecho privado en relación con el ordenamiento administrativo entra aquí, en este punto, directamente en juego [88].

f) A su vez, toda la ya antigua y conocida problemática de la situación de los usuarios de los servicios públicos, de los de los bienes de dominio público o de los de los establecimientos públicos, que la doctrina alemana, por ejemplo, ha articulado sobre el esquema de las llamadas relaciones de sumisión especial, puede ser también construida en base a la doctrina del ordenamiento jurídico; en concreto, mediante la aplicación de los llamados ordenamientos seccionales. Es el supuesto de que quien forma parte de un ordenamiento propio y para él originario, entra transitoriamente en la esfera de acción de otro, sin abandonar a su vez el primero. La intensidad y vigencia de esta nueva relación podrá establecerse no solo en función del ordenamiento transitoriamente dominante con el que la relación se establece, sino también en base a la posición misma que pueda corresponderle en su ordenamiento originario al sujeto que precisamente formaliza la nueva relación.

g) Recojamos, por último, cómo la doctrina de Romano, refiriéndonos ya a otro orden de cosas, determina igualmente la intrínseca y radical juridicidad de aquellas normas no directamente justiciables, juridicidad que se establece en base a su inserción en el ordenamiento general, independientemente de que esas mismas normas puedan servir o no de apoyo para una pretensión concreta y singular. No cabe la menor duda que aunque al formular esta tesis nadie puede pensar que Santi Romano pretendiera su aplicación al campo al que ahora nos referimos, son obvias las muy importantes consecuencias que de ella pueden derivarse, por ejemplo, en relación con toda la llamada ac-

[88] Cfr. Sebastián Martín-Retortillo, El Derecho civil, 37.

tividad social de la Administración o en relación con toda esa serie de normas que cada vez de modo más intenso asignan a la Administración un cometido conformador [89].

Debemos concluir ya estas líneas reiterando una vez más cómo Santi Romano [90]*, con su tesis ordinamental abre el camino para sugestivas y posteriores investigaciones, un nuevo camino para afrontar nuevos y viejos problemas. A algunos de ellos nos hemos referido en estas líneas, tratando de ofrecer con ello, simplemente, una prueba más de la fecundidad que la tesis ordinamental presenta en el campo jurídico-administrativo. Tesis ordinamental cuya validez, en relación con alguna de sus partes, podrá estar si se quiere acaso ya superada, pero que en su conjunto conserva no obstante el insustituible valor de lo clásico y de lo fundamental, máxime si consideramos que la línea por la que en nuestros días marcha la Ciencia del Derecho es, fundamentalmente, la que con su genial agudeza intuyó hace ya medio siglo Santi Romano, de modo especial al referirse a los dos puntos que de su construcción han sido realzados: insuficiencia por una parte, del orden positivo para explicar en su totalidad el orden jurídico; al remarcar por otra la consideración que el precepto jurídico debe recibir como resultado del ordenamiento general, en conexión con el cual debe explicarse y aplicarse.*

Quiero señalar, finalmente, que aunque la edición castellana de la obra ha sido corregida y revisada en su totalidad por los dos traductores, la versión directa e inicial de la primera parte corresponde al autor de estas líneas, y la de la segunda a Lorenzo Martín-Retortillo. Debo consumar además mi agradecimiento personal a mi compañero Rafael Entrena Cuesta por la ayuda que me prestó para corregir la

---

[89] Sobre este punto me remito a las referencias recogidas en Lorenzo Martín-Retortillo, La configuración, cit. en toda su segunda parte.
[90] Capograssi, L'ultimo, 70.

primera versión que hice de los siete primeros parágrafos de la primera parte. El agradecimiento de los traductores se dirige de modo muy especial a los profesores Salvatore y Alberto Romano, de las Universidades de Florencia y Ferrara, hijo y nieto respectivamente de Santi Romano, por las facilidades que en todo momento nos dieron para que esta edición pudiera llevarse a cabo, así como por las sugerencias y datos que para redactar este estudio me facilitaron.

EL ORDENAMIENTO JURÍDICO

NOTA PRELIMINAR

El presente trabajo, que escribí con el propósito de continuarlo con otros estudios de teoría general del Derecho, pero que presenta sustantividad propia, apareció por primera vez en dos números de los "Annali delle Universitá Toscane" de 1917 y 1918 y, al mismo tiempo, en un volumen publicado en Pisa en 1918.

He creído oportuno que en esta segunda edición, que ve la luz muchos años después de que se agotara la primera, fuese reproducido el texto original sin ninguna variación solo en las nota —bien con simples adiciones o bien con nuevas notas, que se incluyen entre corchetes—, he tenido en cuenta la doctrina posterior sobre los distintos puntos de que me ocupé y también, aunque muy escuetamente, las más importantes críticas que me han sido formuladas. No he hecho mención, por el contrario, de ciertas doctrinas y críticas que están evidentemente desprovistas de consistencia científica y que demuestran una absoluta incomprensión de los problemas fundamentales de la teoría general del Derecho.

Siendo ahora fácil la lectura del libro, espero que no sean ya muchos los que, como con frecuencia ha ocurrido, hablen de él sin conocerlo directamente y, por ello mismo, incurriendo en graves errores.

S. R.

Roma, noviembre, 1945.

I

EL CONCEPTO DE ORDENAMIENTO JURÍDICO

§ 1. El derecho en sentido objetivo concebido generalmente como norma. Insuficiencia de tal configuración.

Las definiciones hasta ahora formuladas del concepto de derecho en sentido objetivo, tienen en todas, sin excepción alguna, un elemento común que representa el *genus proximum* al que aquel concepto se reduce. Todas coinciden en afirmar que el derecho constituye una regla de conducta[91], aunque se diferencian en mayor o menor grado al tratar de precisar la *differentia specifica* que distingue la norma[92] jurídica de aquellas otras: normas que no lo son.

---

[91] En los últimos tiempos, este punto de vista ha sido llevado hasta sus consecuencias extremas, en distintos sentidos y desde posiciones diferentes. Prescindiendo de los trabajos concretos de Duguit —en los que todo el fenómeno jurídico se concreta y es casi anulado en el de "règle de droit" (vid. L'Etat, le droit objectif) et la loi positive, París, 1901, pp. 10 y ss, así como sus escritos posteriores)—, vid., por ejemplo, Kelsen, Hauptprobleme der Staatsrechtslehre entwickelt aus der Lehre vom Rechtssatze, Tübingen, 1911, cuyos postulados se evidencian ya en el propio título de la obra. [En la literatura más reciente, que seguidamente será recogida, se ha reaccionado sin embargo contra tal concepción, desde distintas posiciones y en diversos sentidos.]

[92] Las palabras "norma" y "regla" las empleamos indistintamente. Para evitar equívocos, conviene advertir, sin embargo, que cuando en la literatura alemana se debate el problema de si el Derecho está constituido solo por normas (vid., por ejemplo, Thon Rechtsnorm u. subjektives Recht, Weimar, 1878, pp. 1 y ss., 8; Bierling, Juristische Prinzipienlehre, I, Leipzig, 1894, pp. 30 y ss; Windscheid-Kipp, Lehrbuch des Pandektenrechts, 1, § 27; Enneccerus, Lehrbuch des bürgerlichen rechts(6), Marburg, 1911, 1, p. 27 [igual, en la 13ª edición, 1931], etc.), a la palabra "Norm" se le da no el significado de "regla", con el que nosotros la empleamos, sino el de "mandato" o "prohibición"; es decir, un significado con contenido "imperativo": se trata, por tanto, del problema de la imperatividad del Derecho, problema que aquí no interesa. En Italia, emplea la misma terminología Brunetti, Norme e regole finali del diritto, Torino, 1913, § 5 y ss. En relación con el derecho como

La primera y principal finalidad de este trabajo quiere ser la de demostrar que tal modo de definir el Derecho, aunque en cierto sentido y para ciertos fines no sea equivocado, considerado en sí mismo, resulta sin embargo insuficiente, siendo necesario por ello mismo completarlo, con otros elementos que normalmente no se tienen en cuenta y que son, por el contrario, los más característicos y esenciales. Que el Derecho se presenta también como norma y que es necesario valorarlo bajo este aspecto, que tal punto de vista es con frecuencia no solo , necesario, sino incluso suficiente por lo que se refiere a las necesidades prácticas más corrientes, son razones que explican, junto a otras, que en la definición del concepto de derecho no se haya ido más allá de la simple configuración normativa. Esto, como es natural, no excluye sin embargo que tal postura no pueda ni deba ser superada, resaltando algún otro aspecto del Derecho, más fundamental y sobre todo antecedente, tanto en razón de las exigencias lógicas del concepto como de la exacta valoración de la realidad en la que el Derecho se manifiesta.

§ 2. Algunos testimonios de carácter general de esta insuficiencia y, en especial, aquellos que se deducen del origen probable de las más comunes definiciones del derecho.

La mejor y más convincente demostración de la tesis indicada se ofrecerá, naturalmente, a lo largo de todo este trabajo, si por el camino señalado pueden aclararse y resolverse una serie de problemas referentes a las distintas ramas

---

"regla", observa por el contrario Jellinek, Allgemeine Staatslehre(3), Berlín, 1904, p. 332 [las ediciones posteriores, a su vez, han permanecido invariables tanto en este punto como en aquellos otros recogidos a continuación]: "Kein Streit herrscht darüber, dass das Recht aus einer Summe von Regeln für menschliches Handeln besteht".

del Derecho, problemas que hasta ahora han permanecido oscuros o insolubles. Mientras tanto, no será inútil traer aquí algunas pruebas, y también algunos indicios indirectos, de esa insuficiencia de las definiciones normales del concepto de Derecho; entre tales indicios, conviene señalar los siguientes:

En primer lugar, el hecho por todos sentido y confesado de que el concepto de Derecho no está todavía perfectamente claro[93]. Tal sentimiento no puede derivar solo de las divergencias, ni numerosas ni graves, que aparecen en la doctrina que, plenamente de acuerdo[94] en la idea de reducir el Derecho a una serie de normas; distingue después con fórmulas distintas, que frecuentemente solo son diferentes en apariencia, las normas jurídicas de las que no tienen este carácter. Más bien parece que aquella insuficiencia del concepto del Derecho procede de la intuición, vaga e imprecisa desde luego, de que el problema no ha sido aún convenientemente centrado y que una solución satisfactoria del mismo solo puede obtenerse partiendo de un planteamiento distinto.

En segundo lugar, es sintomático que a pesar de que se considere que una definición exacta del Derecho es necesaria no solo para aquellas materias más abstractas, como son la filosofía y la teoría general, sino también para cada una de las disciplinas jurídicas en particular, la definición que comúnmente se formula es sin embargo de nula o de escasa utilidad.

---

[93] También hoy resalta G. Radbruck, Grundzüge der Rechtsphilosophie, Leipzig, 1914, p. 30 [no así en la tercera edición de 1932 titulada Rechtsphilosophie, tienen valor las palabras ciertamente paradójicas de Kant: "Noch suchen die Juristen eine Definition zu ihrem Begriffe vom Recht".

[94] Prescindimos de los puntos de vista particularísimos, significativos desde luego, que consideran vana "la esperanza de encontrar el quid propium del derecho, su núcleo específico o su definición, tan querida por otra parte para la generalidad de los filósofos": vid. en este sentido [entre otros], G. Maggiore, Il diritto e il suo processo ideale, Palermo, 1916, p. 59 y ss. [De este mismo autor, vid. también los escritos posteriores que serán citados más adelante].

Verdaderamente, en la determinación de los principios del Derecho público y del Derecho privado, pero especialmente en el primer campo, se ha alcanzado tal punto de coordinación y de subordinación recíprocas, que tales principios aparecen como derivados, directa o indirectamente, de la concepción general que del derecho se tenga y varían, al menos de planteamiento y perspectiva, al variar esta última. Las mayores divergencias existentes en su determinación señalan de forma clara cuál sea el punto central y fundamental que se necesario reconstruir. Quien sea consciente de los problemas más importantes del Derecho internacional o del constitucional o del Derecho eclesiástico, sabe muy bien que su discusión, entre quienes los resuelven de forma distinta, resulta la mayoría de las veces inútil e incluso imposible, por falta de un punto firme al que el debate pueda referirse. Y este punto es, sin duda —como en alguna ocasión se ha advertido ya[95]—, la propia definición de derecho; la definición de la que se parte, implícita o explícitamente, puede ser incluso aceptada por todos, pero no sirve a tal fin porque no contiene sino elementos indiferentes e indiferenciados.

Gran importancia tiene también señalar el origen, al menos el origen probable, de las definiciones corrientes de derecho, definiciones que han sido elaboradas o desde disciplinas iusprivatistas, que luego las han impuesto a las demás, o desde puntos de vista que no han logrado superar la orientación propia de esas mismas disciplinas. Los conceptos alcanzados resultan, en efecto, mucho más satisfactorios para el derecho privado que para las otras ramas jurídicas; pero también en aquel campo mejorarían notablemente algunas cuestiones como luego veremos, partiendo de un concepto de

[95] En relación con el Derecho internacional, vid. Anzilotti, en la "Riv. di dir. Internazionale", VII (1913), p. 567; respecto al Derecho eclesiástico, vid. últimamente V. del Giudice, Il diritto ecclesiastico in senso moderno, Roma, 1915, p. 20 y ss.

derecho más acabado, si bien, repetimos, no puede negarse que para la mayor parte de sus principios y de sus problemas no se siente la necesidad de configurar el derecho de otro modo que como norma. No ocurre así, en cambio, en algunas ramas del derecho público. Conocido es que no es este el único ejemplo de las dañosas consecuencias producidas por la circunstancia de que muchos conceptos generales y comunes, tanto al derecho público como al derecho privado, hayan sido considerados unilateralmente por la doctrina de este último, mientras la doctrina iuspublicista, o no existía todavía, o se encontraba en una fase, inferior de desarrollo; así, más tarde, se han debido reexaminar, corregir y completar tales conceptos, teniendo en cuenta una serie de nuevos elementos. Quien conoce el fatigoso, pero importante camino que ha sido iniciado por los modernos iuspublicistas, de integración y corrección de conceptos, un tiempo exclusivamente propios del derecho privado, fácilmente intuirá la necesidad de que se cumpla un procedimiento análogo en relación con la misma definición del derecho que, conviene repetirlo, el derecho público y la Filosofía del derecho han modificado ante la impasibilidad del Derecho privado.

Es incluso necesario tener presente lo que hay de verdadero —y es mucho— en la vieja, y también en la reciente constatación, de que el derecho, en lo que precisamente tiene de más culminante, y casi se diría de más esencial, es principalmente derecho público. No es que deba aprobarse la modernísima corriente doctrinal que, exagerando esta verdad, niega la distinción entre derecho público y privado[96]. Este último es, sin duda, una simple concreción del

[96] Especialmente, Weyr, Zum *Problem eines einheitlichen Rechtssystem*, en "Archiv f. öff. R.", XXIII (1908), p. 529 y ss; Kelsen, *Die Hauptprobleme*, cit. pp. X, 268 y ss; Weyr, *Ueber zwei Hauptpunkte der kelsenschen staatsrechtstehre* en "Zeitschrift f. das priv. u. öff. R.", XL (1913), p. 183 y ss; Laun, *Eine Theorie vom natürlichen Recht*, en

primero, una de sus formas y direcciones, una derivación del mismo. El Derecho privado no solo está colgado del Derecho público, que constituye su raíz y su tronco y es necesario además para su tutela, sino que continuamente, aunque a veces de modo velado, está dominado por él[97]. Si esto es exacto, hay que concluir que, en general, los elementos del concepto de Derecho deben deducirse más del Derecho público que del privado. Ello significa que es necesario adoptar precisamente el procedimiento inverso al que hasta ahora ha venido siguiéndose; no sin embargo hasta el extremo de lanzar un concepto que, deducido exclusivamente del Derecho público, pudiera no servir más al Derecho privado, pues entonces se repetirían a la inversa

---

"Archiv f. öff. R.", XXX (1913), p. 397 y ss.; Kelsen, *Zur Lehre vom öffentlichen Rechtsgeschäft*, ibidem, XXXI (1913), .p. 55 y ss.: Weyr, *Zum Unterschiede zwischen öffentlichem u. privatem Recht*, en "Oesterr, Zeitschrift f. öff. R.", I (1914), p. 439 y ss.

[97] Cfr. las observaciones de Petrone, Il diritto nel mondo dello espirito, Milano, 1910, p. 134 y ss., a las que sin embargo no nos adherimos en cuanto se relacionan con la concepción exclusivamente estatal del derecho; en sentido análogo, N. Coviello, Manuale di diritto civile italiano (2), I, Milano, 1915, § 6 [también, en la 4ª edición, 1929]. En la doctrina más antigua tampoco faltan, por otra parte, afirmaciones que parten del mismo punto de vista. Así por ejemplo, P. Rossi señala que el Derecho civil es un capítulo, cuyo comienzo se encuentra en el Derecho constitucional. Por el contrario, la opinión diametralmente opuesta (apuntada por varios autores, empleada en ocasiones para argumentaciones concretas y explícitamente formulada por Rava, Il diritto come norma tecnica, Cagliari, 1911, p. 102), según la cual solo es auténtico Derecho el Derecho privado, mientras las relaciones de derecho público no serían en sí mismas relaciones jurídicas, no puede explicarse de otro modo que teniendo en cuenta lo que se señala en el texto; es decir, que la definición de derecho de la que normalmente se parte, ha sido fundamentalmente formulado en relación con el derecho privado, y por esto, en cierto sentido, excluye de su ámbito conceptual el derecho público. Es por tanto una opinión que puede servir para confirmar la necesidad de revisar tal concepto desde la perspectiva del Derecho público.

los mismos inconvenientes que ahora lamentamos. En otras palabras: una verdadera y completa definición del concepto de Derecho en general, necesita tener en cuenta elementos que hasta ahora no han sido debidamente valorados, proponiéndose además la finalidad, no solo teórica, sino también práctica, de servir para las distintas ramas del Derecho, si es verdad que este, aunque no único en su exteriorización, puede reducirse sin embargo a unidad de concepto.

Confirmando y completando cuanto hemos señalado, puede añadirse además que los juristas se han formado generalmente una noción del Derecho que no va más allá del Derecho concreto que aplican o que tienen en cuenta los Tribunales[98]. Ahora bien, desde el punto de vista del juez, es natural que el Derecho no sea sino una regla, más concretamente, una regla de decisión; y como la protección judicial, en origen casi exclusivamente reducida al Derecho privado, no existió, ni existe siquiera hoy para una parte considerable, que puede ser incluso la más fundamental, del Derecho público, se comprende que el Derecho se haya configurado contemplando principalmente las normas de decisión propias de las controversias de Derecho privado.

§ 3. Necesidad de distinguir las normas jurídicas en particular del ordenamiento considerado unitariamente. Imposibilidad lógica de definir este último como un conjunto de normas

Existen todavía argumentos más directos y fundamentales que demuestran la necesidad de la revisión del concepto del Derecho.

---

[98] Recuérdese la afirmación de Maitland, según la cual escribir la historia de las acciones admitidas por los tribunales ingleses sería lo mismo que escribir la historia del Derecho inglés. Cfr. también las observaciones de Ehrlich, Das praktische Rechtsbegriff, en Festschrift f. Zitelmann, München u. Leipzig, 1913, p. 3 y ss.

Las inexactitudes en las definiciones de ideas predominantemente abstractas, son engendradas con frecuencia y se perpetúan luego, por la indeterminación propia de las palabras que les corresponden, debido a la pobreza del lenguaje que no proporciona siempre términos suficientemente diferenciados para distinguirlas de otras palabras afines. Así, y quizá por este motivo, cuando se afirma que el derecho es norma de conducta, no se advierte que la palabra "derecho" se emplea efectivamente con significados distintos, cuya diferencia es preciso poner de manifiesto, diferencia que, por el contrario, casi no ha sido ni siquiera intuida.

En un primer significado se designa como Derecho una o más normas concretas —una ley, una costumbre, un código, etc.—, considerando cada una de ellas en sí misma, o también reagrupándolas con arreglo a su objeto común, o a la fuente de la que derivan, o al texto en que se contienen, o con arreglo a otros criterios, más o menos extrínsecos y particulares. En este caso, la definición común aparece como perfectamente exacta.

Frecuentemente, sin embargo, se entiende por Derecho algo no solo más amplio, sino también algo sustancialmente distinto. Así ocurre cuando se considera todo el ordenamiento jurídico de un ente determinado: por ejemplo, cuando se habla del Derecho italiano o del Derecho francés, del Derecho de la Iglesia, etc., comprendiéndolos en su respectiva totalidad. Entonces, para poder mantener la definición que generalmente se emplea, es necesario recurrir a la fórmula de concebir cada uno de tales ordenamientos como un conjunto o como un complejo de normas. Ello supone, sin embargo, un recurso contrario a los principios lógicos que presiden todo juicio definitorio, muy distante, precisamente por esto de responder a la realidad.

Es evidente que si se quiere definir un ordenamiento jurídico en su totalidad, no pueden considerarse solo sus partes individuales o aquellas que se consideren como tales, esto es, las normas que en él se comprenden, para señalar después que aquél es el conjunto de tales partes, sino que precisamente es necesario dar la nota característica, la naturaleza de ese conjunto o de ese todo. Ello podría no ser preciso solo en el caso de que se admitiera que un ordenamiento era únicamente la suma aritmética de distintas normas, del mismo modo que una ley, un reglamento o un código —considerados desde un punto de vista material y extrínseco—, no son más que una sucesión de determinados artículos que pueden adicionarse entre sí. Si, por el contrario, se admite, como no hay duda, que un ordenamiento jurídico en el sentido señalado, no es una suma de varias partes, sean o no éstas simples normas, sino una unidad en sí misma, y una unidad, quede bien claro, no artificial ni lograda por un procedimiento de abstracción; sino concreta y efectiva, debe reconocerse entonces que el ordenamiento es algo distinto de los elementos materiales concretos que lo integran, e incluso debe estimarse que no se puede tener un concepto adecuado de las normas que lo forman, sin anteponer previamente el concepto unitario de aquél, del mismo modo que no se puede tener una idea exacta de los distintos miembros del hombre o de las ruedas de una máquina, si no se sabe antes qué sea el hombre o qué sea aquella máquina.

§ 4. La unidad del ordenamiento jurídico ha sido ya intuida en ocasiones.

La necesidad de considerar el ordenamiento jurídico como una unidad, en el sentido en que ha quedado señalado, ha sido puesta de relieve muchas veces [99] llegando in-

---

[99] Entre otros, Perozzi, Precetti e concetti dell'evoluzione giuridica, separata de Atti della societá italiana per il progresso delle scienze, V reunión, Roma, 1912, p. 13 y ss. También, Redenti, Intorno al concetto di giuris-

cluso a ser una especie de lugar común en la formulación de las distintas teorías relativas a la interpretación de la ley; es extraño, sin embargo, que jamás haya sido aprovechada y llevada hasta sus consecuencias lógicas en relación con las definiciones del derecho. Precisamente por ello —y de esto no puede prescindirse—, tal valoración ha quedado reducida, incluso en las teorías sobre la interpretación que se construyen sobre ese principio fundamental, poco más que a una afirmación o, frecuentemente, reducida a una simple intuición, a una idea vaga, nebulosa y casi inaprehensible. Tales doctrinas no se limitan ciertamente a señalar que el ordenamiento jurídico sea un "sistema" de normas concatenadas entre sí lógicamente, pese a que se forme a trozos y tenga imperfecciones, pues esto se podría explicar de modo mucho más simple con la propia intención de los órganos legislativos que no solo saben que cuando se emana una ley viene a unirse a las precedentes —pues cuentan ya con esta especie de amalgama que a la interpretación corresponde resolver [100]—, sino que va incluso mucho más allá de este planteamiento, y no parece que ello sea solo con el único fin de matizarlo con imágenes más vivas, sino para referirse a otro concepto sustancialmente distinto. Así, por ejemplo, se habla de una voluntad, de una potestad, de una *mens*, de una fuerza propia del ordenamiento jurídico, distinta de aquélla de las normas en particular e independiente de la voluntad del legislador que las emana; se afirma también que el ordenamiento mismo constituye un "todo viviente",

---

dizione, separata de los Scritti in onore di Simoncelli, Napoli, 1916, p. 5. [Recientemente, vid. M. S. Giannini, L'interpretazione dell'atto amministrativo e la teoria giuridica generale deL'interpretazione, Milano, 1939, p. 111, así como los autores citados en esta obra; también, mi Principii di dir. costituzionale generale, Milano, 1945, cap. VI. § 7.]

[100] En relación con este punto, vid. las observaciones de V. Thur, Der allgemeine Teil des d. bürgerlichen Recht, I, Berlín, 1910, p. 37 y ss. y también en p. XI.

un "organismo", que tiene, "aunque latente, fuerza propia de expansión y de adaptación", sobre la que se funda precisamente la posibilidad de admitir la analogía[101]. Y es sabido cómo, para los seguidores de la llamada interpretación evolutiva, esta voluntad autónoma del ordenamiento jurídico sería incluso susceptible de cambio sin que se incorporasen a él nuevas normas, simplemente por la modificación del ambiente social en el que aquél debe aplicarse.

Aparte de las exageraciones a las que tan frecuentemente se acude en esta materia, pero que por otra parte son bien significativas, aquellos conceptos que, como dijimos, han devenido lugares comunes, no pueden evidente, mente considerarse como sutiles artificios o especulaciones de los juristas, propensos a poner en las nubes y a circundar de misterio el fundamento de su misión de intérpretes. Son, por el contrario, justas intuiciones —que tienen sin embargo necesidad de ser demostradas—, del hecho de que la naturaleza de un ordenamiento jurídico, no se evidencia en su totalidad y no puede ser aprehendida cuando se le considera no en su unidad, sino en relación con las varias normas que lo integran: el *quid* que constituye tal unidad, es algo distinto de esas normas y, al menos hasta cierto punto, algo también independiente de ellas. La carente demostración de unidad así entendida, explica al mismo tiempo tanto el significado inexacto que comúnmente se atribuye al principio de "expansión lógica" de las normas concretas, como las opiniones, igualmente inadmisibles, de quienes han creído[102] poder destruir totalmente ese principio sin salvar el elemento de verdad que contiene.

---

[101] Vid, por ejemplo, N. Coviello, op. cit., § 28; Miceli, Principi di filosofía del diritto, Milano, 1914, § 135; las citas en tal sentido podrían fácilmente multiplicarse.

[102] Por ejemplo, Stampe, Rechtsfindung durch Konstruktiom, en "Deutsche Juristen-Zeitung", X (1905), y en cierto sentido también, Donati, Il

§ 5. Un ordenamiento jurídico no es solo un conjunto de normas, sino que además consta de otros elementos

Parece, pues, que se pueda y se deba llegar más allá. Hasta ahora hemos sostenido que la definición de Derecho no puede coincidir con la de las normas que en él se comprenden, aun admitida incluso la hipótesis de que no sea posible encontrar en aquél más elementos esenciales que esas mismas normas. Mantenemos ahora que esta hipótesis —que podría considerarse presupuesto común de todas las definiciones de Derecho—, es contraria a la realidad y que, por tanto, todas esas definiciones tienen, por las razones señaladas, no solo el defecto de no ser definiciones verdaderas, lógicamente exactas —al dejar indeterminado precisamente aquello que debían precisar—, sino también aquel otro mucho más grave de partir de un postulado totalmente erróneo. Y este razonamiento creemos puede demostrarse de distintos modos.

Ante todo no será inútil apelar a la experiencia general o, mejor aún, al significado que espontáneamente recibe la expresión ordenamiento jurídico. Cuando en tal sentido se habla, por ejemplo, del Derecho italiano o del Derecho francés, no es verdad que se piense solo en una serie de reglas, ni que nos representemos únicamente los volúmenes que forman las colecciones oficiales de leyes y decretos. En lo que se piensa por los juristas, y más aún por los profanos, ajenos a las definiciones de que hablamos, es en algo más dinámico y vital: es, en primer lugar, en la compleja y variada organización del Estado italiano o francés; en los numerosos mecanismos o engranajes, en las relaciones de autoridad y de fuerza que producen, modifican, aplican y garantizan las normas jurídicas, pero que no se identifican con ellas. En

problema delle lacune dell'ordinamento giuridico, Milano, 1910, passim, y especialmente p. 126 y ss.

otros términos, el ordenamiento jurídico así entendido en su conjunto, es una entidad que se mueve en parte según las normas, pero que sobre todo dirige a las propias normas como si fueran las piezas de un tablero de ajedrez, normas que de este modo resultan más bien el objeto, e incluso el medio de su actividad que no un elemento de su estructura[103].

Desde ciertos puntos de vista puede incluso afirmarse que las normas configuran casi por reflexión los aspectos esenciales del ordenamiento jurídico: las normas, al menos algunas, pueden incluso variar sin que aquéllos se modifiquen y, con frecuencia, la sustitución de ciertas normas por otras es más el efecto que la causa de una modificación sustancial del ordenamiento. Sin embargo, no conviene por ahora anticipar la demostración de esta tesis, sobre la que más adelante volveremos para sacar sus consecuencias.

§ 6. Estos elementos aparecen postulados implícitamente en las investigaciones más comunes acerca de los caracteres diferenciales del derecho

Mientras tanto, conviene mantenerse en un terreno más concreto y relativamente más fácil, procurando sacar partido de los argumentos que ofrecen algunos intentos con los que se han pretendido diferenciar las normas jurídicas de otras normas más o menos afines. Nadie podría afirmar, desde luego, que tales propósitos hayan dado resultado satisfactorio, lo que hace pensar en un defecto en el modo mismo de proponer el problema. Defecto que no es otro que, admitido el principio de que el derecho no es sino solo norma, buscar después el carácter o los caracteres específicos de las normas jurídicas, si bien este análisis no puede conducir a establecer la noción de derecho,

---

[103] [Se adhiere a esta observación mía, C. Schmitt, Ueber die drei Arten des rechtswisenschafilichen Denkens, Hamburg. 1934, p. 24.].

ya que este no se concreta siempre y en todas sus partes en normas. Se intenta así resolver un problema más amplio, creyéndolo equivalente a otro que es, por el contrario, más limitado. Para esto se acude a una serie de recursos y argumentaciones que, nos parece, arrojan luz precisamente sobre nuestra tesis. Esto es, las soluciones propuestas, más uniformes en su aparente variedad de lo que pudiera suponerse, tienen todas de común el que sin percatarse buscan los caracteres diferenciales de la norma jurídica en elementos extraños al concepto mismo de norma. Contradicen así el postulado de que parten y, aun sin quererlo, afirman que ese concepto no corresponde con el de Derecho.

Desde tal punto de vista no será inútil analizar la opinión muy frecuente que diferencia el Derecho de las otras normas, fundamentalmente por sus caracteres "formales". Esta misma expresión debería ya dar que pensar, en cuanto apunta evidentemente a algo que está fuera de la norma jurídica y que constituye su envoltura o su aspecto exterior. Habría que pensar entonces por qué el Derecho se define más que por la sustancia de las normas que lo integran, por ese aspecto exterior, debiendo deducirse en tal caso lógicamente que el Derecho no es la norma, sino lo que la envuelve y le imprime esa apariencia. No insistamos, sin embargo, en este orden de consideraciones, tanto más cuanto que la palabra "forma" es de aquellas que se prestan a ser entendidas en tantos sentidos[104] (vid. *infra* § 14); veamos, más bien, cuáles son esos caracteres formales.

---

[104] Vid. G. del Vecchio, I presupposti filosofici della nozione del diritto, Bologna, 1905, p. 173. [Así, cuando este autor, Moderne concezioni del diritto, en "Riv. internazionale di filosofía del dir.", 1921, p. 6 de la separata, objeta a mi observación que los caracteres formales del derecho son sus caracteres esenciales porque forma dat esse rei, dice ciertamente algo, exactísimo, aunque emplea la palabra "forma" con una significación filosófica que no es precisamente a la que me refiero en el texto.]

De algunos podemos a su vez prescindir, bien porque no son considerados como tales de modo unánime, bien porque habrán de ser analizados más directamente en otros trabajos. Bastará, pues, con detenernos solo con dos de ellos que, aún no establecidos siempre del mismo modo, tienen al menos el asenso unánime de toda o de casi toda la doctrina, y que son los que generalmente se recogen bajo el, nombre de objetividad de la norma y de sanción jurídica.

§ 7. Valoración, desde este punto de vista, de la llamada objetividad del derecho.

Se afirma, en base al primero de estos dos caracteres, que el derecho consta de normas que, separadas de la conciencia de quien debe observarlas, adquieren una existencia propia y autónoma. No es que el derecho no tenga su raíz profunda en esta conciencia y, proyectada desde su interioridad, no sea una luminosa reverberación de la misma, sino que la trasciende, la supera y se le contrapone. Normalmente los individuos se reconocen unos a otros como miembros de una sociedad y tienden por tanto a su espontánea colaboración y al respeto de sus recíprocas libertades; pero siendo posibles entre ellos divergencias y contiendas, es necesaria la intervención de una conciencia superior que sea reflejo y represente la unificación de todos aquellos. Esta conciencia, que encarna las razones de la coexistencia y del sistema, en el que los individuos se unifican, que hace de mediadora, que reclama la relación de las partes entre sí y de ellas con el todo, que es como la encarnación del *yo* social, del *socius* típico, abstracto y objetivo, viene establecida precisamente por el Derecho. De aquí, la llamada posición formal del derecho, que puede definirse como el reino de la objetividad[105].

---

105 Vid. la obra ya citada de Petrone, Il diritto nel mondo dello spirito, passim, y también de este mismo autor su anterior trabajo, Contributo

En esencia, lo dicho supone el principio siguiente: Derecho no es o no es solo la norma que así se establece, sino la entidad misma que tal norma fija[106]. El proceso de objetivación que da lugar al fenómeno jurídico, no se inicia con la emanación de una regla, sino en un momento anterior; las normas no son sino una manifestación, una de sus distintas manifestaciones, un medio con el cual se hace valer el poder

---

all'analisi dei caratteri differenziali del diritto, en "Riv. it. di scienze giur." XXXII (1897), p. 367 y ss. También Miceli, La norma giuridica, Palermo, 1906, p. 197 y ss.; Principii, cit. § 54.

Croce, Filosofia della pratica, Bari, 1915, p. 323 y ss. [5ª edición, p. 307 y ss.], consecuente con su tesis de reducir el derecho a la economía, fija en una única categoría las normas sociales y aquellas otras que el individuo se da a sí mismo al establecerse un programa de conducta; de este modo, suprime Croce todos los elementos formales del derecho derivados de la objetividad y de la sanción, elementos que vendrían a suponer conceptos empíricos de los que en el campo filosófico ningún uso podrían hacerse. No es este el lugar de juzgar la tesis de Croce; conviene subrayar tan solo cómo tal posición, en cuanto niega autonomía al concepto de derecho desde el punto de vista estrictamente filosófico, que establece en una categoría más amplia, no puede servir de base para quien, por el contrario, debe afirmar la existencia y la autonomía de aquel concepto, aunque sea en un sentido empírico. Por tanto, cualquiera que sea el valor filosófico de esta doctrina, no tiene, ni por otra parte pretende tampoco tenerlo, significado alguno para la ciencia jurídica propiamente dicha, que desde luego no puede renunciar a estructurar un concepto del derecho sin renegar de sí misma. Sobre la "intimidad" de toda autoridad y de toda ley, que no faltaría "ni siquiera en el fuero interno de la persona individual", vid. igualmente Gentile, I fondamenti della filosofia del diritto, separata de los "Annali delle Universitá toscane", Pisa, 1916, pp: 39 y ss., 47 y ss.

[106] Ha sido señalado desde el punto de vista de la doctrina que funda la obligatoriedad del derecho en su reconocimiento por los asociados, como tal reconocimiento se refiere no tanto al reconocimiento de la norma en cuanto tal, sino al de la autoridad de la que emana; vid. Anzilotti, Corso di diritto internazionale, I, Roma, 1912, p. 27 [p. 42 de la 3ª edición, 1928; p. 32 de la edición alemana, Lehrbuch des Völkerrechts, I, Berlín, 1929].

de aquel *yo* social del que hemos hablado. No hay ninguna razón para estimar que este último sea un término a *quo* del Derecho[107]: es el Derecho mismo, y la norma no es sino su voz o, mejor aún, una de sus voces, uno de los modos con los que aquel poder actúa y alcanza su fin. Su existencia y su estructura, que señalan al máximo aquel elemento de objetividad que se afirma como propio y característico del Derecho, deben comprenderse en la línea que delimita los confines de un ordenamiento jurídico. La objetividad de las normas no es sino un reflejo, mucho más débil, incluso totalmente pálido, de la objetividad del ente que las emana y ni siquiera podría definirse aquélla sin relacionarla con ella. No se dice que la norma jurídica sea objetiva solo porque esté escrita o, en todo caso, porque esté formulada con precisión; si así fuera, no se distinguiría de otras muchas normas que de este modo se manifiestan, aparte de que en ocasiones son normas jurídicas algunas, como la costumbre, que no alcanzan ciertamente una precisión en tal sentido. El carácter de objetividad se relaciona con la impersonalidad misma del poder que elabora y fija la regla, con el hecho de que este poder sea algo que trascienda y se realce sobre los propios individuos, puesto que él es el derecho mismo. Si se prescinde de esta idea, el llamado carácter de la objetividad, o no dice nada o, peor aún, supone una posición errónea.

Esto es tan cierto que no solo puede imaginarse en abstracto, sino que, como es evidente, históricamente se dan ejemplos de ordenamientos jurídicos en los que no se encuentran normas escritas ni tampoco normas no escritas en el sentido específico de la palabra. Muchas veces se ha señalado que no es posible concebir un ordenamiento en el

---

[107] Algunas objeciones concretas al punto de vista que nos parece exacto, han sido sugeridas, por ejemplo, desde una perspectiva que más adelante convendrá analizar, por Petrone, Il diritto, cit., p. 140 y ss, y por otros autores que seguidamente citaremos.

que no tenga cabida la figura del legislador, sino solo aquella del juez y es solución sugerida por nuestra mentalidad actual —pero que no corresponde a la realidad—, aquélla que afirma que en este caso el juez, al mismo tiempo que decide sobre el caso concreto, establece la norma que determina y rige su juicio. La verdad es, por el contrario, que este juicio puede ser determinado por la llamada justicia del caso concreto, por la equidad o por otros elementos que son algo bien distinto de la norma jurídica verdadera y propia, que por su misma naturaleza se refiere a toda una clase o a toda una serie de acciones y es, por tanto, general y abstracta. Siendo así, debe encontrarse en la hipótesis referida la determinación jurídica; no en la norma que falta, sino en el poder del magistrado que expresa la conciencia social objetiva con medios distintos a aquellos que son propios de ordenamientos más complejos y desarrollados.

Por otra parte, quien admita, como es opinión común que va generalizándose, que el derecho objetivo no solo consta de normas que tienen el requisito de la generalidad, sino también de preceptos individuales y concretos, debe admitir igualmente o que estos preceptos individuales y concretos han de considerarse como normas, o que el derecho consta de otros elementos además de esas normas. Ahora bien, nos parece sin duda alguna que la norma es tal, precisamente en la medida en que es general y abstracta, apareciendo por tanto como falsos y artificiosos los intentos de comprender en su concepto aquellas disposiciones concretas o mejor dicho, algunas de ellas. La famosa cuestión de Derecho constitucional de si la llamada ley material debe ser general, se plantea casi siempre de modo inexacto, precisamente por esto; se establece el postulado, para nosotros erróneo, de que la ley en sentido propio y sustancial, no contiene sino normas jurídicas, y después se topa con el dilema insoluble de si debe negarse carácter de ley a determinadas disposiciones que evidentemente constituyen derecho en sentido objetivo o si, por el contrario, debe entenderse por norma algo que, no menos evidentemente, no lo es[108].

Todo esto, valorado en su conjunto, nos conduce siempre al mismo punto de partida: la llamada objetividad del ordenamiento jurídico no puede circunscribirse y limitarse a las normas jurídicas. Se refiere y se refleja sobre ellas, pero arranca siempre de un momento lógica y materialmente anterior a las mismas, y en ocasiones, incluso frecuentemente, existen valoraciones que no pueden identificarse ni confundirse con las peculiares de las propias normas; lo que equivale a decir que éstas son o pueden ser, desde luego, una parte del ordenamiento jurídico, pero que sin embargo están muy lejos de agotar en su totalidad la integridad del mismo.

§ 8. Y del elemento de la sanción

A consideraciones análogas da lugar el otro de los llamados elementos formales del derecho, la sanción, que para algunos es, incluso, el único elemento formal verdadero[109]. No debemos referirnos aquí a las distintas cuestiones suscitadas, tales como qué debe entenderse por sanción y analizar, en consecuencia, si es oportuno sustituir ese término por algún otro que exprese mejor su significado; si es posible hablar de una obligatoriedad irrefragable del derecho, si se trata de la coacción o, como algún autor prefiere llamarla, coactividad; si por el contrario basta, como nosotros creemos, una simple garantía, directa o indirecta, mediata o inmediata, preventiva o represiva, segura o sola-

---

108 [Para una formulación de estos conceptos más concreta, y en parte distinta, vid. ahora mis Principii di dir. costituz. generale, cit., cap. VII, § 2, núms. 2 y 3; XI, § 5, núm. 1; XXII, § 1, núm. 10.]

109 Especialmente, Ihering, Das Zweck im Recht, Leipzig, 1893, I, p. 435 y ss.

mente probable y por tanto incierta, con tal de que esté en cierto sentido preordenada y organizada en el conjunto del ordenamiento jurídico. Lo que importa resaltar es que cuando se dice que el Derecho es norma provista de sanción, cualquiera que sea el modo en que ésta se entienda, ello no puede significar, aunque generalmente se crea lo contrario, que el derecho sea una norma mas otra norma distinta que sea a su vez la que la garantice con la sanción. Si así fuese debería deducirse forzosamente que esta segunda norma no es un elemento necesario y esencial del derecho: a esta conclusión, en fin, se han visto obligados a llegar quienes de esa premisa han deducido todas sus consecuencias lógicas. En líneas generales se ha razonado así: según la opinión dominante, un precepto será jurídico solo cuando se le añada otro que, concediendo un derecho de coacción, proteja el derecho creado por el primero; formalmente estos dos preceptos distintos pueden encontrarse unidos, pero sustancialmente deben estimarse diferentes, pues dan lugar a dos derechos subjetivos, de los cuales uno es primario o principal, y el otro secundario o accesorio y que por esto no derivan de la misma norma[110]. Ahora bien, para que el segundo precepto pueda calificarse de jurídico, deberá acompañarse de un tercero; el tercero, de un cuarto, y así sucesivamente, debiéndose llegar de modo necesario a un momento en el que este precepto complementario falte, encontrándonos entonces con una norma jurídica sin sanción[111]. Este razonamiento, realmente exacto en sí mismo y que ha sido formulado para negar que la sanción sea elemento necesario del derecho, lo único que demuestra es la falta de base de la premisa inicial, pudiendo ser utilizado muy bien a nues-

[110] Conforme en este punto, Anzilotti, Teoria generale della responsabilitá dello Stato nel diritto internazionale, Firenze, 1902, p. 61 en nota, así como los autores allí citados.

[111] Triepel, Volkerrecht u. Landesrecht, Leipzig, 1899, p. 103 y ss.

tro favor. En efecto, la sanción puede no estar contenida y no recogerse en ninguna norma específica, sino que puede encontrarse ínsita y latente en el engranaje mismo, en el complejo orgánico del ordenamiento jurídico considerado en su conjunto, puede ser fuerza actuante, incluso de modo directo, como garantía práctica que no da lugar a ningún derecho subjetivo y, por tanto, a ninguna norma de la que tal derecho derive, como freno connatural y necesario del poder social. Esto equivale a decir que cuando se afirma que la sanción es elemento del derecho, se afirma, aun sin querer, que el derecho no consta solo de normas jurídicas y que éstas, están unidas e, incluso, suspendidas de otros elementos: de los que precisamente deriva toda su fuerza. Así entendida la sanción, esto es, estos otros elementos, lejos de ser algo complementario y accesorio a las normas, constituyen un algo que las precede, la base sobre la que se fundan, su propia raíz, y al definir el Derecho es necesario considerar estos elementos, antes incluso que las normas mismas[112]. Si solo estas se toman en consideración, hay que llegar a negar, como ya se ha señalado, que la sanción sea elemento del Derecho; no conviene pararse, como a veces ocurre, a mitad del camino, esto es, admitiendo primero tal elemento y atribuyéndole luego sin embargo un carácter extrajurídico y como sería ilógico ciertamente buscar un elemento esencial del Derecho fuera del derecho mismo, esta opinión[113] conduce necesariamente a excluir la sanción de entre los caracteres del derecho. De todos modos esta postura es muy significativa en cuanto advierte que concibiendo el derecho como norma, según la opinión co-

---

[112] [Entre los que actualmente se adhieren a esta posición; vid. últimamente Ago, Lezioni di dir. internazionale, Milano, 1943, p. 24 y ss.
[113] Expuesta por Marinoni, La responsabilitá degli Stati per gli atti dei loro rappresentanti secondo il diritto internazionale, Roma, 1914, p. 35 y ss., sobre la que más adelante (§ 22) insistiremos.

mún, se excluye de él la sanción a la que, por el contrario, debe asignársele un determinado papel. (Vid. *infra*, § 22.)

§ 9. La expresión "ordenamiento jurídico"

A la argumentación expuesta como crítica a las teorías dominantes, y que a su vez convendrá demostrar con tesis más radicales, puede formularse alguna objeción derivada del significado excesivamente literal que generalmente se da a la expresión "ordenamiento jurídico". Esta expresión hace pensar, en definitiva, en la idea de regla y de norma, de modo que puede no resultar fácil imaginar un ordenamiento que no se reduzca todo a tal configuración normativa. La dificultad no es, sin embargo, como puede verse, sustancial, y tiene un origen extrínseco y casi exclusivamente terminológico; como antes hemos señalado, es una de aquellas dificultades originadas por la indeterminación y por la pobreza del lenguaje que, con frecuencia, son causa de inexactitudes en las definiciones de aquellos conceptos en extremo abstractos. Para eliminar tal dificultad bastaría con sustituir la palabra "ordenamiento" por otra que no reclame tan insistentemente y por tan inveterada costumbre la idea de norma, aun sin que la excluya, ya que esto sería a su vez no menos inexacto.

§ 10. Los elementos esenciales del concepto del derecho. El derecho como institución y el derecho como precepto

En nuestra opinión, el concepto del derecho debe contener los siguientes elementos esenciales:

a) Antes que nada debe ponerse en relación con el concepto de sociedad. Y esto en dos sentidos, con significación recíproca y complementaria entre sí: lo que no trasciende de la esfera estrictamente individual y no supera la vida del individuo concreto en cuanto tal, no es derecho (*ubi ius ibi societas*)[114]; a su vez, inversamente, no existe sociedad en el sentido propio del término, sin que en ella se manifieste el fenómeno jurídico (*ubi societas ibi ius*), si bien esta última proposición presupone un concepto de sociedad que es imprescindible resaltar. Por sociedad debe entenderse no una simple relación entre los distintos individuos, como sería por ejemplo una relación de amistad a laque es extraño todo elemento jurídico[115], sino una entidad que constituya, incluso formal y extrínsecamente, una unidad concreta distinta de los individuos que en ella se comprenden. Y debe tratarse, además, de una unidad efectivamente constituida: así, aduciendo otro ejemplo, una clase o un estrato social no organizado como tal, sino determinado por una simple afinidad entre distintas personas, no es una sociedad verdadera y propia. Sin embargo, sobre este punto será necesario insistir más adelante.

---

[114] Sobre la opinión de Croce, Filosofia della pratica (2), p. 323 [5ª edición, p. 307 y ss.], vid. lo que antes se ha dicho en la página 100. También Rosmini, Filosofia del diritto, I, Milano, 1841, pp. 146-147, había excluido "de la noción de derecho en general, no tanto el concepto de sociedad, cuanto más bien el de una real coexistencia", pero ello en el sentido de estimar suficiente una "coexistencia posible", de modo que el individuo podía siempre "considerarse en una hipotética relación con otros semejantes". [Por otra parte, la concepción de que el derecho no esté esencialmente ligado a una determinada forma de sociedad reaparece, como es evidente, de modo continuo en la doctrina más moderna; se trata, sin embargo, de una concepción que, de cualquier modo que se la quiera juzgar, desde el punto de vista filosófico, supone una noción del derecho que no es la del derecho positivo que es de la que el jurista debe partir.]

[115] El que en relaciones como la amistad, no falte el elemento de autoridad, derivado de la estima, del reconocimiento intimo, etcétera (Gentile, op. cit., pp. 47 y ss.) no impide naturalmente, distinguir esta sociedad en sentido amplio de aquellas otras en sentido restringido en las que el fenómeno jurídico se produce.

b) El concepto de derecho debe contener, en segundo lugar, la idea de orden social, excluyendo así cualquier elemento que pueda relacionarse con la arbitrariedad o con la fuerza material; esto es, con la fuerza no ordenada. Este principio, por otra parte, es solo un aspecto del anterior, debiendo ser entendido incluso únicamente en la medida en que puede considerarse como una consecuencia del mismo; toda manifestación social, por el solo hecho de ser social, aparece ya ordenada, al menos en relación con quienes integran tal grupo social[116].

c) El orden social establecido por el derecho no es el que viene determinado por la existencia de normas que disciplinan las relaciones sociales, cualquiera que sea la forma en que éstas se originen; aquél no excluye estas normas, sino que incluso se sirve de ellas y las abarca dentro de su órbita, que al mismo tiempo sobrepasa y supera. Esto significa que el derecho antes que ser norma, antes que implicar una simple relación o una serie de relaciones sociales, es sobre todo organización, estructura, posición de la sociedad misma en la que se desarrolla, y que precisamente el derecho constituye como unidad, como ente con sustantividad propia. También esto en definitiva, es consecuencia de lo, que antes hemos señalado al delimitar el tipo de sociedad en el que el fenómeno jurídico se produce.

Siendo esto así, el concepto que nos parece necesario y suficiente para expresar en términos exactos el concepto de derecho como ordenamiento jurídico, considerado global y unitariamente, es el concepto de institución. Cada

---

[116] No insistimos especialmente, como puede verse, y como por otra parte se acostumbra a hacer en el campo filosófico, en torno a la cuestión de las relaciones generales entre el derecho y la fuerza; ni siquiera nos ocupamos de aquel otro punto concreto subordinado a su vez al problema más amplio de la eticidad del derecho, referente a las relaciones entre el llamado derecho justo y el derecho injusto pero impuesto coactivamente.

ordenamiento jurídico es una institución e, inversamente, toda institución es un ordenamiento jurídico; la correspondencia entre estos dos conceptos es necesaria y absoluta.

Así pues, la expresión "derecho", entendido en sentido objetivo, puede tener un doble significado. Antes que nada puede designar: a) Un ordenamiento en su totalidad y unidad, esto es, una institución; b) Un precepto o un conjunto de preceptos, sean normas o disposiciones particulares, diversamente reagrupados y sistematizados que, para distinguirlos de aquellos otros no jurídicos, calificamos de institucionales, evidenciando así la conexión que tienen con el ordenamiento entero, esto es, con la institución de la que son elementos integrantes, conexión que es al mismo tiempo necesaria y suficiente para atribuirles su carácter jurídico.

Sobre este punto habremos de volver en otro trabajo; nos interesa por ahora tan solo desarrollar el primero de los dos aspectos señalados, poniendo así de manifiesto tanto las conexiones como las diferencias que nuestra tesis presenta en relación con las opiniones más comunes. Sin embargo, es necesario precisar mayormente antes que nada el significado en el que empleamos la palabra institución que, por otra parte, se presta a ser entendida en tan distintos sentidos.

§ 11. Los precedentes doctrinales del concepto de institución

Hay que señalar, en efecto, que mientras en el lenguaje no diré que vulgar, pero sí al menos extrajurídico, se habla comúnmente de instituciones en un sentido amplísimo —muy próximo a su vez al que nosotros le asignamos, hasta el punto que son muy frecuentes expresiones como las de "instituciones políticas", "instituciones religiosas" y otras semejantes—, en la terminología técnica del derecho, en cambio, se ha partido de un concepto muy limitado de institución y solo recientemente, y muy poco a poco, se ha extendido y valorado, aunque sin utilizarlo todavía de un modo total.

Para los juristas, la institución no ha sido hasta hace pocos años sino una especie del género de personas jurídicas que ha servido, al menos desde un cierto tiempo a esta parte, para designar de entre aquéllas las que se contraponen a las corporaciones. El concepto referido supone, por tanto, una técnica usada solo en la doctrina de los sujetos morales de derecho y, como es sabido, dicha doctrina se ha desarrollado antes y con mayor amplitud en el campo del derecho privado: la idea de institución ha permanecido así casi infructuosa, precisamente en aquel campo en el que evidentemente era mayor su utilidad, esto es, el del derecho público, planteamiento que apenas puede estimarse compensado por la antigua tendencia de considerar los entes morales como entes de interés público. De todos modos, sin embargo, queda como cierto el que la institución ha sido siempre concebida ni más ni menos que como persona jurídica. Casi no es necesario advertir que no es en este sentido ni en ámbito tan reducido en el que nosotros empleamos ahora ese concepto.

En los últimos tiempos, sin embargo, se ha iniciado, tanto en la doctrina alemana como en la francesa, una tendencia a ampliar el concepto de institución, llevándolo fuera de la esfera en la que inicialmente se había desarrollado: en la doctrina alemana, de modo marginal, y tan solo ocasionalmente, en relación, las más de las veces, con la doctrina de las personas jurídicas; en la doctrina francesa, en estudios ya más independientes, y referidos a muchas cuestiones de derecho público y a algunas de derecho privado, pero con un planteamiento no siempre del todo riguroso y preciso.

En este sentido hay que recordar antes que nada aquella tesis[117] que encuentra el fundamento de las personas jurídicas en una organización, concibiendo a esta por tanto, como un verdadero antecedente de aquéllas. La organización o institución (*Einrichtung*) no sería entonces un ente natural dotado de vida propia, sino un ente que, pensado o considerado como sujeto de derecho, serviría de este modo para alcanzar determinados fines sociales. Pero qué sea más concretamente esa organización, esa nueva dimensión social, permanece en la sombra; se afirma, incluso, que tratándose de un concepto elemental ya no es susceptible de un análisis posterior[118]. De todos modos, repito, en la doctrina alemana el concepto de institución se ha aprovechado para aclarar el de persona jurídica; su importancia para nuestra tesis, es pues, únicamente indirecta y se concreta en la afirmación de que en el mundo del derecho existen entidades —no interesando ahora señalar si se conciben dotadas de personalidad y en qué modo—, que no son verdaderos y propios organismos naturales, como afirmaba la llamada teoría orgánica, sino que son simples instituciones; esto es, organizaciones, bien de personas (corporaciones), bien de otros elementos (fundaciones)[119].

En el campo del Derecho administrativo alemán se ha perfilado la figura del instituto público (*Ans-*

---

[117] Vid. Ferrara, Teoria delle persone giuridiche, Napoli, 1915, p. 35 y ss. [y más recientemente su obra Le persone giuridiche, en el Trattato di dir. civile it., dirigido por Vassalli, Torino, 1938. p, 27 y ss.

[118] Behrend, Die Stiftungen, Marburg, 1905, I, p. 312 y ss. Puede ser, importante señalar cómo este autor reduce la figura de la persona jurídica solo al campo del derecho privado, y que, por tanto, en las instituciones de las que este autor habla no se comprenden las públicas, que para nosotros son, por el contrario, las más características.

[119] Sobre esta contraposición entre organismo y organización, vid. Enneccerus, Lehrbuch des bürgerlichen Rechts (6), I, Marburg, 1911, § 96 (p. 231 y ss. de la 1ª parte) [13ª ed. 1931, p. 288].

talt) que sería, no una persona jurídica, sino un conjunto, una unidad de medios naturales o personales, que en las manos de un sujeto de la Administración pública están destinados a servir de modo permanente un interés público determinado: el Ejército, una Escuela, un Observatorio, una Academia científica, Correos, etc. [120]

En Francia, Hauriou ha perfilado en varios de sus escritos y con sucesivas modificaciones[121] un concepto de institución más amplio, afirmando que esta constituye una categoría general para todas las ramas del Derecho público, apta para explicar no pocos principios, y fecunda, por tanto, en importantes aplicaciones.

Según este autor, la institución es una organización social esto es, "tout arrangement permanent par lequel, a l'interieur d'une groupement social déterminé, des organes disposants d'un pouvoir de domination sont mis au service des buts intéressants le groupe, par une activité coordennée a celle de l'ensemble de groupe". Deben distinguirse así, dos clases de instituciones: las que pertenecen a la categoría de las cosas inertes (por ejemplo, un fundo que es considerado en sí mismo en el Catastro, un camino vecinal, etc.), y aquellas otras que, por el contrario, forman verdaderos cuer-

---

[120] Principalmente, O. Mayer, Deutsches Verwaltungsrecht (3), II. § 51; Fleiner, Institutionen des D. Verwaltungsrecht Tübingen, 1913, § 18 [8ª edición, 1928, § 191.

[121] La formulación última dada por este autor a su doctrina, y a la que nos atenemos, es la contenida en sus Principes de droit public (2), París, 1916, p. 41 y ss. [Hauriou ha vuelto posteriormente sobre este mismo tema en varios de sus escritos: así, en las sucesivas ediciones de sus Principes de droit public, en la Théorie de l'institution et de la fondation, París, 1925, y en Précis de droit constitutionnel (2), París, 1929. Sobre la doctrina de Hauríou, vid., entre otros, Leontovitsch, Die Theorie der Institution bei. M. Hauriou, en "Archiv f. Rechts u. Socialphilosophie", XXIX-XXX, y La teoria delta istituzione di Hauriou e il suo significato per il diritto costituzionale, en "Bolletino dell'Istituto di filosofia del dir. della R. Univ. di Roma", II (1941), p. 85 y ss.]

pos sociales, es decir, las instituciones Corporativas. Tanto unas como otras están individualizadas socialmente, pero el sistema jurídico solo debe considerar como figuras independientes las instituciones corporativas ya que solo ellas, a diferencia de las otras, tienen autonomía. Esto implica que toda institución de este tipo es una verdadera realidad social, un ente cerrado y distinto de los individuos que lo integran y que tiene, por tanto, personalidad propia o, al menos, es susceptible de tenerla. Bajo dos aspectos puede, pues, ser considerada la institución: desde el punto de vista de su vida de relación, y entonces resalta su individualidad subjetiva, su cualidad de persona jurídica, o desde el punto de vista de su vida interna, y entonces asume la figura de una realidad individual y objetiva. Este último aspecto, que se traduce en la autonomía de la institución Corporativa, supone que ella misma es fuente originaria de derecho en cuanto espontáneamente produce las tres formas del mismo: el derecho disciplinario, el consuetudinario y el estatutario o legal.

Este es el núcleo fundamental de la doctrina de Hauriou, de la que no podemos referir aquí sus últimos desarrollos, sino en cuanto sea necesario para justificar algunas breves observaciones críticas sobre las que ahora interesa insistir.

El mérito principal del jurista francés radica, a nuestro parecer, en haber introducido en el mundo jurídico la idea de institución en un sentido amplio, idea de la que hasta entonces solo vestigios, muy superficiales por cierto, podían encontrarse no ya en el campo de la especulación, sino en el de la simple terminología política y sociológica[122]. Y ha sido

[122] Esta afirmación es válida en relación con la doctrina moderna a cuyo estudio nos hemos limitado, y no en relación con aquella otra más antigua que en éste, como en tantos otros puntos, presenta desarrollos de los hoy equivocadamente se prescinde. Puede recordarse, por ejemplo, el análisis de los "systemata" de Hobbes, Leviathan, cap. 22 y el de los "entia moralia", de Pufendorf, De iure naturae ac gentium, I, cap. I: estos entes morales, a diferencia de los físicos, que tienen su origen en

sin duda alguna oportuno haber desligado además el concepto de institución del de personalidad jurídica, que puede sobreponérsele cuando se dan determinadas condiciones, pero que puede también faltar. Aunque esta distinción se ofrecía con mayor claridad en las primeras formulaciones que Hauriou presentó de su doctrina, el desarrollo que este autor ha dado a la tesis de la institución como individualidad objetiva, continúa en todo caso siendo importante.

Parece, sin embargo, que la doctrina de la institución es susceptible, antes que nada, de ser enunciada con una mayor amplitud y al mismo tiempo con mayor precisión, y que además su esencia, su caracterización fundamental, debe establecerse de modo distinto a como Hauriou lo hace. Nuestra posición habrá de quedar desarrollada de modo más completo en los parágrafos siguientes, pero ya desde ahora hemos de señalar que nos parece injustificado el criterio en base al cual Hauriou limita el concepto de institución, reduciéndolo solo a aquella clase de organizaciones sociales que han alcanzado ya un cierto grado de desarrollo y de perfección. Además de las instituciones que él califica de corporativas, hay otras que pueden ser acogidas en el sistema jurídico por las mismas razones; es decir, otras que tienen también una existencia propia, independiente de la de los individuos concretos, y que están dotadas igualmente de una mayor o menor autonomía. Menos aún participamos de la opinión según la cual solo tendrían el carácter de instituciones los entes organizados en forma constitucional y representativa y a cuyos miembros les está garantizada una libertad que no sabemos en qué sentido puede califi-

---

la creatio, surgirían por impositio (palabra que el traductor francés, Barbeyrac, expresa por institution). Debe observarse, sin embargo, que de los entia moralia de Pufendorf pueden homologarse con las instituciones, en el sentido que nosotros les damos, solo aquellos "ad analogiam substantiarum concepta".

carse como de libertad... política, tratándose, por ejemplo, de los accionistas de una Sociedad mercantil, con descentralización y separación de poderes, que se inspiran también en el principio de publicidad y que tienen un estatuto constitucional. Evidentemente, la idea que ha impulsado a Hauriou ha sido la de estructurar su institución a imagen y semejanza de la mayor de todas las instituciones, el Estado, y más concretamente a imagen y semejanza del Estado moderno, cuando, por el contrario, lo que interesaba era fijar una figura de caracteres generales, cuyas notas contingentes pueden variar y de hecho varían hasta el infinito.

Además, y esto se relaciona ya con nuestro punto de vista que ha quedado expuesto y que convendrá a su vez completar, no creemos que la institución sea fuente de derecho y que, por tanto, este sea un efecto, un resultado de aquella, sino que estimamos que entre el concepto de institución y el de ordenamiento jurídico, considerada unitaria y globalmente, existe una perfecta identidad. Este resultado, sin embargo, no puede alcanzarse sino superando aquella doctrina tradicional que concibe el derecho solo como una norma o como un conjunto de normas.

Hauriou afirma, por el contrario, que la institución es casi un conjunto de cosas, incluso más bien, que "n'est qu'une sorte de chose; à la verité c'est une chose active et une sorte de mécanique". Prescindiendo de señalar que en tales expresiones se manifiesta claramente una indudable incerteza, y casi una duda, hay que notar cómo a tal concepción se ha llegado acaso más por vía de exclusión que a través de una argumentación directa. Se ha negado, justamente, que la institución fuera una persona jurídica, ya que, aun cuando dotada de personalidad, solo representa el substrato de esta última y, por tanto, un antecedente de la misma; nunca se ha pensado en identificarla con el propio ordenamiento jurídico y, por esto, surgía espontánea, por no decir que necesariamente, la idea de catalogarla entre las cosas. Ahora bien, aun cuando la denominación de *res publica* con la que los romanos designaban al Estado, esto es, a la institución más importante, pueda proporcionar un cierto pretexto para tal tratamiento, es evidente que si la palabra "cosa" se usa en su justo significado jurídico, no expresa con exactitud el concepto de institución, sino que, inversamente, lo anula como categoría independiente; si, por otra parte, se emplea con un significado más amplio, no acierta a explicar entonces el concepto, ya que queda siempre por señalar cual deba ser en tal caso ese significado que se asume. La verdad es que Hauriou ha querido resaltar el carácter objetivo de la institución, pero tal carácter no implica que deba ser considerada como objeto, como *res*: la institución es, por el contrario, un ordenamiento jurídico objetivo[123].

§ 12. Nuestro concepto de institución y sus caracteres fundamentales

Entendemos por institución todo ente o cuerpo social; esta definición, sencilla y breve, requiere un comentario más amplio.

---

123 [En la doctrina francesa han sido elaborados posteriormente otros conceptos de institución desde puntos de vista que trascienden de todos modos los fines específicos de la investigación jurídica, distintos tanto del de Hauriou como del mío. Debe señalarse esto, especialmente de Renard, Théorie de l'institution, París, 1930; de Delos, La théorie de l'institution, en "Archives de philosophie du droit", 1931, y de Gurvitch, L'idée du droit social, País, 1932, y L'experience juridique et la philosophie pluraliste du droit, París, 1935. Sobre estos autores, vid., entre otros, Bobbio, Istituzione e diritto sociale, en "Rivista internazionale di filosofia del dir", 1936; también Desqueyrat, L'institution, le droit objectif et la tecnique positive. Essai historique et doctrinal, París, 1935.]

1. Existencia objetiva de la institución

El ente de que hablamos debe tener una existencia objetiva y concreta, y en cuanto inmaterial, su individualidad debe ser exterior y visible: precisamente para poner mejor de manifiesto este carácter, hemos hablado también de "cuerpo" social[124].

Esto supone que empleamos el término de institución en su sentido propio, y no en el que frecuentemente se le atribuye, que es tan solo figurado. Así, cuando en el lenguaje corriente se habla, por ejemplo, de la institución de la Prensa o cuando en el lenguaje técnico-jurídico se habla de la institución o, más frecuentemente, del instituto de la donación o

---

[124] [No es siempre fácil comprobar cuándo una institución tiene los caracteres que en el texto se señalan. Existen, desde luego, casos límites: así, organizaciones en extremo rudimentarias, como por ejemplo, las constituidas por personas en fila delante de una ventanilla o para entrar en un local, o bien aquellas otras menos embrionarias si se quiere, pero sin embargo "en estado difuso", que aglutinan idealmente, con la observancia de determinados usos y de otras reglas comunes, a jugadores y deportistas, a los llamados gentiluomini que practican las normas de caballería, a los que siguen ciertos usos sociales, etc.; sobre estas "instituciones", vid. Cesarini Sforza, Il diritto dei privati, en "Riv. it. per le scienze giur.", 1929, p. 25 y ss. de la separata, y La teoria degli ordenamenti giuridici e il diritto sportivo, en "Foro it.", 1928 (vid. también los autores aquí citados, Perreau, Huguet, etc.): Calamandrei, Regole cavalleresche e processo, en "Riv, di dir. Processuale", 1929, I, p. 145 y ss.: y en Studi sul processo civile, III, Padova, 1934, p. 1 ss. De todos modos, aun cuando se quieran adoptar criterios muy amplios para encontrar los caracteres de la institución en determinadas formas de sociedad extraordinariamente simples y poco desarrolladas, no creemos pueda llegarse hasta el extremo de encontrar el fenómeno jurídico en todos los "estados de convivencia humana como por el contrario cree Orlando, Recenti indirizzi circa i rapporti fra diritto e Staio, en "Rivista di dir. pubblico", 1926, y en Diritto pubblico generale, Scritti varii, Milano, 1940, p. 223 en Stato e diritto (Ordinamento giuridico, regola di diritto, istituzione)].

de la compra-venta, no se quiere aludir a una efectiva unidad social, sino que, en el primer caso, se alude a la manifestación conjunta de ciertas fuerzas, desunidas en realidad y frecuentemente divergentes, Y en el segundo, a las distintas relaciones o normas singulares que, en función de los caracteres típicos que presentan en relación con una figura común, son reagrupadas en conjunto, pero tan solo conceptualmente[125].

---

[125] En ocasiones se ha dado sin embargo un concepto e instituto jurídico que contrasta con su verdadero carácter de pura y simple abstracción, si no pudiera suponerse, incluso, que los términos empleados no han querido ser sino imágenes plásticas del concepto mismo; vid., por ejemplo, las observaciones de Ihering en el programa con que iniciaba la publicación: de sus Jahrbücher f. die Dogmatik, etc. (I, p. 10), observaciones que siendo excesivas en relación con el concepto de instituto jurídico, podrían muy bien, por el contrario, referirse a nuestro concepto de institución, "Die Gesammtmasse des Rechts erscheint jetzt nicht mehr als ein System von Sätzen, Gedanken, sondern als Inbegriff von juristichen Existenzen, so zu sagen, lebenden. Wesen, dienenden Geistem. Wir wollen die Vorstellung eines juristichen Körpers beibehalten, da sie die, einfachste und natürlíchste ist…", Diríase que Ihering había intuido ya las notas esenciales del derecho que hemos resaltado, si bien las buscó allí donde no podía encontrarlas.

[Otros, por el contrario, no distinguen o confunden los conceptos de instituto jurídico y de institución, entendida ésta en el sentido de cuerpo social; así, algunos de los autores franceses citados en la nota 29 bis. Croce, *Teoria e storia della storiografia*, Bari, 1917, p. 133 [5 ed, 1945, p. 133] habla de "institutos", entendiendo esta palabra "en un sentido amplísimo o sea comprendiendo en ella todas las situaciones prácticas de los individuos y de las sociedades humanas, desde los sentimientos más íntimos hasta las formas de vida más externas —lo que naturalmente no interesa al jurista—, para hablar después de "instituciones en sentido restringido: la familia, el Estado, el comercio, la industria, la milicia, etc.", atribuyéndole así a la palabra "institución" un significado mucho más amplio, que el de ente o cuerpo social, que entre los ejemplos que él cita solo puede referirse a la familia y al Estado. Orestano. *Filosofia del diritto*, Milano, 1941, p. 103, 143, aún manteniéndose en el ámbito jurídico, confunde evidentemente los dos conceptos, lo que le impide valorar exactamente mi teoría.]

2. Institución y cuerpo social

Decimos, además, que la institución es un ente o un cuerpo social, en el sentido de que es manifestación de la naturaleza social y no puramente individual del hombre. Esto no quiere decir, sin embargo, que el substrato de la institución deba estar constituido, siempre y necesariamente, por personas relacionadas entre sí. Esta unión da lugar a una forma particular de instituciones: algunas resultan, en efecto, además de otros elementos, de varios individuos que pueden coexistir o, incluso, sucederse unos a otros, unidos por intereses comunes o continuos, o por una finalidad, por una, misión que ellos quieren alcanzar. Pero hay instituciones que tienen un fundamento distinto, es decir, que constan de un conjunto de medios, materiales o inmateriales, personales o reales, patrimoniales o de naturaleza ideal, destinados a servir de modo permanente a un fin determinado en beneficio no ya de personas que pertenecen a la institución misma, sino de personas ajenas a ella y que no son sus miembros, sino solo sus destinatarios. En este caso, como en todos los demás, las instituciones benefician a hombres, son administradas y dirigidas por hombres, pero aquí, por el contrario, no se componen de hombres. Por lo demás, para estas cuestiones podemos remitirnos en líneas generales y sin entrar en los puntos concretos debatidos —indiferentes desde nuestro punto de vista—, al desarrollo que han tenido en la doctrina de las personas jurídicas. La distinción que allí se hace entre corporaciones y fundaciones o instituciones en sentido estricto, así como las subdistinciones de esas dos categorías fundamentales, pueden servir incluso para las instituciones que carecen de personalidad. Esta, la personalidad, es una cualidad que presupone una determinada estructura del ente, pero precisamente no la que se señala cuando se ponen de manifiesto las dos categorías anteriores, categorías que pueden referirse a las personas jurídicas solo en cuanto éstas son una especie de un género más amplio, el de las instituciones.

3. Autonomía de la institución: instituciones complejas

La institución es un ente cerrado que puede considerase *in se* y *per se*, por tener precisamente una individualidad propia. Esto no significa que la institución no pueda encontrarse en correlación con otros entes, con otras instituciones, de suerte que, desde otro punto de vista, forme parte más o menos integrante de ellos. Así, junto a las instituciones simples, son frecuentísimas aquéllas que pueden calificarse de complejas y que son instituciones de instituciones. Por ejemplo, el Estado, que de por sí es ya una institución, está comprendido también en aquella otra más amplia que es la comunidad internacional, al mismo tiempo que dentro de él pueden distinguirse otras instituciones, como los entes públicos subordinados, los Municipios, las provincias, incluso sus distintos órganos, entendidos como oficios; en el Estado moderno, los llamados poder legislativo, judicial y administrativo, en cuanto cada uno de ellos son unidades formadas por distintos oficios relacionados entre sí; también los establecimientos, cuya estructura se ha perfilado de modo especial en el Derecho administrativo, como las escuelas, las Academias científicas, los establecimientos de todo género, etc. La autonomía de cada institución no tiene, pues, que ser necesariamente absoluta, sino que puede ser solo relativa; su configuración depende de distintos puntos de vista que pueden variar. Existen, así, instituciones que aparecen como perfectas, es decir, que se bastan a sí mismas —al menos en lo fundamental— y que tienen la plenitud de medios para conseguir aquellos fines que les son exclusivos. Hay otras imperfectas o menos perfectas que se apoyan en distintas instituciones, y ello en diferentes sentidos. Puede suceder, en efecto, que unas y otras se encuentren únicamente coordinadas entre sí: otras veces, por el contrario, nos encontramos con entes mayores en los que las primeras se comprenden y a los que están subordinadas. Tal subordinación, a su vez, puede ofrecer distintas formas según se trate de instituciones que formen parte más o menos integrante de la estructura de aquella institución más amplia, como sucede con los distintos órganos del Estado, o bien sean solamente protegidas o garantizadas por este, como ocurre con los llamados entes privados. Finalmente, hay instituciones que se manifiestan en una posición antitética en relación con otras, que a su vez pueden considerarlas como ilícitas; así ocurría, por ejemplo, con aquellos entes que se propusieran un fin contrario a las leyes estatales, o con las iglesias cismáticas frente a aquellas otras de las que están separadas. Sobre estos distintos aspectos que pueden presentar las instituciones volveremos más adelante con mayor amplitud; baste, por ahora, haberlos referido sintéticamente, señalando así los términos del concepto de institución que nosotros hemos formulado.

4. Unidad de la institución

La institución es una unidad delimitada y permanente; es decir, no pierde su identidad, al menos necesariamente, siempre que cambian sus elementos concretos, las personas que la integran, el patrimonio, sus medios, sus intereses, sus destinatarios, sus normas, etcétera. Puede renovarse continuando siendo la misma y manteniendo siempre su propia individualidad; de aquí la posibilidad de considerarla como un ente en sí mismo independiente, y de no identificarla con aquello que puede ser necesario para darle vida, pero que al dársela se, integra en ella[126].

[126] [En varias ocasiones se ha tachado de indeterminado precisamente mi concepto de institución; así, entre otros, Orlando, Stato e diritto, cit., p. 250, y últimamente vid. Gueli, Regime politico e ordinamento del

§ 13. Equivalencia de los conceptos de institución y ordenamiento jurídico

Hemos señalado las notas fundamentales de la institución; precisamente aquellas que nos permiten conocer su esencia, pasando por alto el análisis de otras a las que posteriormente aludiremos. Pero, ¿en qué consiste realmente la esencia de la institución?

Hay una palabra que intencionadamente hemos eludido hasta ahora y que pudiera resultar no solo necesaria, sino también suficiente para aclarar la naturaleza de la institución: es el término "organización". No hay duda, en efecto, que la institución es una organización social; ya vimos cómo se han intentado definir de este modo aquellas instituciones que son personas jurídicas, declarando a su vez que no es posible realizar ulteriores análisis en un concepto tan simple y elemental.

Ahora bien, aparte del recelo, ciertamente justificado, que suscita una expresión de la que tanto abuso se ha hecho y que frecuentemente se ha empleado también para extender un velo sobre lo que no se sabía explicar o aclarar, hay que advertir —y esto es para nosotros esencial—, que el concepto de organización no puede servir al jurista hasta que no se reduce a un concepto jurídico. Y para ello no basta

---

Governo, Milano, 1942, p. 12 y ss., nota 7. No llegamos ciertamente a hacernos cargo de esta observación que muchos han repetido mecánicamente; para definir la institución hubiera bastado con decir que es un ente o un cuerpo social, omitiendo las demás concreciones que he añadido, pues en definitiva ningún jurista puede desconocer el concepto de ente o de cuerpo social que son conceptos básicos, al mismo tiempo que elementales, y sin los que a su vez no pueden entenderse otros que los presuponen, como son, por ejemplo, los de familia, "entes de hecho", personas jurídicas, al menos en la forma que las personas jurídicas se presentan de ordinario en el Derecho moderno. Que cuando se quieren precisar demasiado, ciertos conceptos elementales, no se hace sino oscurecerlos].

ciertamente ni con recurrir a una paráfrasis, ni con referirse a él con otros términos de significado idéntico o semejante. Para diferenciar la organización del organismo natural se ha hablado, incluso, de un *corpus mysticum*; se emplean expresiones como las de estructura o sistema social, mecanismo, etc.; en todos estos casos, se adoptan unos términos que pueden ser, incluso, exactos, que pueden servir para hacer imaginable y plástica la idea de que se trata, pero tales términos no son jurídicos y, por tanto, aunque pueden ayudar al jurista, no le liberan de la obligación de sustituirlos por otros que tengan al mismo tiempo, la forma y el contenido necesario para aprehender aquel concepto en su campo propio, el campo del derecho, que no es el de la sociología[127].

---

[127] [Estas observaciones y las que siguen no han sido tenidas suficientemente en cuenta, o por el contrario han sido mal entendidas por los que han estimado que mi investigación no es jurídica, sino solo prejurídica, y que este planteamiento es tan solo sociológico, hasta el punto de no resaltar la diferencia existente entre el hecho del ordenamiento social y el del ordenamiento jurídico al que aquél da lugar, etc. (Vid., entre otros, Bonucci, Ordinamento giuridico e Stato: contributo alla teoria della definizione, en "Riv, di dir. pubblico", XII, p. 97 y ss.; Bobbio, op. cit., pp. 35-36 de la separata, en nota; Capograssi, Note sulla molteptlicitá degli ordinamenti giuridici, en "Riv. internaz. di filosofia del dir.", 1939, p. 6 y ss. de la separata; Ziccardi, La costituzione dell'ordinamento internaz., Milano, 1943, p. 72, etc. De algunas de estas críticas me ha defendido ya brillantemente Orlando, Ancora del metodo in dir. pubblico con particolare riguardo all'opera di Santi Romano, en Scritti giuridici in onore di Santi Romano, Padova, 1940, I, p. 17 y ss, afirmando que "las críticas suscitadas constituyen en definitiva el mejor elogio, porque confirman lo que he señalado como el mérito incomparable de la exposición de Romano; esto es, ser un ejemplo perfecto de método en el análisis del derecho público general". Añado, por mi parte, que he tratado de incrustar en el mundo jurídico el hecho del ordenamiento social, estimado generalmente tan solo como un antecedente del derecho, tratando así de demostrar que precisamente de tal error derivan los defectos y las incongruencias de las definiciones comunes que del derecho se dan, especialmente en cuanto tales definiciones vienen

La solución que debe darse a este problema es la que ya hemos expuesto; la institución es un ordenamiento jurídico, una unidad independiente de derecho objetivo, más o menos completa. Los caracteres esenciales del derecho antes expuestos (§ 10), coinciden con los de la institución. No hay duda que ésta es un ordenamiento; las palabras organización, sistema, estructura, edificio, etcétera, con las que se le califica, tienden precisamente a resaltar esta idea, y este y no otro es también el significado etimológico de la palabra "Estado", con la que si bien ahora se designa a la más importante de las instituciones, antes se refería igualmente a otros entes públicos, especialmente a los Mu-

---

constreñidas, algunas más y otras menos, pero todas indistintamente, a recurrir a elementos o conceptos no jurídicos. Precisamente, las críticas señaladas a mi concepción del derecho son las que, por el contrario, deberían dirigirse a las otras formulaciones, y cualquiera que sea la valoración que sobre aquélla se quiera hacer, deberá reconocerse, al menos, que he intentado dar una definición jurídica del derecho, resultado que no puede alcanzarse sino haciendo entrar de modo correlativo el fenómeno jurídico dentro del fenómeno sociológico-institucional, y este dentro del jurídico; esto es, identificando uno con otro, lo que no supone un círculo vicioso, una tautología o una petición de principios, sino la demostración de la perfecta autonomía del concepto de derecho y de la posibilidad que ofrece de encerrarse y concluirse totalmente en sí mismo, Orlando había observado ya exactamente (en otro trabajo, Stato e diritto, en el volumen Dir. pubbl . generale, cit., p. 249) que en mi concepción del derecho no se podía decir "que fuera el ordenamiento el que generase la institución o el derecho el que genera el ordenamiento. Cada uno de estos conceptos es, en cierto sentido, el origen y el resultado del otro". También Messineo, Manuale di dir. civ. e comm. (6), Padova, 1943, I, núm. 10, si bien acentuando en el concepto de derecho el aspecto normativo, señala que institución y norma nacen uno actu y están en relación de "mutua implicación": la institución es tal, en cuanto establece normas, y la norma deriva su fuerza de la institución. Este es precisamente el teorema o la serie de teoremas que me he propuesto demostrar, y el principio señalado, el hilo conductor de todo nuestro trabajo.]

nicipios. Que el ordenamiento sea siempre y con carácter necesario un ordenamiento jurídico, resulta evidente si se tiene en cuenta que el fin característico del derecho es precisamente el de la organización social[128]. El derecho no consagra solo el principio de la coexistencia de los individuos, sino que se propone, sobre todo, vencer la debilidad y la limitación de sus fuerzas singulares, superar su caducidad, perpetuar ciertos fines más allá de su vida natural, creando para ello entes sociales más fuertes y más duraderos que ellos. Estos entes vienen a establecer así aquella, síntesis, aquel sincretismo en el que el individuo permanece encerrado: no solo es regulada su actividad, sino también la posición misma —sea de supremacía o de subordinación—, que tienen en relación con los demás; energías y cosas, son destinadas a fines permanentes y generales, y ello con un conjunto de garantías, de poderes, de sujeciones, de libertades y de frenos que reducen a sistema y unifican una serie de elementos, ya suficientes *in se* y *per se.* Esto significa que la institución, en el sentido que nosotros le asignamos, es la manifestación primaria, original y esencial del derecho, que a su vez no puede exteriorizarse sino en una institución, y ésta en tanto existe y puede decirse tal, en tanto en cuanto su vida es creada y mantenida por el derecho.

---

[128] Vid. Filomusi Guelfi, Enciclopedia giuridica (7), Napoli, 1917, § 13. Hay que señalar a Gierice entre los que más han contribuido a evidenciar este carácter del derecho, hasta el punto que puede decirse que a la demostración de esta tesis ha consagrado todas sus obras. Puede tener también alguna importancia la distinción que en un ámbito más reducido y desde puntos de vista distintos, se hace en ocasiones entre leyes normativas y leyes constructivas (Duguit, op. cit., p. 551 y ss.; Les transformations du droit public, París, 1913, p. 77 y ss.), [Vid. también del mismo autor, Traité de droit constitutionnel (3), París, 1927, I, p. 172 y ss.] y entre normas jurídicas de decisión y normas jurídicas de organización (Ehrlich, op. cit. y también en otros escritos precedentes).

§ 14. Pruebas de tal equivalencia deducidas de la doctrina según la cual el derecho es solo "forma"

Una prueba más de esta verdad se obtiene si se observa que en la institución se manifiestan y se hacen sentir fuerzas distintas a las estrictamente jurídicas, fuerzas que son y no pueden menos de ser sino meramente individuales o, en todo caso, desorganizadas. Toda fuerza que efectivamente sea social y esté por tanto organizada, se transforma por ello mismo en derecho. Si como a veces ocurre, se manifiesta contra otra institución, ello puede ser motivo para que se le niegue el carácter jurídico o se la considere por ello mismo como antijurídica, pero solo por parte de este otro ordenamiento contra el que se dirige y contra el que actúa como fuerza desintegradora y antisocial; inversamente, sin embargo, ha de considerarse aquella fuerza como un auténtico ordenamiento jurídico si se prescinde de esta relación y se la considera en sí misma en cuanto estructura y disciplina sus propios elementos. Como ya se ha dicho, una sociedad revolucionaria o una asociación para delinquir, no constituyen derecho para el Estado que quieren derrumbar o cuyas leyes violan, del mismo modo que una secta cismática es declarada antijurídica por la Iglesia; esto no supone, sin embargo, que en estos casos no se trate de instituciones, verdaderas organizaciones y ordenamientos que, aislada e intrínsecamente considerados, son jurídicos. Inversamente, no es derecho aquello, y, solo aquello que carece de organización social.

Sin perjuicio de abordar luego este tema desde otro punto de vista, bastará señalar por ahora que este es el gran acierto que contiene aquella doctrina, tan ampliamente difundida, según la cual el derecho no es sino "forma" y para la que el contenido material es indiferente en relación con el concepto de derecho. No hay ningún elemento, ninguna fuerza, ninguna norma social que se fije necesaria y absolutamente como antitética al derecho y ni siquiera como distinta de él; la antítesis o, en todo caso, la contraposición a lo jurídico, se da tan solo en lo que es irreducublemente antisocial, es decir, en lo que es por naturaleza individual. Lo que no tiene tal carácter en sí mismo, puede sí permanecer al margen del derecho, pero solo hasta que no sea ordenado en una institución, hasta que no sea plasmado en su forma, esto es, en la estructura y en el régimen de aquélla.

Es, pues, totalmente inútil proponerse, como con frecuencia se hace, fijar los caracteres diferenciales del fenómeno jurídico en relación con aquellos propios de la religión, de la moral, de los hábitos o de las llamadas convenciones sociales, de la economía o de las reglas técnicas, etc. Cada una de estas manifestaciones del espíritu humano puede ser, en todo o en parte, asumida en el mundo del derecho e integrar de este modo su contenido todas las veces que entren dentro de la órbita de una institución. Cuando se ha señalado, en frase que ha hecho fortuna, que el derecho representa el *mínimum* ético[129], se ha dicho algo que es cierto en parte, pero cometiendo al mismo una gran inexactitud. El derecho representa no solo una determinada cantidad de moral, sino también de economía, de hábitos sociales, de técnica, etc. Y esa medida, además, que no puede circunscribirse ni mensurarse a *priori*, no tiene porque ser necesariamente un *mínimum*. Puede ser que en los Estados modernos en general, solo los principios fundamentales y esenciales de la ética se organicen, haciendo por tanto jurídico su ordenamiento, pero esta afirmación puede incluso no ser cierta para otros Estados que se han atribuido o que pueden atribuirse una misión moral más vasta y absorbente, y mucho menos es verdadera en relación con otras institu-

---

[129] Vid., sobre esta cuestión Wernz, Ius decretalium (2), I (Romae, 1905), núm. 98; [Ius cannonicum (3), Romae, 1938, págs. 148, 150 y ss.]; Sebastianelli, Praelectiones iuris canonici(2). De personis (Romae, 1905), núm. 50.

ciones cuyo fin, acaso el único, puede estar constituido precisamente por esa función moral. De igual modo podemos imaginar un Estado socialista que en sí mismo concentre y organice la mayor parte de las manifestaciones económicas. Muy significativo es, en este sentido, el derecho de la Iglesia, para el que tantos principios éticos y religiosos e, incluso, principios de pura liturgia, han adquirido carácter jurídico; es además doctrina antigua y común aquélla según la cual deben comprenderse en el sistema del Derecho eclesiástico los preceptos relativos a los actos del fuero interno, según unos cuando se relacionan con actos externos, según otros incluso, considerados en sí mismas, aun cuando tal relación falte[130], ya que en tal institución existen precisamente

[130] [Esta observación no ha sido tenida en cuenta por quienes han objetado que mi concepto de Institución presupone el concepto derecho, que de este modo vendría a ser como un prius en relación con aquélla; así por ejemplo, Del Vecchio, Modierne concezioni del dir., loc. cit., p. 11 de la separata; Ferrara, Trattato di dir. civile, Roma, 1921, p. 3 nota; Miceli, Le distinzioni nel dominio del diritto, en "Riv. internaz di filosofia del dir.", 1923, p. 27; Cesarini Sforza, Il diritto dei privati, op. cit., p. 12 de la separata, en nota; Volpicelli, Santi Romano, en "Nuovi studi di dir., economia e política", II, 1929, p. 13 y ss.; Capograssi, Alcune osservazioni sulla molteplicitá degli ordinamenti giuridici, Sassari, 1936, p. 6; Il problema della scienza del dir., Roma, 1937, p. 9; Note sulla molteplicitá degli ordinamenti giuridici, loc. cit., 1939, p. 6 y ss. de la separata; Crisafulli, Sulla teoria della norma giur., Roma, 1935, p. 9 y ss; Bobbio, op. cit., pp. 35-36. Por otra parte algunos de estos autores (Volpicelli, Capograssi, Crisafulli) afirman la prioridad cronológica del derecho sobre la institución solo desde un punto de vista filosófico, si bien admiten explícitamente que la correlatividad o mismidad del derecho y de la institución debe aceptarse colocándose en el terreno histórico-empírico, que es precisamente donde es necesario situarse en una investigación de teoría general del derecho como es ésta. Ciertamente, si se debe decir que un ordenamiento jurídico es una institución, y una institución es un ordenamiento jurídico, puede también afirmarse que toda institución tiene un derecho, esto es, un ordenamiento, si por tal se entienden solo los principios y las normas

autoridades que tutelan la observancia de esos preceptos. Todo esto es ciertamente poco comprensible para quien se ha formado un concepto de derecho forjado solo sobre el módulo del derecho del Estado, siendo como es, sin embargo, una realidad que debe explicarse partiendo de los principios que estamos exponiendo. En el mismo sentido constituye una gravísima inexactitud afirmar, como hacen tantos autores, que en las sociedades primitivas el derecho se confundía con las costumbres o con la religión. No se trata de confusión o de indiferenciación de elementos que por su naturaleza deberían permanecer separados; lo que ocurre es que en aquellas sociedades primitivas el derecho, que no debe ser considerado menos puro que el propio de otras sociedades más evolucionadas, tiene por contenido una larga serie de principios tomados de la costumbre o de las creencias religiosas. También hoy el Derecho inglés, que nadie calificará de poco evolucionado, considera como *law* no solo los estatutos emanados por el Parlamento, sino también toda regla, cualquiera que sea su origen y contenido, que los Tribunales apliquen y hagan observar.

---

que lo integran o que de él emanan, del mismo modo que se dice que el todo tiene este o aquél elemento de entre todos los que lo integran. Así se afirma, "yo tengo un alma" si, por un momento al menos, quien habla se configura como un cuerpo animado o, inversamente, puede también afirmarse que "yo tengo un cuerpo", si se parte de que un alma ha tomado cuerpo; pero la verdad es que se es un ser corporal y espiritual al mismo tiempo. Totalmente infundada es además la objeción que me ha sido formulada por alguno de los autores citados de que me contradigo por haber afirmado al final del § 13 que "la institución en tanto existe y en tanto puede decirse tal, en cuanto que es creada y mantenida en vida por el derecho". La afirmación de que la gallina nace del huevo, no está en contradicción con la contraria, de que el huevo nace de la gallina: todo radica en ver con qué propósito y en qué sentido se afirma una u otra cosa, ya que ambas afirmaciones son verdaderas, como lo es también la de que huevo y gallina son en definitiva dos aspectos del mismo fenómeno. Vid. también la nota 128].

§ 15. Referencia a algunos problemas que deben ser resueltos en base a esta equivalencia

Si el derecho no puede concretarse y adquirir cuerpo sino cn la institución y sí, inversamente, todo lo que socialmente está organizado, viene absorbido como elemento de aquélla y adquiere carácter jurídico, puede sacarse la consecuencia de que el derecho es el principio vital de toda institución, es decir, lo que vivifica y mantiene conjuntados los distintos elementos de los que ella resulta y lo que precisamente determina, fija y conserva la estructura de los entes inmateriales. Recíprocamente, la institución es siempre un régimen jurídico. Aunque en un cierto sentido pudiera ser exacto el concebirla como el cuerpo o como el armazón o estructura del derecho, ello no supone que, ni material ni conceptualmente, sea este separable de la institución, del mismo modo que no se puede distinguir la vida del cuerpo viviente. No son dos fenómenos que estén en una cierta relación, que el uno corresponda al otro; se trata, por el contrario, de un mismo y único fenómeno[131].

[131] [Esta observación no ha sido tenida en cuenta por quienes han objetado que mi concepto de Institución presupone el concepto derecho, que de este modo vendría a ser como un prius en relación con aquella; así por ejemplo, Del Vecchio, Modierne concezioni del dir., loc. cit., p. 11 de la separata; Ferrara, Trattato di dir. civile, Roma, 1921, p. 3 nota; Miceli, Le distinzioni nel dominio del diritto, en "Riv. internaz. di filosofia del dir.", 1923, p. 27; Cesarini Sforza, Il diritto dei privati, op. cit., p. 12 de la separata, en nota; Volpicelli, Santi Romano, en "Nuovi studi di dir., economia e politica", II, 1929, p. 13 y ss.; Capograssi, Alcune osservazioni sulla molteplicitá degli ordinamenti giuridici, Sassari, 1936, p. 6; Il problema della scienza del dir., Roma, 1937, p. 9; Note sulla molteplicitá degli ordinamenti giuridici, loc. cit., 1939, p. 6 y ss. de la separata; Crisafulli, Sulla teoria della norma giur., Roma, 1935, p. 9 y ss; Bobbio, op. cit., pp. 35-36. Por otra parte algunos de estos autores (Volpicelli, Capograssi, Crisafulli) afirman la prioridad cronológica del derecho sobre la institución solo desde un punto de

De este modo vemos que no tienen fundamento algunos problemas que frecuentemente se plantean. Así, aquél que trata de establecer si el derecho es anterior o posterior al Estado, problema desde luego distinto del de determinar si existe derecho no ya antes, sino fuera del Estado; es decir, si únicamente el derecho estatal es verdadero derecho. Partiendo desde nuestro punto de vista, es fácil responder que si tenemos un Estado, es imposible no tener al mismo tiempo un ordenamiento jurídico, que representará justamente el régimen estatal, del mismo modo que, dado este régimen, tiene que existir forzosamente el Estado[132].

---

vista filosófico, si bien admiten explícitamente que la correlatividad o mismidad del derecho y de la institución debe aceptarse colocándose en el terreno histórico-empírico, que es precisamente donde es necesario situarse en una investigación de teoría general del derecho como es ésta. Ciertamente, si se debe decir que un ordenamiento jurídico es una institución, y una institución es un ordenamiento jurídico, puede también afirmarse que toda institución tiene un derecho, esto es, un ordenamiento, si por tal se entienden solo los principios y las normas que lo integran o que de él emanan, del mismo modo que se dice que el todo tiene este o aquél elemento de entre todos los que lo integran. Así se afirma, "yo tengo un alma" si, por un momento al menos, quien habla se configura como un cuerpo animado o, inversamente, puede también afirmarse que "yo tengo un cuerpo", si se parte de que un alma ha tomado cuerpo; pero la verdad es que se es un ser corporal y espiritual al mismo tiempo. Totalmente infundada es además la objeción que me ha sido formulada por alguno de los autores citados de que me contradigo por haber afirmado al final del § 13 que "la institución en tanto existe y en tanto puede decirse tal, en cuanto que es creada y mantenida en vida por el derecho". La afirmación de que la gallina nace del huevo, no está en contradicción con la contraria, de que el huevo nace de la gallina: todo radica en ver con qué propósito y en qué sentido se afirma una u otra cosa, ya que ambas afirmaciones son verdaderas, como lo es también la de que huevo y gallina son en definitiva dos aspectos del mismo fenómeno. Vid. también la nota 136].

[132] Es curioso señalar, por lo que se refiere al Estado, cómo la tesis para la cual este y el Derecho son una misma cosa y constituyen la misma

De igual modo, tampoco tiene razón de ser —o al menos, está mal planteada—, la cuestión de si el Estado es esencialmente un ente jurídico o un ente ético[133]. La ética puede ser también el fin fundamental del Estado —si bien no el único—, si es que al Estado se le puede asignar a *priori* un fin que sirva para todos los lugares y para todos los tiempos; pero el derecho es y no puede dejar de ser su principio vital, su estructura orgánica, su esencia. El preguntarse si el Estado es un ente jurídico o un ente ético, tiene poco más o menos el mismo sentido que tendría el preguntarse si el hombre es un ser viviente o más bien un ser moral. Cada institución exigirá una definición diferente, según su finalidad, según la misión que se propone cumplir; se tienen, de este modo, instituciones religiosas, éticas, económicas, artísticas, educativas, etc.; pero todas ellas, porque son instituciones, son entes jurídicos. El equívoco radica en considerar al derecho como uno de los fines del Estado, parangonándolo y relacionándolo así con los otros fines del mismo. Esto es inexacto; por medio del derecho, es decir, por medio del ordenamiento que constituye el Estado, este existe, y cuando aquél lo tutela —protección que puede absorber incluso una parte notable de la actividad estatal—, no hace

---

realidad o, como en ocasiones se dice, dos aspectos de una misma realidad, ha sido frecuentemente afirmada de modo no exacto, deduciendo consecuencias erróneas, mientras el aspecto verdadero que aquella posición contiene no ha sido suficientemente destacado. Así sostiene recientemente Kelsen, Hauptprobleme, p. 245 y ss.; Ueber Staatsunrecht, en "Zeitschrift f. das priv. u. öff. Recht", 1913, pp. 44 y ss. y 114, sacando a la luz una vieja teoría, que no es concebible un daño causado por el Estado porque este solo puede ser considerado como ordenamiento jurídico. Esta tesis confunde evidentemente lo que el Estado es, con lo que el Estado hace: en cuanto es, el Estado no puede manifestarse jamás contrario al derecho [a su derecho], pero sí en cuanto obra.

[133] Vid. últimamente sobre esta tesis, Ravà, Lo Stato come organismo etico, Roma, 1915.

otra cosa que tutelarse a sí mismo, que tutelar su propia estructura, su propia vida; ello no atañe, pues, a su misión y a sus fines, cualesquiera que sean[134], sino que es solo el presupuesto, la condición necesaria para que más adelante puedan perseguirse precisamente dichos fines estatales.

§ 16. Casos en que el establecimiento originario del derecho se verifica no por norma, sino por el surgir de una institución, con la consiguiente imposibilidad de reducir la institución a normas

Se demuestra así por otro camino, lo que ya hemos tratado de establecer con argumentos obtenidos desde puntos de vista distintos. El aspecto fundamental y primario le viene dado al derecho por la institución en la que se concreta, y no por las normas —o en general, por los preceptos— a través de los que actúa, que constituyen tan solo un aspecto derivado y secundario. Esto no resulta solo ni de la imposibilidad con que en otro caso nos encontraríamos de encerrar y definir el derecho en su unidad orgánica (§§ 3 y ss), ni de su carácter objetivo tal y como antes ha quedado precisado (§ 7), ni del elemento de la sanción que le es in-

[134] En ocasiones se acentúa todavía más el equívoco al que el texto se refiere, complicándose con otro: se estima así, que el llamado Estado de policía, al que se asigna como tarea fundamental, según la sutil concepción que de él se tiene comúnmente, la de asegurar y garantizar la paz social y la tranquila coexistencia de sus miembros, sea precisamente el Estado de funciones puramente jurídicas. Por el contrario, una cosa es la tutela del Derecho y otra la tutela de la seguridad pública, del orden público, etc.; la primera no es un fin del Estado, en el sentido verdadero de la palabra, un fin que vaya más allá de su propia conservación; la segunda sí. Contra esta confusión, muy frecuente en juristas y filósofos, vid. mis Principii di dir. amministrativo (3), Milano, 1912, n. 201 [y mi Corso di dir. amministrativo. Principii generali (3), Padova, 1937, p. 4].

herente y no puede reducirse a la idea de norma (§ 8), sino también de la observación siguiente: si se tiene en cuenta el momento en que surgen ciertas instituciones, momento en que comienza, pues, a tener vida su ordenamiento, se observa en seguida que ese momento no está determinado por ninguna norma preexistente; por ello, que sería erróneo afirmar que el derecho no es una institución, sino el conjunto de normas en virtud del cual aquélla existe y funciona. Esto resulta evidente, por ejemplo, en relación con el Estado, pero también en otros casos: el Estado existe porque existe y es un ente jurídico precisamente porque existe y desde el momento en que tiene vida[135]. Su origen no es el resultado de un procedimiento regulado por normas jurídicas; es, como repetidamente se ha observado, un hecho.

Ahora bien, el derecho existe desde que este hecho se realiza, existe apenas haya un Estado efectivo, vivo y vital;

[135] En este sentido, vid. mi trabajo sobre L'instaurazione di fattodi un ordinamento costituzionale e la sua legittimaziome, en "Archivio giur.", LXVIII, 1902 [y mis Principii di dir. costituz. generale, cit., cap. XIV). Raneletti, Principii di diritto amministrativo, I, Napoli, 1912, n. 111, afirma, por el contrario, que "el ordenamiento estatal, en el primer constituirse del Estado, es tan solo una organización de hecho... Pero seguidamente su organización, como todo su ordenamiento, está regulada por normas de derecho y asume por esto carácter jurídico". Vid. en sentido conforme Jellinek, Allgemeine Staatslehre (3), Berlín, 1914, p. 337 y ss. Se ha estimado también que "todo ordenamiento tiene en el tiempo un momento en el que, cualquiera que sean sus causas, se transforma de real en jurídico" (Marinoni, La responsabilità degli Stati, cit., p. 20). Todas estas opiniones parten evidentemente de aquel concepto previo según el cual el derecho solo pueda buscarse y encontrarse en una norma. Pero en mi opinión, no puede comprenderse en qué consiste un "ordenamiento estatal" que no sea jurídico y que espere a ser regulado posteriormente, como si un ordenamiento no fuera por definición algo ya regulado y que al mismo tiempo regula.
De acuerdo con mi posición, vid. actualmente Biscaretti di Ruffia, Contributo alla teoria giuridica della formazione degli Stati, Milano, 1938, p. 11, nota 11 y passim].

la norma, por el contrario, puede ser emanada después. El establecimiento originario del derecho no lo hace la norma, que es tan solo una manifestación más tardía y subsidiaria. Por otra parte, con anterioridad y al margen de la institución, no puede existir tampoco el derecho, precisamente porque falta la organización que hace jurídica la norma. El derecho no puede ser solo, como frecuentemente se afirma, la norma establecida por la organización social, sino que es la propia organización social que, entre sus manifestaciones, establece también dicha norma. Si es verdad que el carácter jurídico de ésta le viene dado por el poder social que la determina o, al menos, la sanciona, puede deducirse que tal carácter debe ya engarzarse con la institución misma que no podría atribuírselo a la norma si antes ella no lo tuviera.

La verdad es que el derecho es, ante todo, posición, organización de un ente social. Si no se acepta ese postulado se tropieza entonces con el inconveniente de tener que explicar el fundamento y la obligatoriedad del derecho de modo metajurídico: de aquí las teorías que, aun teniendo algunos elementos ciertos, son inaceptables como teorías jurídicas y que configuran al Derecho como fuerza puramente psíquica[136], por no referirnos a las que ven en él una fuerza individual y solo de carácter material. Además, la organización así concebida no es ciertamente una norma o un conjunto de normas, ya porque, como hemos visto, puede ser anterior a ellas, ya porque cuando es posterior y se relaciona con las mismas se trata evidentemente de un fenómeno que se verificará por efecto de su ejecución y por

---

[136] Vid. por ejemplo esta teoría, en Triepel, Völkerrecht u. Landesrecht, Tübingen, 1899, p. 82; Hold V. Ferneck, Die Rechtswidrigkeit, Jena, 1903, 1, § 20, y de modo más atenuado, también en otros autores como Miceli, op. cit., § 25 y Anzilotti, Teoria generale della responsabilitá dello Stato nel diritto internazionale, Firenze, 1902, p. 68, en cuanto afirma que "la obligatoriedad del derecho es más un concepto moral que un concepto jurídico", etc.

tanto no es .en sí una norma. Esta puede ordenar el derecho, pero en modo alguno puede hacerlo surgir por sí misma y ni siquiera constituirlo por el simple hecho de su existencia[137].

§ 17. El concepto de institución y el ordenamiento jurídico internacional

Piedra de toque para toda definición del derecho ha sido especialmente el llamado problema del Derecho internacional: no será inútil, por consiguiente, contrastar también este problema con nuestra propia definición. Creemos que hay que considerar como un verdadero postulado el carácter erróneo e incompleto de aquellas definiciones del Derecho a partir de las cuales se niega el Derecho internacional, ya en su

---

[137] [Al aplicar estos conceptos respecto del Estado, he resaltado ya en otras ocasiones (últimamente en mis Principii di diritto costituzionale generale, cit., cap. VI, § 2, n. 2) que su constitución, si bien normalmente se manifiesta declarada por normas y como resultado de las mismas, al considerarla en cambio in se y per se, no puede agotarse en tales normas, que no son más que sus sigilos exteriores, su documentación, una forma de afirmarse en definitiva. La constitución será configurada por las instituciones en que tome cuerpo. O dicho con otras palabras, la constitución es como un edificio que no se agota, por tanto, en el plano que el arquitecto pueda diseñar para orientar a, quien tal edificio construya o a quien haya de desenvolverse en él. Ya la doctrina antigua distinguía con intuición meridiana las leyes de la constitución. Aristóteles, en su Política, IV, 1289-a, escribió: "las leyes son fundamentalmente distintas de la constitución" y sus comentadores y traductores han confirmado que las leyes "separatae sunt ab iis quae declarant rempublicam" (Victorius), "ab his rerumpublicarum descriptionibus diversae sunt" (Ramus), "ab iis rebus quae rempublicam indicant sunt seiunctae" (Giphanus), de modo que "sane apparet inter ea, quae constituunt rempublicam, non numerari leges" (Heinsius), si bien, este carácter de la constitución no implica, como se ha creído, que ella sea un prius del derecho estatal y quede fuera del mismo: si esto fuera cierto, al ser la constitución y el derecho constitucional la misma cosa (op. cit., cap. I) debería deducirse lógicamente la negación de este último].

propia existencia, ya en su autonomía —lo que en definitiva no difiere mucho de lo anterior—, considerándolo tan solo como una simple exteriorización o proyección hacia afuera del derecho interno de los distintos Estados. La definición de Derecho debe formularse de modo que pueda comprenderse en ella lo que, no solo por tradición científica, sino también por la opinión común y, sobre todo, por una práctica constante jamás desmentida, se viene, considerando como tal. En caso contrario tal definición es arbitraria: el jurista no debe subordinar la realidad al concepto, sino este a aquélla.

Todo el problema gira, pues, en torno a la siguiente cuestión: el orden jurídico internacional, ¿es o no es una institución? No hay duda acerca de dónde debe ser buscada tal institución; debe indagarse, simplemente, si la comunidad de los distintos Estados presenta los caracteres constitutivos que, según la tesis formulada, son los esenciales de cualquier sistema jurídico. Por el momento podemos prescindir de determinar si tal comunidad debe entenderse en sentido amplio, es decir, si es única y participan en ella todos los Estados, o si por el contrario, existen tantas comunidades como grupos de Estados entre los que se establece un Derecho internacional propio[138], y que después se relacionan entre sí de distintos modos. La elección a favor de una u otra de estas dos posibilidades, no es desde luego indiferente; conviene, sin embargo, no adoptar por el momento una postura determinada, a fin de que nuestra argumentación pueda comprender a las dos.

Es sabido cómo la doctrina está de acuerdo sobre el extremo, por lo demás evidente, de que la sociedad internacional no es una persona jurídica; pero esto para noso-

---

[138] [Sabido es que esta última concepción es la de Triepel, op. cit., p. 83 y ss47.].
Vid. en contra, sin embargo, las observaciones de Marinoni, *La responsabilitá degli Stati*, etc. , p. 31 y ss.

tros es irrelevante ya que hemos formulado un concepto de institución que prescinde en absoluto de ese carácter. Frecuentemente se repite también la afirmación de que la sociedad internacional no está jurídicamente organizada[139], lo que podría ser un obstáculo para considerarla como institución, ya que este término es justamente sinónimo del de organización. No es muy claro, sin embargo, el sentido que se atribuye a tal afirmación. Unas veces parece que no se hace sino repetir —de otro modo si se quiere—, el principio de que la comunidad internacional no está investida de personalidad; otras, por el contrario —y este es el significado que puede interesarnos—, se quiere poner de manifiesto que en la sociedad internacional falta un poder al que estén sometidos los distintos Estados en concreto. No creemos, sin embargo, que el concepto de organización implique necesariamente una relación de superioridad y de correlativa subordinación al menos, así entendida. En realidad ya que a tal poder deberían estar sometidos todos los Estados, de suerte que ninguno, ni siquiera una mayoría de ellos, tuviera jamás una preeminencia sobre los otros, ese poder solo podría corresponder a la propia comunidad, lo que significaría que ésta debería ser necesariamente una persona, Entonces habría que admitir, por tanto, que las comunidades absolutamente paritarias, como la internacional, estarían organizadas jurídicamente solo cuando tuvieran personalidad. Esta tesis, sin embargo, es arbitraria e indemostrable; debe estimarse, incluso, que esa condición de igualdad y de recíproca independencia en que se encuentran los miembros de tales sociedades, no es sino un carácter de su organización o, si se quiere, un efecto de la misma. La opinión contraria acaso, no está determinada sino por la perspectiva unilateral frecuentemente adoptada de considerar como caracteres

[139] Vid. en contra, sin embargo, las observaciones de Marinoni, La responsabilitá degli Stati, etc., p. 31 y ss.

esenciales de un concepto jurídico los que no son sino accidentales y con los que el Derecho se manifiesta en un solo campo, en el caso presente, en el del Derecho estatal interno.

Por otra parte, sería fácil encontrar también en la doctrina más reciente acerca del fundamento y de la naturaleza del Derecho internacional, los elementos que necesariamente suponen la organización de la sociedad de Estados, no obstante las afirmaciones contrarias de la doctrina. Cuando se afirma, en efecto, que el acuerdo normativo, fuente de aquel derecho, produce una voluntad que no es la de los Estados en particular, sino una voluntad distinta, única, en la que aquélla se funde y que es superior a ellas, cuando se dice que de este modo el Derecho internacional viene a adquirir el carácter de un *ius supra partes*[140] o, con mayor acentuación todavía, cuando se dice que el Derecho internacional se concreta en preceptos o en imperativos dirigidos a los propios Estados, todo esto postula ya, evidentemente, una organización, siquiera simple, de la propia comunidad interestatal. Esta comunidad no tendrá órganos propios en el mismo sentido que aquellos entes que tienen personalidad[141], no se basará en una situación de subordinación y de independencia de unos Estados respecto de otros, sino

[140] Para todos estos conceptos, vid. el trabajo citado de Triepel, p. 74 y ss., y entre los que le siguen, en líneas generales, especialmente, Anzilotti, La responsabilitá, cit., p. 71 y ss.; Corso di diritto internazionale, I, Roma, 1912, p. 47 y ss. [3ª edición, 1928, p. 41 y ss.; edición alemana cit., p. 34 y ss.].

[141] [Mi opinión actual, distinta de la más generalizada, es que además de las personas jurídicas, pueden tener órganos también los entes sociales, sean de tipo asociativo, sean de tipo institucional, aun cuando no estén dotados de personalidad: vid. mi Corso di dir. Internazionale (4), Padova, 1939, p. 213 y ss.; mi Corso di dir. amministrativo (3) cit., pp. 95, 100, 102-3 y mi Corso di dir. costitueionale, passim, en sus varias ediciones. Mi posición ha sido seguida por Fedozzi, Introd. al dir. internaz. e parte generale, in Trattato di dir. internaz., dirigido por Fedozzi y Romano, reedición de la 3ª ed., Padova, 1940, p. 472].

que implicará una situación de sujeción de todos los Estados miembros a un poder no subjetivo, impersonal, que es precisamente el mismo que permite y determina la existencia de la comunidad[142]. Y no otro sentido atribuimos al término "organización" cuando lo empleamos para establecer el concepto de institución. Un significado análogo tiene también, en definitiva, la calificación de "miembros" que normalmente se atribuye a los Estados de tal comunidad, si es verdad que, como parece evidente, no se puede ser miembro sino de un "cuerpo", de un "organismo"[143].

Con lo dicho puede prescindirse incluso de recordar que no es tampoco extraño el supuesto de órganos comunes a distintos Estados o el de unificación de órganos de varios Estados en uno solo, lo que implica ya una organización de la sociedad internacional, siempre en aquella forma compatible con su falta de personalidad.

El carácter de institución de la comunidad de Estados en que se concreta el ordenamiento jurídico internacional, se admitía por lo demás ya en la doctrina más antigua, aunque era formulado de modo distinto; solo recientemente ha sido olvidado e, incluso, negado. Ello se debe de modo principal al criterio, ampliamente seguido, que encuentra la única fuente del Derecho internacional en la voluntad colectiva de los Estados, manifestada bien en forma de costumbre, bien en la de acuerdo o tratado normativo, con lo que se excluye del ámbito del derecho todo aspecto o momento anterior a aquellos en los que, caso por caso y concretamente, tal voluntad se constituye.

El criterio expuesto se vincula evidentemente con la concepción común que reduce el derecho a un conjun-

---

[142] Anzilotti, Responsabilitá, p. 74: "el derecho internacional exterioriza una potestad a la que el Estado está sujeto".

[143] "Membra unius corporis" (de la societas gentium), decía de los Estados Grozio, De iure belli ac pacis, II, cap. 8 § 26; cap. 15, §§ 5 y 12.

to de simples normas, y desde este punto de vista no se libra de las críticas que ya hemos formulado a esta tesis. Conduce además, en el campo del Derecho internacional, a consecuencias ciertamente más graves que en el del Derecho interno. En efecto, nadie desconoce que las leyes del Derecho interno se asientan todas en una misma base el Estado, que las emana y del que reciben su obligatoriedad y eficacia. Por el contrario, según la tesis referida, cada uno de los acuerdos internacionales tendría, como se verá mejor más adelante, una sustantividad propia y cada uno encontraría también en sí mismo la razón de su eficacia, constituyendo el principio originario del derecho de que es fuente. De esta premisa cabría deducir, y de facto ya se ha hecho al menos en parte, que no existe el Derecho internacional, sino tantos derechos internacionales como acuerdos.

Hay que observar además que la doctrina de que hablamos representa una reacción contra las teorías inspiradas en los principios del Derecho natural que, en la enumeración de las fuentes del Derecho internacional, iban siempre más allá del ámbito del Derecho positivo. Bajo este aspecto, dicha doctrina ha sido desde luego beneficiosa y ha facilitado útiles y amplias aportaciones para la revisión de muchos conceptos y, sobre todo, para la revisión del problema del método. Ahora bien, creemos que en muchas de sus partes fundamentales e, incluso, en su mismo planteamiento, puede descubrirse en ella una íntima contradicción, que aunque en algunos de sus desarrollos queda un tanto atenuada mediante distintos recursos técnicos, no queda sin embargo suprimida. Tal doctrina, en efecto, formulada como consecuencia de una afirmación de positivismo jurídico y encaminada a depurar el Derecho internacional de las numerosas influencias del antiguo iusnaturalismo, repite sin embargo los mismos postulados concretos de que parte una de las más típicas teorías con las que el iusnaturalismo había tratado de explicar el derecho interno del Estado, la del contrato social. El punto de partida de esta tesis era el individuo considerado aisladamente y en el llamado estado de naturaleza, perfectamente libre e independiente, que más tarde, con el concurso de voluntad, se sometía al régimen estatal que el mismo creaba. Ahora, a su vez, adoptando una ideología del todo análoga, se afirma la independencia originaria de los distintos Estados que establecen por sí el Derecho internacional, al que se someten mediante mutuo acuerdo, que viene a ser un verdadero y propio contrato social, salvada claro es, la diferencia de terminología y de técnica jurídica que se emplea. Para superar aquella configuración en el derecho interno —y dejamos aparte su significado filosófico que presenta otros matices—, ha bastado observar que la posición jurídica del individuo, sea cual fuere, no es sino una consecuencia del nacimiento del Estado cuyo ordenamiento la determina, de forma que tal ordenamiento es el que puede explicar la posición del individuo y no al revés. Es extraño, desde luego, que no se haya presentado la misma objeción a los internacionalistas. Si los Estados son independientes uno del otro, esta condición, desde el punto de vista jurídico, no preexiste al Derecho internacional, sino que es este el que la establece; y el principio en virtud del cual ningún Estado puede ser obligado sino mediante las normas que él mismo contribuye a formar con su propia voluntad, es un principio de Derecho internacional positivo, que presupone, por tanto, que este se encuentra ya constituido y en vigor. Cuando, inversamente, se mantiene la tesis contraria; es decir, que el ordenamiento jurídico internacional nace en virtud del acuerdo de los Estados y que este acuerdo es algo prejurídico y así sucesivamente, se establece como base de tal ordenamiento una condición natural de los Estados que no responde a la realidad, sino en tan escasa medida a como lo hace la pretendida condición natural de los individuos con anterioridad a la existencia del Estado; la hipótesis del hombre aislado y viviendo en el estado de naturaleza es solo una hipótesis metafísica y no histórica; así también debe calificarse de metafísica, e incluso de mítica, la hipótesis de un Estado aislado de los demás Estados y no viviendo en comunidad con ellos. Desde el punto de vista histórico es necesario recordar además que el Derecho internacional anterior al Derecho internacional de nuestros días se fundaba precisamente en el principio opuesto, es decir, en el principio de la subordinación de los Estados al poder temporal del Imperio y al poder espiritual de la Iglesia, sin tener en cuenta otras subordinaciones específicas existentes entre algunos de ellos. La actual independencia de los Estados no es por tanto una condición natural, una condición originaria, al margen del Derecho internacional, sino que es una condición totalmente contingente y consecuencia a su vez de los caracteres particulares que esta rama del derecho ha asumido en época reciente. El otro principio —el de la igualdad de los Estados—, en conexión pero diferenciado del de la independencia de los mismos, constituye aun en nuestros días, una regla no exenta de excepciones, que no siempre son apreciadas y valoradas con exactitud.

La consecuencia a deducir es, por tanto, muy sencilla: así como el derecho estatal surge cuando aparece el Estado, naciendo simultáneamente con él y con su correspondiente ordenamiento jurídico, así también el Derecho internacional surge desde el momento mismo que existe la comunidad interestatal, que exige necesariamente un ordenamiento jurídico que la constituya y regule. El principio —y omitimos por ahora el analizar si se trata de un principio tan absoluto como se señala—, según el cual una norma concreta de Derecho internacional no puede establecerse sino mediante la voluntad de los distintos Estados que componen la comunidad, vinculando solo a aquellos que han participado en su elaboración, es un principio jurídico; lo que equivale a afirmar que tiene la misma naturaleza que aquel otro principio —distinto e incluso opuesto—, según el cual el poder legislativo dentro de cada uno de los Estados no se confía a los ciudadanos particulares, sino a determinados órganos. Y aquel principio, por esto mismo, no es válido en relación con el momento originario del Derecho internacional, sino con aquel otro posterior en el que se trata ya de establecer normas o instituciones nuevas o de modificar otras ya existentes, del mismo modo que el principio de que la ley debe ser aprobada por las Cámaras y sancionada por el Jefe del Estado tiene validez solo desde el momento en que se establece, pudiendo ser fijado también por medio de una constitución que exista ya en el momento mismo de la fundación del Estado, es decir, sin la base de una norma precedente. Todo esto nos lleva a la afirmación de que también el Derecho internacional, como ocurre con el derecho estatal, se afirma ya desde su primer momento como institución, como producto necesario de la organización interestatal, como resultado de la estructura con la que, tanto de hecho como de derecho, aquélla ha venido formándose.

No estará de más insistir sobre este punto. El procedimiento a través del cual se forma un Estado es, sin duda alguna, un procedimiento prejurídico; pero una vez que el Estado tiene efectivamente vida, es ya un ordenamiento del que forman parte los órganos a los que se les atribuye el poder de dictar leyes; desde este momento en adelante, tendrán ya existencia jurídica tales órganos y también eficacia jurídica las leyes que de ellos emanen. No debe estimarse de modo distinto lo que se refiere a la comunidad internacional: su configuración actual será el fruto de un proceso lento, no regido ciertamente por el derecho; pero una vez que se ha constituido, se convierte ya en jurídico el principio según el cual los Estados deben contribuir con su propia voluntad a la emanación de nuevas normas, y serán igualmente jurídicos los actos constituidos mediante tales acuerdos que poco a poco irán incorporándose al conjunto del Derecho internacional. Por tanto, el momento en que se pone la primera piedra de este último, fundamento de aquellas otras que más tarde se añadirán, no viene determinado, como cree la doctrina actualmente dominante[144], por tales acuerdos, sino por la aparición de la comunidad internacional. Esto significa que esos acuerdos ni tienen, como muchos creen, una virtualidad propia, independiente de la existencia anterior del derecho objetivo, ni su eficacia es debida siquiera a la costumbre, como otros sostienen, sino que se apoyan, por el contrario, en un principio que se establece al mismo tiempo que la propia comunidad internacional, connaturalizado con su propia existencia, con sus actuales caracteres institucionales. En hipótesis, sería posible que

---

[144] Puede ser interesante señalar las últimas, consecuencias, perfectamente lógicas, a las que se ha llegado desde tales premisas, y que son indicio evidente de la necesidad de su revisión. Anzilotti, Corso cit. I, pp. 48, 49, 53 y ss [de modo distinto en la 3ª ed. de 1928, así como en la edición alemana cit., pp. 189 y ss. 273 y ss.], es actualmente de la opinión de que el acuerdo normativo estableciendo el derecho, precede a este último y queda así fuera de él; es un hecho no jurídico sino prejurídico. Por el contrario, tanto la opinión común como la doctrina tradicional, conceptúan como actos jurídicos a todos los tratados internacionales: el propio Anzillotti, La responsabilitá, p. 48, así los ha considerado en otra ocasión. Siempre desde el mismo punto de vista, se ha sostenido también que lo que se califica como acuerdo normativo no puede calificarse como tal y distinguirlo por tanto del contrato, ya que siendo un hecho prejurídico, no es susceptible por ello mismo de ninguna determinación Jurídica, (G·. Salvioli, Sulla teoria dell'accordo in diritto internazionale, Napoli, 1914, p. 30). Esto es lógico, pero recuerda el cave a consequetiariis. De todos modos es sintomático que la teoría del acuerdo, tan sutilmente elaborada y que no se sabe si ha sido el origen de las modernas doctrinas sobre el fundamento del Derecho internacional o, si por el contrario, ha sido originada por ellas, es ahora negada por estas últimas: o Saturno devora a sus hijos, o... al revés.

tal principio cambiase, no solo como consecuencia de una declaración de voluntad concorde por parte de los Estados, sino también de hecho a través de las modificaciones que eventualmente pudiera sufrir la comunidad internacional, por ejemplo, por la preponderancia adquirida por uno o por varios Estados, del mismo modo que la modificación del ordenamiento constitucional de un Estado puede realizarse no solo por las vías legales, sino también por cambios y alteraciones no jurídicos. De igual suerte, en sentido contrario, la sociedad interestatal que en la Edad Media se fundaba en una relación de subordinación de los Estados al Emperador y al Papa, se transformó en la época moderna, a lo largo de una serie de acontecimientos históricos, en una sociedad paritaria. Este razonamiento demuestra además que la condición actual de igualdad y de independencia de los Estados, no es hoy día una condición prejurídica, sino que está determinada por la estructura de su propia comunidad y el preguntarse por qué esta comunidad se ha constituido actualmente afirmando el principio del acuerdo entre los Estados, como necesario para establecer cualquier regulación posterior aplicable a alguno de ellos, es ciertamente un problema metajurídico, como lo sería el preguntarse por qué en un Estado el poder legislativo se confía a unos órganos y no a otros, o por qué para el funcionamiento de tales órganos, cuando son colegiados, se exige la unanimidad en lugar de la mayoría o la mayoría en lugar de la unanimidad.

Este punto de vista puede confirmase además resaltando la existencia de otros principios de Derecho internacional no establecidos por ningún acuerdo concreto, por lo que en ninguno de ellos pueden encontrar su fundamento, principios que, a su vez, resultan del conjunto mismo de la propia comunidad internacional[145]. Así, por ejemplo, el principio

[145] [Sobre estos principios fundamentales o constitucionales, que se establecen con la existencia misma de la comunidad internacional y que

que admite el uso de la fuerza por parte de los Estados para obligar a respetar el ordenamiento internacional, es en nuestra opinión e, incluso, en la de quienes fundamentan de modo exclusivo ese ordenamiento en la voluntad común de los Estados[146], un principio jurídico. Ahora bien, tal principio, ¿de qué acuerdo deriva? Los tratados lo han regulado y limitado, pero presuponiéndolo ya existente: ninguno lo ha establecido jamás. Tampoco parece haya que recurrir a la costumbre para explicarlo. Nos encontramos, pues, también en este supuesto, con un principio que deriva de la propia naturaleza de la institución, entendida ésta en el sentido antes expuesto.

Podemos, pues, detenernos en este punto con la afirmación de que el Derecho internacional es el ordenamiento inmanente de la comunidad de los Estados, que nace con

---

no son normas de derecho voluntario ni de derecho consuetudinario, vid. mi Corso di diritto internaz. (4). p. 31 y ss. En relación con aquellos otros principios de naturaleza análoga relativos al ordenamiento del Estado, vid. mi Corso di dir. costituz. (8), cap. XXIV, n. 1 y, por último, mis Principii di dir. costituz. generale. cap. VII, § 6, n. 7. Una adhesión sustancial a mi doctrina en este punto, en Crisafulli, Per la determinazione del concetto dei principii generali del dir., en Studi sui principii generali dell'ordinamento giuridico, Pisa, 1941, p. 186 y ss.].

[146] Vid. por todos, Anzilotti, Corso, I, p. 28 y ss [3ª edición, 1928, p. 44; ed. alemana, pp. 395, 402 y ss.], que ve en ello la coacción que convierte en jurídicas a las normas internacionales. No me parece, por otra parte, que el uso de la fuerza pueda estimarse admitido jurídicamente solo porque sea consecuencia lógicamente necesaria de la juridicidad de las normas internacionales, que, precisamente porque son jurídicas, tendrían necesidad de una coacción y ésta no se la da un poder superior a los Estados concretos. En efecto, no puede decirse sea admitido el uso de la fuerza en general por el Derecho internacional, excluidas las limitaciones expresamente convenidas, sino que solo son consentidos ciertos medios determinados de modo positivo, por ejemplo, la guerra: ello demuestra que se trata de un principio, o de varios principios, con independencia y con fuerza propia y que no se deducen de aquel otro ya señalado. Y esto prescindiendo de otros argumentos sobre los que no es este el lugar de insistir.

ella y es inseparable a ella; que antes que en las distintas normas específicas resultantes de los distintos acuerdos particulares, es necesario buscarlo en la institución en que esa comunidad se concreta, y que por tanto en su aspecto unitario es sobre todo organización o institución. Las últimas consecuencias que pueden deducirse en orden a la teoría de las fuentes del Derecho internacional no pueden ser desarrolladas aquí; convendrá, sin embargo, establecerlas en lugar oportuno. No obstante, no será inútil añadir una observación. Como ya se ha indicado al comienzo de este parágrafo, la existencia de una comunidad internacional comprensiva de todos los Estados, ha sido negada, sosteniéndose, por el contrario, que existen tantas comunidades como relaciones de cada Estado con los demás. La génesis lógica de esta tesis resulta a su vez evidente después de lo que hemos señalado. Tal posición es una simple consecuencia de aquella otra que concibe el Derecho internacional como una tela de Penélope, que se empieza siempre a tejer *ex novo* con cada acuerdo normativo. Y siendo coherentes, habría que deducir la consecuencia de que cada uno de estos acuerdos forma más que una comunidad una simple relación, limitada no solo a aquellos Estados que los establecen, sino también al objeto específico en relación con el cual se estipulan. Se llegaría de este modo a negar la existencia de un Derecho internacional general que podría concebirse solo como una abstracción doctrinal, o sea como el conjunto de principios, que de hecho son comunes a las relaciones entre todos los Estados o entre la mayor parte de ellos. Estos principios no constituirían entonces una verdadera unidad jurídica y solo por conveniencia y brevedad metodológica se expondrían de modo conjunto. El Derecho internacional positivo no sería entonces sino el derecho particular de cada Estado en función de cada uno de aquellos otros Estados con los que estuviese en relación; del Estado

A con el Estado B y con el Estado C, y así sucesivamente, pudiendo incluso reducirse al derecho resultante de cada acuerdo concreto. Evidentemente, esto es contrario a la realidad y es más fácil afirmarlo en abstracto que llevar a la práctica todas las consecuencias que de ello derivarían. Así se explica cómo también aquellos que se han movido en esta línea, han tenido después que detenerse a mitad de camino, demostrando así el error de aquellas premisas que se han visto obligados a abandonar. De aquí la opinión común, que habría que rechazar si tales premisas fuesen ciertas, según la cual el Derecho internacional particular se injerta en el Derecho internacional general y a su vez lo presupone.

También desde esta perspectiva se ha llegado a la afirmación de la existencia de una comunidad de Estados concebida en su integral unidad; institución en la que los nuevos Estados que aparecen, son admitidos previo el correspondiente reconocimiento[147], de modo que con cada una de estas admisiones se amplía aquella comunidad, no alterándose, sin embargo, sino conservando su propia identidad. El Derecho internacional aporta así una buena prueba del concepto de ordenamiento jurídico que, con carácter general, hemos formulado[148].

[147] [La afirmación de que la admisión en la comunidad internacional se lleva a cabo por medio del llamado reconocimiento, la he negado yo mismo posteriormente: vid. mi Corso di dir. internazionale (4) p. 60 y ss, y 106 y ss.].

[148] [Una exposición del Derecho internacional inspirada en los conceptos a los que el texto se refiere, en mi Corso di dir. internazionale, cit.: se adhieren en general a tal posición, Breschi, La Societá delle Nazioni, Firenze, 1920, p. 87 y ss.; Fedozzi, Trattato di dir. internaz., dirigido por Fedozzi y Romano, Introduzione e parte generale (3), Padova, 1938, p. 15; Monaco, Solidarietá e teoria dell'istituzione nelle dottrine di dir. internaz., §§ IV y V en "Arch, giur.", 1932. Para otras adhesiones aplicables a puntos concretos, vid., entre otros: 1) Para las relaciones entre el ordenamiento internacional y el ordenamiento estatal, Monaco, L'ordinamento internazionale in rapporto all'ordinamento

§ 18. Institución y relación jurídica: relaciones entre varias personas

El concepto de institución, así como su equivalencia con el de ordenamiento jurídico, se perfilan y aclaran al distinguirlos de otros con los que podrían ser confundidos.

En primer lugar, la institución no se concreta nunca en una o en varias relaciones jurídicas determinadas (§ 10); la relación jurídica apunta a una concepción subjetiva del Derecho en cuanto presupone como puntos de referencia dos términos al menos. Uno de ellos, será en nuestra opinión una persona, considerada en su totalidad o solo parcialmente en alguno de sus aspectos o en alguno de sus órganos, si se trata de una persona jurídica; el otro, estará integrado o por la misma persona —si al órgano señalado se le contrapone otro—, o por el objeto de un derecho u obligación de aquélla. La relación jurídica no es, por tanto, una entidad con substantividad propia, sino que presupone una conexión entre entidades distintas, entendiéndolas en un sentido amplio. La institución, por el contrario, es el derecho objetivo, y es derecho objetivo porque es un ente, es un cuerpo social que tiene una realidad efectiva y concreta

---

statale, Torino, 1932; 2) Para los llamados principios generales del derecho internacional, Fedozzi, op. cit., 3) Para las uniones, de Estados, Zanobini en Enciclopedia it.,voz Stato, XXXIII, p. 621; Hiscaretti di Ruffia, Sull'esistenza di unioni non internazionali di Stati diverse degli Stati di Stati, en Scritti in onore di Santi Romano, Padova, 1939, III; Lo Stato democratico moderno, § 78; C. Schmitt, Führung u. Hegemonie, en "Schmollers Jahrbuch", 1939, p. 5 de la separata; 4) En relación con los Protectorados coloniales, además de los ops. cits. de Zanobini y Biscaretti, vid. Baldoni Le unioni internazionali di Stati, en "Riv. it. di sc. giur.", 1931, p. 13 de la separata; 5) Para el derecho interno de las uniones internacionales: Baldoni, Gli organi e gli istituti nelle unioni internazionali, en "Riv. di dir. internaz.", 1931; Monaco, I regolamenti interni degli enti internacionali, en "Jus gentium. Annuario it. di dir. internaz.", I, 1938, p. 52 y ss.].

en el mundo jurídico. Implica la existencia de relaciones, pero no se reduce a ellas, sino que más bien las precede en el sentido de constituir la organización o estructura necesaria para que esas relaciones puedan ser calificadas como jurídicas en la medida en que se desenvuelvan dentro de su órbita. La institución es unidad; la relación, jurídica o no, postula siempre pluralidad. Por esto que resulte no solo insuficiente, sino también errónea la doctrina que, por ejemplo, considera al Estado como una simple relación de derecho[149], doctrina que debe rechazarse, incluso en relación con aquellos Estados que no tienen personalidad jurídica.

Para que surja una institución no basta, pues, con que existan personas vinculadas entre sí por simples relaciones, sino que es preciso que entre ellas se establezca un vínculo con mayor significación orgánica: es necesario que se forme la superestructura social de la que dependen y por la que sean regidas no solo sus relaciones singulares, sino, sobre todo, su misma situación. Por ello, que no sea posible imaginar una institución constituida por solo dos personas físicas: éstas continuarán siendo siempre dos individualidades y no habrá modo de que se reduzcan a una sola. Ello no obsta, sin embargo, nótese bien, para que puedan darse instituciones en las que el elemento personal consista tan solo en dos personas, si bien en tal caso se requiere que tal elemento sea integrado por algún otro que le preste la eficacia cohesiva y unificadora de la que en otro caso carecería. Así, la sociedad conyugal, que considerada en sí misma no es sino una simple relación, asume en ocasiones —tal sucede generalmente—, la figura jurídica de la familia, es decir, la figura de una institución. La familia, en efecto, sea

[149] En ningún modo debe confundirse con aquella otra más correcta que se encierra bajo el nombre de Zustandslehre, como hace Jellinek, Sistema dei diritti pubblici subbiettivi, p. 38 de la traducción italiana, Milano, 1912; Allgemeine Staatslehre (3), Berlín, 1914, p. 167

por la intervención del derecho estatal que la organiza sobre una base determinada, reconociendo por ejemplo al marido la cualidad de jefe, sea, aún prescindiendo de esto, por la naturaleza misma de los fines a alcanzar, a los que, para su posible y normal cumplimiento se subordinan, además de los cónyuges, los individuos en virtud del vínculo que une sus miembros presentes con los pasados y con los futuros, se transforma en una unidad continua, en una unidad social, cuyos elementos varían según su constitución, que ha sido y es diferente en razón del tiempo y de los distintos lugares. La familia romana, las dinastías reinantes, las familias de la alta nobleza, dotadas en algunos países de amplia autonomía, o la familia moderna, no pueden englobarse ciertamente en una sola categoría; pero todas son, sin embargo, instituciones[150].

Dos personas jurídicas pueden, por el contrario, incluso sin intervención ajena y sin el concurso de otros elementos, formar una institución. Y ello porque toda su estructura interna es creación del derecho, que puede por tanto plasmarla y estructurarla precisamente con el fin de que constituyan una verdadera unidad, aunque esta última, a su vez, no haya de ser considerada como persona. Así, una comunidad y un Derecho internacional podrían continuar subsistiendo, sin duda alguna, aunque el número de Estados quedara reducido únicamente a dos. Por lo demás, aparte de la comunidad internacional integrada por muchos Estados, existen otras comunidades de tipo particular que, como ciertas federaciones o uniones reales de Estados, son instituciones formadas por solo dos Estados, lo que es posible merced a la estructura propia que cada uno de ellos presenta. Una opinión muy difundida ve en tales uniones solo una simple relación de carácter societario; esta tesis, sin embargo, no es exacta, ya que olvida, entre otras cosas, la circuns-

[150] Sobre la familia moderna como organización social, vid. últimamente Cicu, Il diritto di famiglia, Roma, 1915, p. 7 y ss. y 77 y ss.

tancia de que los Estados que forman estas uniones sufren por efecto de ellas modificaciones internas, en virtud de las cuales uno deviene necesariamente complemento del otro, transformándose los dos en elementos de una institución más compleja, en elementos de un ente colectivo, sin necesidad, por otra parte, de constituir una nueva personalidad jurídica. La tesis que postula la personalidad de tales entes, intuye sí la insuficiencia de la doctrina que los considera únicamente en base a su cualificación como simples relaciones, pero es también inadmisible en cuanto les atribuye un carácter que no es necesario para que exista la institución, y que no se da en los supuestos que examinamos. El acto por el que se establecen estas uniones no es un contrato negocial en el sentido estricto del término, sino que se trata de un acto que establece derecho objetivo y, por tanto, si aquél es un tratado internacional, deberá incluirse no en la categoría de los tratados-contrato, usando la terminología común, sino en la de los tratados-acuerdo[151]. De igual modo en el sistema concordatario, el Estado y la Iglesia constituyen una unión que tampoco se reduce a una serie de relaciones determinadas y específicas, sino que da lugar a una verdadera institución: esto explica, prescindiendo de otros aspectos, la dificultad con que siempre se ha tropezado al intentar reducir la figura del concordato, o al menos la de ciertos concordatos, a la de un contrato ordinario[152].

Creemos que los ejemplos expuestos pueden constituir la más evidente confirmación del criterio en base al cual a

[151] [La distinción entre tratados-acuerdo y tratados-contrato, la niego actualmente en mi Corso di dir. Internaz. (4), cap. V, número 5.]

[152] [Por los mismos motivos por los que no creo que en la categoría de los tratados internacionales constituyan los llamados tratados-acuerdo una figura independiente, soy ahora de la opinión que también los concordatos eclesiásticos tienen carácter contractual. Sobre la naturaleza de la unión concordataria entre la Iglesia y el Estado, vid. mis Principii di diritto costituz. generale, cap. X, § 4, n. 2.]

institución debe ser distinguida de la simple relación jurídica: la primera representa la situación estable de un ente; la segunda un acercamiento, más o menos transitorio, de varios entes. Una relación puede convertirse en una institución solo cuando sus propios elementos se modifican en virtud de fuerzas internas o externas y permanecen vinculados de modo estable en una posición orgánica, es decir, como miembros de una entidad que tiene ya substantividad propia.

Mientras la institución, además, y precisamente como ente jurídico, es también al mismo tiempo un ordenar miento, la relación no es tal sino que depende del ordenamiento que, por así decirlo, constituye la atmósfera en que ella vive; esto es, se trata de algo exterior a la propia relación jurídica. Se explica así que un negocio jurídico que establezca tan solo una serie de relaciones, no baste para hacer surgir derecho objetivo. Para alcanzar este efecto se precisa la existencia de un acto que no se limite a constituir una relación que se desenvuelva en todos sus aspectos en el ámbito de un ordenamiento ya existente, sino que aquél debe establecer por sí dicho ordenamiento, al menos en parte. Es más, así como una regla jurídica, aisladamente considerada, no constituye, como ya hemos intentado demostrar, derecho objetivo, para que un acto pueda considerarse como fuente del derecho, es necesario no solo que establezca reglas, sino que establezca también de modo más o menos completo una organización social[153].

[153] [También sobre la naturaleza de los negocios jurídicos, mi opinión actual es distinta de la que recojo en el texto; los negocios jurídicos establecen no solo relaciones, sino también normas que regulan tales relaciones y que son jurídicas, esto es, institucionales, en cuanto la autonomía sobre la que se fundan deriva del Estado y por el Estado son además protegidas. Sobre este punto, vid. varios de mis trabajos y, últimamente, los citados Principii di dir. costituz. generale, cap. XIII, § 6, n. 6.]

§ 19. Relaciones entre personas y cosas: ejemplos de algunas de estas relaciones que, consideradas de modo más amplio, pueden configurarse como instituciones

Si un ordenamiento jurídico, esto es, una institución, no puede identificarse con una simple relación entre dos o más personas, tanto menos podrá reducirse a una sola persona física: es necesario, por el contrario, que ésta se encuentre en relación estable con otros elementos, de modo que la institución resulte precisamente de ellos. Estos elementos podrán consistir, a su vez, en cosas, esto es, en objetos de Derecho, o en un poder, cualquiera que sea, y que puede corresponder a una persona. Pero al ser considerados como elementos de la institución, su carácter jurídico no puede ya reducirse exclusivamente al de simple res. Entre una cosa como tal y una persona, entre el sujeto y el objeto, media, como hemos señalado (§ 18), una relación y ésta no basta para que surja la institución.

Convendrá aclarar nuestra tesis con algún ejemplo para poder realizar así una serie de aplicaciones viendo cómo se encuentra la figura misma de la institución allí donde en ocasiones permanece verdaderamente como en penumbra, porque sus elementos son considerados más que en su verdadera posición como una simple relación, de naturaleza real.

Sobre todo puede recordarse, por lo que se refiere a la institución típica y característica que es el Estado, cómo la doctrina, al distinguir los Estados que tienen una propia personalidad de aquellos otros que no la tienen, ha considerado frecuentemente estos últimos como objetos del derecho del príncipe o del monarca, que, en este caso, estaría por encima y al margen del propio Estado[154]. Este planteamiento

---

[154] Sobre la doctrina del Estado-objeto y sobre la figura del monarca situado fuera y encima del Estado, vid, Jellinek, Allgemeine Staatslehre

y otros análogos se nos presentan desde nuestro punto de vista como inexactos o, al menos, como insuficientes. Sin pretender llevar a cabo el estudio general de ciertos tipos de Estados que, como ejemplo el llamado Estado patrimonial, esperan todavía ser valorados en su justo punto, podemos limitarnos a observar que el Estado es siempre y sobre todo un régimen, un ordenamiento jurídico, una institución de la que el monarca, los súbditos, el territorio y las leyes no son sino sus elementos. También el monarca, por tanto, se comprende en la institución; no está jamás fuera y por encima de ella; su situación no es independiente, sino que, por el contrario, constituye tan solo una especial posición particular, un punto fundamental del derecho que en la institución misma se concreta. Desde este punto de vista, rey y reino forman necesariamente una unidad inseparable. El reino, pues, puede considerarse como una *res* ligada al primero solo desde una relación de pertenencia extrínseca: entre el uno y el otro hay una identidad derivada del hecho de ser el Estado una institución en la que el monarca no es sino uno de sus elementos. La opinión contraria se funda desde luego sobre una inexacta apreciación de la posición soberana que corresponde al monarca. Es verdad que alguna vez se califica de *dominus* o señor del Estado, pero esto solo quiere decir que él es el jefe y por tanto, implícitamente, que es también parte integrante de aquél, no su simple propietario. La antigua cuestión de si en determinados Estados el rey está por encima de las leyes, es desde luego muy distinta de la de si el rey está sobre el Estado. El Rey puede considerarse

---

(3), cit. ps. 164 y ss. y 669 y ss. Nos parece inexacto, sin embargo, mezclar como hace Jellinek (pp. 165-66) la doctrina del Estado-objeto con aquella otra que algunos han apuntado más que desarrollado, del Estado como instituto (Anstalt) [término que se emplea en sentido distinto al de nuestra institución; se trata de dos teorías de las que una representa un notable perfeccionamiento de la otra. Vid. mis Principii di dir. costituz. generale, cap. VI, § 1, n. 10 y § 3, n. 7].

por encima de lo súbditos, por encima de su territorio o de las leyes por él emanadas y abrogadas; incluso, si se quiere usar terminología moderna, puede decirse también que súbditos, territorio y leyes son objetos de su poder, pero en todo caso no se trata sino de distintos elementos parciales del Estado, y no del Estado entero en el que el propio monarca se integra. En otros términos: el soberano no tiene un derecho de dominio meramente individual sino un derecho que le corresponde como miembro soberano del Estado y que, por tanto, señala su propia posición dentro del mismo. Además, el que en tales ordenamientos se trate de un señorío que excede en gran modo al que un sujeto puede tener sobre un objeto situado bajo su potestad, se deduce de que los efectos de su ejercicio pueden concretarse en modificaciones de la estructura, de la organización o de las leyes del Estado y, por tanto, en la emanación de un nuevo derecho objetivo. La misma cesión o transmisión del Estado por un monarca a otro, tiene precisamente tal carácter e implica no solo la cesión o transmisión de un derecho, sino la pérdida de un *status* personal, la salida del rey del reino y el ingreso en este de un nuevo monarca. La verdad es que la consideración del Estado como objeto, no se funda sino en la apariencia y acaso ha sido sugerida por el deseo de contraponer a la figura del Estado-sujeto una figura que, incluso terminológicamente, representase su antítesis perfecta. El Estado es siempre una institución, que, tenga o no personalidad, comprende también a su jefe; en otro caso no podríamos ya determinar el derecho objetivo del que los derechos y poderes del monarca no son sino sus manifestaciones.

Del análisis de ese macrocosmos jurídico que es el Estado se puede pasar, remachando las observaciones formuladas con otras análogas, al de otras instituciones menores, e incluso, al de otras instituciones realmente minúsculas comprendiendo en ellas algunas que corrientemente el jurista no tiene ocasión de someter a su estudio, pero que no por ello son menos interesantes. Cuando un individuo cualquiera, en el ámbito en que puede considerarse casi como un rey en su reino, esto es, en su casa —y entiendo esta palabra en su significado más amplio—, establece un ordenamiento que sirve para sus familiares, para las personas que están a su servicio, para las cosas que están a su disposición, para sus huéspedes, etc., crea en esencia una pequeña institución de la que se erige en jefe y de la que al mismo tiempo forma parte integrante; sin embargo, la configuración de tal institución no debe buscarse en las leyes del Estado, que por su parte consideran aisladamente Y desde otros puntos de vista tanto el domicilio de la persona, para garantizar su libertad, como sus relaciones con las personas que constituyen su familia o están a su servicio, o con las cosas sobre las que ostenta un determinado derecho. Todo esto, sin embargo, resulta indiferente, al menos de modo directo, para aquel "derecho doméstico[155]" de que hemos hablado y del que el derecho estatal no se ocupa. Se trata de un ordenamiento interno, autónomo, que reduce a unidad de gobierno y de

[155] De un "derecho doméstico" (Hausrecht), siempre sin embargo en sentido subjetivo y fundado sobre el derecho objetivo del Estado, se ha hablado ya, pero con fines distintos; en materia de inviolabilidad de domicilio (vid., por ejemplo, Listz, Lehrbuch des D. Strafrechts (5), Berlín, 1905, p. 401 y ss. [también en la 25ª ed., p. 581 y ss], así como de ciertos poderes que han debido de diferenciarse del poder disciplinario (vid., por ejemplo, Hubrich, Die parlamentarichen Redefreiheit u. Disciplin, Berlín, 1899, p. 419 y ss., 424 y ss.; Romano, Sulla natura dei regolamenti parlamentari, n. 23 y ss, en "Archivio giur." LXXV, 1905; Tezner, Die Volksvertretung, Wien, 1912, p. 416 y ss., etc. También al Estado se le ha atribuido una "potestad domiciliaria" en el ámbito de su propio territorio: Donati, Stato e territorio n. 30 y ss., en "Rivista di dir. internazionale", VIII, 1914. Bien distintos y mayor significación tienen los ordenamientos de la Casa y de la Corte real y la autonomía concedida a algunas familias nobles por el derecho de algunos Estados, autonomía que ofrece su vez una particular consideración, etc.

dirección una serie de elementos —distintos personas y cosas—, que son considerados desde el punto de vista específico. Así, mientras para las leyes del estado, por ejemplo, no estaremos sino frente al titular de un derecho real sobre una casa —si ésta es de su propiedad—, o de un derecho derivado de un contrato de arrendamiento, para ese otro ordenamiento, por el contrario, esta última relación será en sí misma irrelevante y aquella casa será siempre y nada más que un elemento de la institución que en ella se establece; esto es, en el ámbito material de un poder que corresponde a su jefe como tal y no como propietario o inquilino.

De igual modo una persona cualquiera puede establecer un régimen o una organización para un establecimiento industrial de su propiedad, o para una escuela que tenga, o para su misma empresa mercantil. También en estos casos tendremos pequeñas instituciones microcosmos jurídicos en los que el elemento personal representado por el *dominus*, podrá ser asumido por una sola persona que, sin embargo, se integrará con otros elementos que, aunados conjuntamente, y coordinados entre sí, habrán de constituir aquella unidad que, en un sentido amplio, puede calificarse como una hacienda. La hacienda será, pues, una institución para su derecho interno, y como tal tendrá un jefe, un legislador, súbditos, leyes propias, todo un esquema de engranajes administrativos y de autoridad: será, por tanto, un mundo jurídico en sí misma, completo en su género y en sus fines. (Vid. también *infra*, §§ 31, 45, 47.) Ahora bien, desde el punto de vista del Derecho estatal, la hacienda podrá ser, sin embargo, algo muy distinto: o estará desintegrada en las más variadas relaciones que medien entre las personas que la integran o, como unidad, será considerada como una *universitas rerum* o como el conjunto de activo y pasivo de un ejercicio comercial. Así, mientras el derecho estatal definirá la posición del propietario de la hacienda —que será el objeto de un derecho del cual él es titular—, para el ordenamiento interno del que nos ocupamos, el propietario puede permanecer también fuera de la hacienda si se establece al frente de la misma un jefe distinto de su dueño; pero en todo caso, aun cuando este asuma la dirección y gobierno, lo que entonces interesa no es su derecho de propiedad, sino su condición de jefe.

En esencia, el carácter institucional que a estos y a otros entes debe atribuirse, resulta de su propia estructura, de su mismo derecho interno y no del modo como son configurados por las leyes del Estado que puede ser diferente. Y si se tiene en consideración esa estructura podrá verse cómo tienen cierto fundamento aquellas doctrinas que, en ocasiones, han considerado como personas jurídicas no solo la hacienda mercantil en el sentido estricto, sino también, por ejemplo, lo que aún parece más extraño[156], las naves. Teorías sin duda alguna inexactas, porque el elemento de la personalidad no se alcanza ni por el Derecho estatal ni, generalmente, por su derecho interno, pero que, sin embargo, merecen ser recordadas, como por ejemplo, aquellas que han tenido la intuición de establecer que

---

[156] Ferrara, Teoria delle persone giuridiche, p. 704 [y también en Persone giuridiche cit., del Trattato dirigido por Vasalli, ps. 86-87. Algunos autores se han adherido a mi concepto de hacienda, si bien con algunas variantes, derivadas de un entendimiento incompleto del mismo: entre otros, Ferrara, Tratato di dir. civ., I, Roma, 1921, p. 811 y ss.; Ferrara junior, Lezioni di dir. commerciale, Firenze, 1939, p. 137; L'acienda, Firenze, 1945; Greco, Profilo dell'impresa eeonomica nel nuevo codo civ., en Atti dell'Academia delle sc. di Torino, 1941-42; Messineo, Manuale di dir. civ. e comm. (6), I, § 77, n. 17; Valeri, Man. di dir. comm., Firenze, 1945, I, p. 12. Parece que igualmente lo acoge el Código civil de 1942 en la definición que da de empresa a la que antes se la designaba también con el nombre de hacienda; el actual Código diferencia ya los conceptos de empresa y de hacienda: vid. mi estudio A proposito dell'impresa e dell'azienda aqricola, en "Riv. di dir. agrario", 1944.]

para ese derecho interno a la figura de la simple *res* o de la *universitas rerum* —que ciertamente no se acomoda a la realidad y cuya insuficiencia es apreciada por todos—, se sobrepone aquella otra valoración, menos estática, más viva, y más dinámica que es la institución y las leyes del Estado harían ciertamente muy bien si tuvieran esto en cuenta.

§ 20. La institución y la persona jurídica

Si una relación jurídica o una persona física no bastan para concretar en sí mismas una institución, una persona jurídica, por el contrario, es ya en sí misma una institución. Sin afrontar aquí el debatido problema de las personas jurídicas, podemos deducir algunas consecuencias de los principios que hemos venido desarrollando. En líneas generales la doctrina ha tenido siempre la intuición exacta de que es necesario formular un concepto de persona jurídica sin perjuicio de clasificarlas después en distintas categorías. Ahora bien, no puede decirse que en esta tarea haya alcanzado éxito, cuando, por ejemplo, establece el substrato de las corporaciones en un conjunto de personas y busca en otros elementos —en relación con los cuales no acaba de ponerse de acuerdo—, la base de las fundaciones o de las instituciones en sentido estricto, ocasionando así un dualismo que, a pesar de los esfuerzos más ingeniosos, no llega a suprimir. Tan solo la doctrina de la organización a la que ya hemos hecho referencia (§ 11) resuelve de modo unitario el problema, recurriendo sin embargo, como ya se ha señalado (§ 13), a un concepto que desde luego no resalta suficientemente su verdadero significado jurídico, al formularlo incluso en términos que no son precisamente jurídicos. Base de la persona jurídica es siempre, creemos, un ordenamiento de derecho objetivo que se concreta y configura en ella y para ella; esto es, una institución en el sentido antes expuesto: el fundamento de la personalidad no lo constituyen ni las personas jurídicas que la integran —aun en el caso de que sean corporaciones—, ni su patrimonio, ni sus órganos o cargos, ni el propio fin que han de realizar, sino que su fundamento lo es siempre y de modo exclusivo el ordenamiento jurídico que vincula aquellas personas, que afecta aquel patrimonio, que singulariza esos órganos, coordinándolo todo a su fin específico. Y cuando hablamos de ordenamiento jurídico como substrato de la persona jurídica, entendemos referirnos a su ordenamiento interno y no a aquel otro que puede atribuírsele por parte de otra institución superior y más amplia en el que esa persona jurídica se integre, como podría ser, por ejemplo, el Estado.

La personalidad puede serle atribuida, desde luego, por ese otro ordenamiento más amplio y comprensivo, pero siempre sobre la base de su ordenamiento específico propio, que constituye para aquél un presupuesto necesario, un fundamento que no puede faltar. En esencia —y aquí no es posible extendernos más sobre este punto—, una institución asume el carácter de persona cuando, bien por su propio ordenamiento, bien por otro, pero siempre, sin embargo, sobre la base de aquél, se considera como ente dotado de voluntad propia; esto es, cuando la voluntad manifestada materialmente por determinadas personas, que en un sentido amplio son elementos de la institución (miembros, órganos, administradores), manifestada además con las formas y en relación con los fines que su estructura impone, es considerada como la voluntad propia de la institución misma[157]. Lo importante es que, precisamente, lo que se

157 [Ferrara, Persone giuridiche, en el Trattato cit., de Vassalli, p. 25, nota 2 y p. 28, nota 1, ha observado, contra la tesis que recojo en el texto, que puede darse una persona jurídica que no tenga una propia voluntad y que, de todos modos, esa voluntad se refiere al obrar y no al ser de la persona. No hace al caso examinar la consistencia de esas teorías de la

personifica no es sino un ordenamiento objetivo montado y predispuesto para poder producir aquel efecto y poder ser considerado como un ente capaz de querer por sí o por otros. Esta distinta fuente de la personalidad explica además por qué ciertos entes constituyen en ocasiones una persona por su propio ordenamiento y no en virtud de otro (como por ejemplo ocurre con los llamados "entes de hecho", no reconocidos como personas jurídicas por el Estado: vid. *infra*, § 31) y, por el contrario, otros entes no se consideran a sí mismos como persona (por ejemplo, ciertos Estados en los que la voluntad del soberano tiene valor como tal y no como voluntad del Estado mismo), mientras que en otro ordenamiento distinto, como puede ser el internacional, alcanzan tal consideración, si bien es siempre necesario que el ordenamiento interno ofrezca en todo caso la posibilidad de esta personificación, es decir, que se trate de entes que, aunque no se atribuyan a sí mismos la personalidad, faciliten al menos a los otros el modo de poder atribuirsela.

Si todo esto es cierto, puede deducirse que el acto por el que surge una persona jurídica es siempre un acto que establece derecho objetivo, aun cuando bajo otros aspectos se configure de modo distinto, como puede ser por ejemplo, el de un determinado negocio privado. Aquél será siempre, en efecto, su "estatuto", su "carta fundacional" o como quiera llamársele; es decir, su ley fundamental. La doctrina, no obstante, no siempre ha sabido distinguir estos dos aspectos

---

personalidad que podemos llamar voluntaristas; si deben rechazarse —y creemos que ello no puede hacerse sin mantener al menos los aspectos verdaderos que ofrecen—, alguna de las observaciones que he hecho en el texto, debe ser suprimida o modificada. Queda sin embargo firme el concepto fundamental de que la persona jurídica que sea un cuerpo social (y a veces la personalidad es atribuida a entidades abstractas o ideales, a entes no humanos, a dioses, a santos, etc.), es un ordenamiento jurídico, una institución que por ella misma o por otro ordenamiento, es considerada como titular de poderes, derechos y obligaciones.]

que un mismo acto puede presentar, según se le considere desde el punto de vista del ordenamiento propio de la persona jurídica o desde aquel otro ordenamiento desde el que es susceptible de considerársele, y que generalmente es el del Estado. De aquí una serie de problemas que realmente no tienen razón de ser y que están de todos modos mal planteados. El motivo por el que el Estado interviene con su reconocimiento cuando la persona jurídica debe desarrollar determinados efectos en relación con el derecho estatal, se explica mejor de este modo. Sin querer afirmar aquí que haya que buscar en ese orden de conceptos la explicación del antiguo principio que configuraba como una *lex specialis* la atribución o el reconocimiento de la personalidad por parte del Estado, parece que precisamente desde este punto de vista, puede sin embargo comprenderse mejor la naturaleza del mismo acto de reconocimiento.

§ 21. Nuestra concepción del derecho en relación con algunos problemas

El concepto de derecho expuesto, nos permite adoptar, valiéndonos de las consecuencias elementales que de aquél derivan, una decidida posición contra la tendencia, cada vez más extendida, de considerar como metajurídicos algunos hechos o situaciones que la doctrina tradicional ha incluido siempre, y con razón, en el dominio de lo jurídico. Debe reconocerse tan sólo que esta doctrina es desde luego más exacta y acertada en las conclusiones a que llega, que en los principios de que arranca; partiendo de estos últimos, esto es, de ese concepto de derecho insuficiente al que ya nos hemos referido, no podría justificar sus conclusiones si tal necesidad tuviera. Por el contrario, la más reciente formulación de esta tesis, que no modifica precisamente el punto de partida, es decir, la noción de derecho señalada, deduce sin embargo consecuencias que son más lógicas pero en realidad menos ciertas y que se pueden considerar por tanto, sin duda alguna aun en contra de la propia intención de sus autores, como demostración por absurdo de la inadmisibilidad de su primer postulado, conviene referirse ahora a algunos de los puntos que se excluyen de la órbita de lo jurídico, que son colocados erróneamente en una especie de limbo; de otros, nos ocuparemos más adelante, habiéndonos referido ya a algunos de ellos (§ 17), como a los tratados internacionales que, según una determinada opinión, salen fuera del ámbito del Derecho internacional.

1. El carácter jurídico de la potestad del Estado

Refirámonos antes que nada a la potestad del Estado, que algunos autores reputan simplemente como potestad de hecho, como atributo prejurídico del Estado mismo[158]. Esta concepción está inspirada, al menos en lo fundamental, en la idea de que el derecho, siempre y en todo caso, está constituido por tal potestad, de modo que su posición sería la de un límite *a quo*, la de un *prius* del ordenamiento. Más aún;

[158] Perozzi, Istituzioni di diritto romano, Firenze, 1906, p. 57 en nota [igualmente en la 2ª ed., 1928]; Petrone, op. cit., pp. 140 y ss y 149; Marinoni, La natura giuridica del diritto internazionale privato, en "Rivista di dir. internazionale", 1913, p. 348, 358; La responsabilitá degli Stati, etc., p. 9 y ss; Breschi, La volontá dello, Stato nell'ordine giuridico internaciconale, en "Rivista di dir. internazionale", 1914, p. 422. Otros, como Ottolenghi, Intorno ai fonti del diritto internazionale pubblico; en "Giurisprudenza it.", 1902, p. 21 de la separata, han señalado además que la capacidad del Estado corresponde más que a la capacidad jurídica del individuo a la capacidad natural del mismo. La doctrina que somete el Estado al derecho como consecuencia de una autolimitación del primero, viene a señalar en sustancia que solo adquiere carácter jurídico la potestad estatal en un momento posterior a su manifestación inicial.

se hace incluso la concesión de que tal ordenamiento, una vez emanado, limitaría aquella potestad y la haría por tanto jurídica, carácter que no habría tenido originariamente en su primera manifestación. Esta opinión se funda, evidentemente, en el principio ya combatido de que el ordenamiento jurídico estatal es solo el conjunto de reglas y preceptos que el Estado emana sirviéndose de su poder legislativo. Estado y ordenamiento jurídico estatal, por el contrario, no son, como decimos, dos fenómenos distintos y ni siquiera dos manifestaciones diferentes de un mismo fenómeno, sino una misma cosa; ello supone que un atributo esencial del Estado, como es su potestad, no es jamás extrajurídico o prejurídico, sino que nace con aquél y con su ordenamiento, que precisamente lo disciplina y regula. El que tal potestad pueda establecer *un* nuevo derecho, no quiere decir que preceda *al* derecho, ya que también esta nueva manifestación suya gira en la órbita permitida por el derecho preexistente, cuya primera manifestación de vida es precisamente tal potestad. Si esto es cierto, puede deducirse la consecuencia de que la teoría de la autolimitación del Estado, cualquiera que sea la parte de verdad que contenga, no puede acogerse en la formulación demasiado amplia que se le da[159]. Y aunque sea exacto que el Estado se autolimita cuando establece su ordenamiento jurídico, no existe ningún momento en que no se encuentre ya limitado precisamente porque desde su origen es ya un ordenamiento; su autolimitación no puede ser sino una limitación ulterior. La ley, por tanto, no es nunca, como comúnmente se cree, el comienzo del derecho; es, por el contrario, o algo que se añade y se une a un de-

[159] Jellinek, Die rechtliche Natur der Staatenverträge, Wien, 1880, p. 9 y ss.; Gesetz u. Verordnung, Freiburg, i. B. 1887, pp. 199 y ss.; System, pp. 95 y ss.; 214 y ss. de la traducción italiana; Allgemeine Staatslehre (3), pp. 367 y ss.; Ranelletti, Principii di diritto amministrativo, 1, Napoli, 1912, n. 94, etc.

recho preexistente (supuesto de que haya lagunas), o, simplemente, una modificación que el mismo derecho sufre[160].

El legislador no es de este modo el creador del derecho en el sentido pleno y absoluto de la palabra, es decir, en el sentido de ser su primer creador; de aquí que carezca de poder para anularlo completamente, pues para hacerlo debería decretar, ni más ni menos, que el fin del Estado mismo.

2. La extensión de la personalidad del Estado

Muy semejante a la opinión anterior, si bien no siempre vinculada a ella, es aquella tesis que hace sufrir a la personalidad del Estado una especie de *capitis disminutio* al negarle tal personalidad, precisamente en relación con sus más altas manifestaciones, mientras que, por el contrario, se la reconoce plenamente en relación con otras manifestaciones subordinadas. Según algunos otros autores[161] en efecto, el Estado podría asumir la condición de persona solo en cuanto no se presente o actúe por medio de su órgano soberano, que entre nosotros sería el poder legislativo o el constituyente en otro caso, y ello porque precisamente tal órgano se

---

[160] Desde un punto de vista muy distinto, esto es, partiendo de la opinión de que un ordenamiento jurídico jamás tiene lagunas, afirma Donati, Il problema delle lacune, p. 136 y ss. que la ley nueva es siempre modificación del derecho preexistente. Tal afirmación, deducida de esas premisas, no podría servir sin embargo para la primera ley.

[161] Kelsen, Hauptprobleme pp. 395 y ss., 434 y ss.: Ueber Staatsunrecht, en "Zeitschrift f. das. pr. u. off. R." LI (1913), pp. 4 y ss.; Donati, Stato e territorio, en "Rivista di diritto ínternazionale", 1914, p. ,320 (quien erróneamente me atribuyc tal opinión); Falchi, I1 fini dello Stato e la funzione del potere, Sassari, 1914, p. 28; Breschi, en la "Rivista di diritto internazionale", 1914, p. 421; Anzillotti, Corso di diritto internazionale, vol. III, parte I, Roma, 1915, p. 2 y ss, [sin embargo, parece que este autor haya abandonado esa posición en ediciones sucesivas, 3ª ed., 1928, p. 39 y ss.; ed. alemana, pp. 309 y ss.]; Il concetto dello Stato e il diritto internazionale, Roma, 1915, p. 10.

substrae a todo tipo de disciplina jurídica. No se advierte, sin embargo, que si esto fuera cierto la única consecuencia que lógicamente podría alcanzarse era la de que el Estado no solo debería considerarse como persona en este aspecto concreto, sino que tampoco sería susceptible de ser tomado en consideración por el derecho; el poder legislativo o, en otros Estados, el constituyente, no serían objeto sino tan solo premisa o presupuesto del Derecho constitucional. Esto, sin embargo, sería contrario a la verdad ya que el Derecho constitucional regula no solo la estructura de tal poder que, incluso, es por él mismo establecido, sino también su función, por lo menos en su aspecto procedimental y formal y, en nuestra opinión y en lo que se refiere al poder legislativo, también en su aspecto sustancial, al menos en parte (§ 22, 4).

3. La relevancia jurídica del territorio y de la soberanía

Se ha negado también desde el punto de vista del derecho interno, por motivos un tanto semejantes, que el territorio del Estado tenga relevancia jurídica; el territorio sería un elemento constitutivo del Estado y, por tanto, anterior y al margen del derecho[162].

Igualmente la ciudadanía, en cuanto significa una vinculación al Estado, estaría por sí misma privada de valor jurídico, siendo solo una condición meramente política del individuo, un simple presupuesto de poderes y de deberes jurídicos[163].

Una y otra opinión, aparte de fundarse en un punto de vista inaceptable que examinaremos en su momento es-

162 Marinoni, Dell'annessione della Tripolitania e della Cirenaica en "Rivista di diritto e procedura penale", 1912: p. 7 y ss. de la separata [publicado también en Scritti vari Cittá di Castello, 1933, p. 1021].

163 Marinoni, Della condizione giuridica degli apolidi secondo iI dir. it., en "Atti del R. Istituto Veneto", LXXIII, p. 147 y ss, [y en sus Scritti vari, cit., pp. 201 y ss.]

tán alimentadas por la creencia de que todos los elementos que determinan la existencia del Estado son anteriores al derecho. Ello en base al razonamiento siguiente: el derecho es establecido por el Estado; por tanto, el Estado es anterior al derecho y anterior al derecho será también lo que integra al Estado. No se advierte, sin embargo, que lo que precisamente relaciona esos distintos elementos de los que el Estado resulta, no es y no puede ser sino el propio ordenamiento jurídico y que es ese mismo ordenamiento el que determina la estructura del Estado y asigna a las distintas partes concretas su condición de elementos; con otras palabras, no se advierte que Estado y ordenamiento jurídico estatal son una misma cosa[164].

§ 22. Examen crítico de algunas opiniones que solo valoran el ordenamiento jurídico en la medida en que se refiere a relaciones entre varias personas

Pero no solo los elementos constitutivos del Estado tendrían carácter extrajurídico, al preceder al establecimiento del derecho, sino que también una serie muy importante de distintos aspectos de su vida posterior, o quedarían absolutamente excluidos y fuera del ámbito jurídico, o serían consi-

---

[164] [Por otra parte, que el Estado sea un ente no jurídico, in se y per se, y que por lo tanto al concepto jurídico del mismo preceda un concepto de distinta naturaleza, es una opinión común, como ya hemos tenido ocasión de apuntar: vid., entre los muchos que la sostienen, Rehm, Allg. Staatslehre, pp. 11 y ss., 159 y ss.; Jellinek, Allgemeine Staatslehre (3), pp, 137 y ss., 162 y ss.; Seidler, Das juristische Kriterium des Staates, Tübingen, 1905, pp, 17 y ss.; Ranelletti, Principii, nn, 87-88, 91, 111; Ravà, Lo Stato come organismo etico, Roma, 1914, pp. 1 y ss.; Marinoni, L'universalitá dell'ordine giur. statuale, en "Riv. dir. pubbl,", 1916, p. 236 y en Scritti vari, pág. 355; La responsabilitá degli Stati, p. 20; Donati, La personalitá reale dello Stato, en "Riv. di dir. pubbl,", 1921, etc.]

derados por él únicamente en algún aspecto secundario y de modo reflejo. Las posiciones a las que nos referimos parten, en primer lugar, aún de modo implícito, del repetido principio de que el ordenamiento jurídico no es sino un conjunto de normas, y en segundo lugar, concretan y reducen el fin, o si se quiere, el objeto de tales normas solo a las relaciones que pueden establecerse entre varios sujetos. Todo lo que no se traduce en una de estas relaciones, no es susceptible de relevancia jurídica alguna. Sería superfluo detenernos a rebatir de modo concreto estos puntos de vista, ya que precisamente en las páginas precedentes hemos tratado de demostrar el error de esas dos tesis, es decir, la que identifica el Derecho objetivo con las normas, y la que lo limita a la regulación de relaciones entre distintos sujetos. No obstante, no será inútil una breve referencia a las más importantes aplicaciones que de los dos planteamientos señalados pueden derivarse.

1. Aplicaciones en relación con la sanción del derecho

Ya hemos tenido ocasión de referirnos (§ 8) a la doctrina según la cual la sanción no puede considerarse como elemento esencial del derecho, y hemos visto también cómo la demostración de esa tesis se apoyaba en la idea de que el derecho no es sino una norma de relación entre distintos sujetos a los que señala derechos y deberes. Otros autores, aun partiendo de consideraciones análogas, no han negado que el ordenamiento jurídico se apoye sobre un sistema coactivo o de sanciones, pero han estimado sin embargo que ello puede ser relevante acaso para el filósofo, pero no para el jurista; o lo que es lo mismo, la sanción tendría significación jurídica precisamente porque, siendo "garantía del orden jurídico, deberá deducirse abstractamente del conjunto de normas objetivas", y para el jurista solo existen tales normas singularmente consideradas en relación con los deberes y poderes que de ellas derivan, al margen de la finalidad de las mismas, en relación con el sistema jurídico[165]. La observación tiene ciertamente aquel fondo de verdad que también nosotros hemos tratado de destacar, solo que la conclusión que se deduce es evidentemente inaceptable, y al tomar como punto de partida un concepto del derecho distinto, se elimina por sí misma.

2. Aplicaciones en relación con el territorio y la ciudadanía estatal

La opinión, igualmente recogida, de que el territorio del Estado y la ciudadanía no son valorables desde el punto de vista jurídico, no se basa solo en la apreciación de que tales elementos son constitutivos del Estado, y por tanto anteriores a su derecho, sino en la consideración de que al jurista únicamente le interesan las relaciones concretas referentes a esos elementos que las normas particulares determinan, y no las que dicen relación con su posición genérica y global. Que esto conduce a una valoración de esos elementos, por lo menos incompleta y como tal errónea, puede verse fácilmente en las doctrinas de quienes abandonando la primera de las referidas consideraciones, por no estimar que el territorio sea elemento constitutivo del Estado, adoptan, por el contrario, solo la segunda de ellas. Entonces, la concepción absolutamente nihilista que antes hemos referido viene sustituida por otra, que ciertamente corresponde más a la realidad en cuanto hace entrar en el derecho lo que es de su pertenencia, pero lo hace entrar sin embargo solo por la puerta trasera y con muy graves amputaciones. Así, y refiriéndonos solo al derecho interno, prescindiendo del Derecho internacional, la cuestión acerca del carácter del territorio del Estado se reduce al enunciado siguiente: ¿cuál es la

[165] Marinoni, La responsabilittá degli Stati, p. 35 y ss.

relación jurídica existente entre el Estado y sus súbditos en relación con el propio territorio?[166] No interesa aquí la respuesta que se dé a esta pregunta; lo que importa es destacar cómo de este modo se omite el problema fundamental que es el de la posición jurídica del territorio en relación con el Estado; dado que el territorio no sea elemento constitutivo (lo que a su vez nos parece inexacto), los poderes que el Estado tiene sobre este objeto deben valorarse *in se* y *per se* antes que en aquellos otros aspectos secundarios y derivados que atañen a las relaciones del mismo con los súbditos.

3. Aplicaciones en relación con los órganos del Estado

En sustancia se trata siempre del mismo error, repetido en muchos campos del derecho público y, en ocasiones también, del derecho privado, de no dar relevancia jurídica al ordenamiento en el que la institución se concreta, sino tan solo en cuanto refleja relaciones entre distintos sujetos. Una de las consecuencias más absurdas que de esta tesis se deduce, y que encuentra a su vez numerosos e importantes sostenedores,[167] es la que niega carácter jurídico tanto a las relaciones existentes entre el Estado y sus órganos —entendidos en el sentido de *officia*—, como a las de los distintos órganos entre sí. Basta notar únicamente que tales órganos no son sujetos de derecho, para deducir ya de esta exactísima observación, que se relaciona con un concepto inexacto del derecho, una serie de conclusiones que niegan lo que para nosotros constituye la realidad más evidente. Entre tales órganos tienen lugar, y cualquiera puede apreciarlo, una

---

[166] Plantea de este modo el problema Donati, Statto e territorio, en “Rivista di diritto Internazionale”, 1914, pp. 535 y ss.

[167] Entre los más explícitos, vid., Jellinek, System, pp. 213 y ss de la traducción italiana, y últimamente, Ranelletti, Principii di diritto amministrativo, I, nn. 116 y ss, 174.

serie de actos, de procedimientos importantísimos para el derecho, que se ocupa de los mismos con detalle, y los hace objeto de leyes, reglamentos y disposiciones de todo tipo; tales relaciones no tendrían, sin embargo, carácter jurídico —y no se sabe por otra parte qué otro carácter hayan de tener— solo porque se agotan en el interior de la propia organización estatal. Ahora bien, si después esas relaciones se traducen en actos que tienen ya un cierto valor para los súbditos —lo que no siempre ocurre—, entonces no solo esos actos —téngase esto bien en cuenta—, sino también las propias relaciones interorgánicas que los han preparado y precedido, adquirirían ya relevancia en el campo del derecho; una importancia, como se ve, indirecta y marginal, una sombra de vida, un fulgor momentáneo. Cuando aquella relación cesa o se pierde de vista, aquellos órganos para los que tal relación no es, por otra parte, sino uno de sus efectos, y por añadidura efecto no siempre necesario, si se los observa desapasionadamente, puede verse cómo continúan desarrollándose y comunicándose entre sí, y no de un modo arbitrario, sino según un ordenamiento que es precisamente de los más complejos. También el jurista —y no puede por menos—, contempla todo esto, pero él, que se ha formado una idea del derecho a la que se agarra inflexiblemente, cree que son solo "sombras vanas salvo en su apariencia".

No es ciertamente este el lugar para examinar el concepto y la naturaleza de los órganos del Estado considerados impersonalmente como *officia*, y para analizar también si las relaciones entre esos órganos deben configurarse como relaciones reflejas del propio Estado o de otra forma. Aquí únicamente importa señalar que no solo esas relaciones, sino también la posición específica de cada órgano frente al Estado, no pueden fijarse si se toma como punto de arranque la concepción común del derecho. Esta, en efecto, no solo conduce a las consecuencias referidas, sino que aplicada rigurosamente lleva también a la afirmación[168] de que jurídicamente el concepto de órgano tiene un valor nulo; relevancia jurídica solo podrá tener la relación que existe entre el Estado y las personas puestas al frente de sus órganos. Este punto dc vista cs, sin embargo, evidentemente inadmisible; en cuanto atribuye valor jurídico solo a aquellos aspectos de la organización estatal que suponen relaciones con los funcionarios, tiene el mismo defecto que aquella otra tesis que atribuye relevancia jurídica a los actos de esa organización solo en cuanto implican relaciones con los particulares. Estas dos posiciones podrían completarse, y de hecho se completan mutuamente, y no se comprende cómo quienes sostienen la segunda hayan rechazado la primera. Sin embargo, aunque se funden y completen recíprocamente, ambas tesis no evidencian con certeza el fenómeno de la organización del Estado, fenómeno que, por el contrario, aparecerá total e intrínsecamente como jurídico solo cuando se acepte el principio establecido en general de que el derecho no es una suma de relaciones, sino que sobre todo, y antes que otra cosa, es organización. Así, el primer problema que tiene tanto el ordenamiento estatal como el de cualquier otro ente, no es el de cómo se deben regular las relaciones del Estado con los particulares y con sus funcionarios, sino aquel otro relativo a cómo se deben diferenciar sus distintos órganos, a cómo se deben coordinar, separar, reagrupar, controlar, someter o anteponer unos a otros, etc. Solo en fase posterior entran en consideración los funcionarios, y éstos principalmente, no como sujetos de derechos o deberes con los que se tienen ciertas relaciones, sino como medios para hacer querer u obrar al Estado. El derecho, y aquí radica el lado débil de la doctrina

[168] Ferrara, Teoria delle persone giuridiche, pp. 623 y ss, [Este mismo autor, de modo distinto en su obra más reciente, Le persone giuridiche, en el Trattato de Vasalli, pp. 89 y ss.]

de la representación, no los considera como personas que quieren u obran por el Estado, sino como quien hace querer u obrar al Estado mismo: podría ser incluso un verdadero ejército de esclavos, ya que lo que importa en este punto no es su capacidad jurídica, sino su capacidad natural. En definitiva, todo esto viene a proclamar el principio de que en el derecho entra no solo la voluntad ya formada o la acción ya realizada por el Estado en relación con otros sujetos, sino también aquello que hace jurídicamente posible la formación de esa voluntad o la actualización de esa acción.

4. Aplicaciones en relación con los limites de la función legislativa

Son muchos los problemas más concretos[169] en los que repercute esa falsa concepción a la que nos venimos refiriendo. Uno de los más importantes y de los más típicos es el que se refiere a los límites de la función legislativa. Si tal función está jurídicamente limitada y en qué modo, es cuestión que no debe resolverse en abstracto, sino de acuerdo con los distintos sistemas positivos; en relación con el derecho italiano ya hemos señalado en otra ocasión la existencia de ciertos límites[170]. La posibilidad de esta vinculación, por el contrario, ha venido siendo negada de modo general por algunos autores en el campo del derecho interno al considerar que el Estado no tiene ni puede tener hacia sus súbditos ningún deber jurídico de emanar o no una ley[171]. Las normas

[169] [Merece ser señalado también entre estos problemas, el de la representación política: vid. mis Principii di dir. constituz. generale, cap. XI, § 3, especialmente el núm. 6.]

[170] En Osservazioni preliminari per una teoria sui limiti della funcione legislativa nel diritto italiano, en "Archivio del diritto pubblico e dell'amministr. it,", I, 1902. [Vid. ahora los cits. Principii di dir. costituz. generale, cap. XXII, § 1, n. 2.]

[171] Triepel, op. cit., pp. 268-69. Conforme Anzilotti, Il diritto interna-

de Derecho constitucional que hablan de tales vinculaciones, deben entenderse entonces en el sentido de que imponen deberes para con el Estado solo a las personas físicas que constituyen los órganos legislativos. Planteamiento que parte evidentemente de aquella tesis que excluye de la esfera del derecho todas las relaciones que no medien entre dos o más sujetos, y por tanto en el caso presente, todas las relaciones que no se desarrollen entre el Estado por una parte y los particulares o sus funcionarios por otra. Se elude así el justo planteamiento del problema, que obliga a indagar si en un determinado ordenamiento los órganos legislativos están obligados a respetar ciertos límites para con el Estado, o con respecto a sus recíprocas relaciones, o incluso en función de su misma posición considerada *in se* y *per se*[172].

§ 23. Algunas consecuencias de nuestras tesis referentes al aspecto subjetivo del derecho: relación jurídica, status de la persona, derechos reales, correlación entre derechos y obligaciones, posición de igualdad y de desigualdad de los sujetos

Fácilmente puede deducirse de cuanto llevamos dicho que la definición de derecho en sentido objetivo que hemos recogido y desarrollado, no deja de tener también importancia para aquellas doctrinas que se refieren al derecho en sentido subjetivo. Aquí no podemos extendernos sobre esta materia, que lleva consigo problemas tan difíciles y diferen-

---

zionale nei giudizi interni, Bologna, 1905, p. 205, nota 2, quien afirma que los únicos límites jurídicos que el Estado moderno encuentra en su función legislativa, son los derivados del derecho internacional "por la imposibilidad de encontrar en cualquier otro caso un sujeto correlativo a la obligación jurídica del Estado".

[172] Recuérdese el derecho de la Iglesia, para el que la suprema autoridad legislativa está también vinculada jurídicamente por el ius divinum, sin que a este vínculo suyo corresponda el derecho de ningún otro sujeto.

tes, pero ciertamente son varios los conceptos e institutos que con aquélla podrían aclararse o, incluso, rectificarse. De modo especial el concepto de relación jurídica que en la dogmática contemporánea, cuando no se extiende de modo excesivo hasta hacerle perder toda su consistencia[173], se le restringe frecuentemente de forma no menos excesiva a las relaciones establecidas entre dos o más personas, creyendo que solo tales relaciones entran en la materia que es objeto del derecho objetivo, cuando este, por el contrario, tiene como hemos visto una amplitud mucho mayor. La consecuencia de esta tesis es no solo la de considerar fuera del derecho —como prejurídicos o extrajurídico— aspectos que por otra parte están sustancialmente comprendidos en él, sino también la de deformar otros conceptos con el fin de reducirlos al de relación jurídica, entendida ésta a su vez en el sentido expuesto. Entre tales deformaciones pueden señalarse las que en ocasiones ha sufrido el concepto de *status*[174] cuando, como ha ocurrido con el *status civitatis* y como podría ocurrir en relación con los otros, no se le niega de modo expreso, precisamente porque no se trata de una relación jurídica sino tan solo de un simple presupuesto de relaciones[175].

---

[173] Kelsen, Hauptprobleme, cit., pp. 705 y ss., ha concebido la relación jurídica como relación de un sujeto con el ordenamiento jurídico lo que, por otra parte, ya había sido sostenido antes por Cicala, Rapporto giuridico, diritto subbiettivo e pretesa, Torino, 1909, pp. 10 y ss, [2ª ed., Firenze, 1935, pp. 12 y ss.] No es que tal punto de vista sea en sí mismo erróneo, sino que más bien parece se refiere a algo bien distinto de lo que se considera cuando se habla de relación jurídica en el sentido tradicional.

[174] Sobre este problema, Redenti, Il giudizio civile con pluralitá di parti, Milano, 1911, pp, 91 y ss.: Arangio Ruiz V., en "Bulletíno dell'istituto di diritto romano", XXI, pp. 237 y ss.; Gicu, Il concetto di "status", Napoli, 1914 (separata de los Scritti in onore del Simoncelli).

[175] Vid. la opinión de Marinoni sobre la ciudadanía, anteriormente recogida. No solo el concepto de status, sino también el de personalidad es lógico que se destruyan desde tal punto de vista, quedando entonces

Es asimismo inexacto definir los derechos reales resaltando solo el llamado aspecto externo de los mismos, esto es, la relación del sujeto con las otras personas, el poder de aquél de excluir a los demás de la cosa y de prohibir a su vez que le impidan el uso de la misma. El lado fundamental y más importante del derecho real es, por el contrario, el señorío que se tiene sobre el bien, señorío que, por el prejuicio señalado, se considera solo como *res merae facultatis*, jurídicamente indiferente. Si quiere concebirse al derecho real como una relación, y al mismo tiempo señalarlo en su verdadero contenido, no hay otro camino que admitir que puede existir una relación jurídica entre una persona y una cosa. De todo esto se deduce la consecuencia de que por una parte puede sustentarse un concepto de relación jurídica conforme a la tradición, más amplio del que acaso ahora se le quiera atribuir; por otra parte, no es necesario reconocer tal figura allí donde efectivamente no exista, solo en base al presupuesto erróneo de que de otro modo no sería posible la valoración jurídica de determinados hechos, de determinados aspectos o situaciones. Desde este punto de vista nos parece necesario formular muchas reservas a aquellas doctrinas que en el ámbito del

---

fragmentado en las relaciones concretas que en aquél se agrupan. Así, el mismo Marinoni, La natura giuridica del diritto internazionale privato, loc. cit., p. 351, en nota, afirma que "la personalidad jurídica de un sujeto —cualquiera que sea el orden jurídico que la confiera— no puede ser constituida sino por la atribución, en y para este orden jurídico, de uno o más derechos, de uno o más deberes, así como no se puede atribuir ni reconocer la personalidad independientemente de determinados derechos o de determinados deberes, que solo pueden constituirla y caracterizarla". Otros (Jellinek, System, p. 31 de la trad. italiana) han concebido la personalidad genéricamente considerada, como una relación: aquélla "no es fundamentalmente un ser, sino una relación que se establece entre un sujeto y otros sujetos y el ordenamiento jurídico".

Derecho procesal han hecho uso, no siempre fácilmente justificable y necesario, del concepto de relación jurídica.

Establecido, pues, que el ordenamiento jurídico no regula solo relaciones, y menos aún si se entienden en el sentido de relaciones recíprocas entre los correspondientes derechos y obligaciones, viene a faltar todo fundamento a la teoría comúnmente admitida —aunque con frecuencia contraria al derecho positivo—, de que a toda obligación jurídica de un sujeto debe corresponderle el derecho de otro. Esta tesis que en el campo del moderno derecho privado podrá ser cierta en la mayor parte de los casos, no puede sostenerse en el del derecho público, que todavía actualmente, si bien de modo más destacado en ordenamientos anteriores, nos muestra una serie de obligaciones de los entes públicos en relación con las cuales no existe ninguna pretensión a favor de los súbditos[176]. Esto es extraordinariamente importante para el recto planteamiento de muchos problemas, tanto generales —como el de la naturaleza de los derechos públicos de los particulares—, como ya más concretos y específicos, por ejemplo, el ya referido de los límites de la función legislativa. Se puede incluso ir más adelante, y entonces este planteamiento sirve para valorar de modo más exacto de lo que se hace el significado y el ámbito de la proposición recíproca, de que a todo poder público corresponde un deber de los súbditos; esta correlación ha de entenderse en un sentido general y más que en el campo específico de las relaciones concretas, en el genérico de la posición global de los entes públicos frente a los particulares,

[176] Vid. alguna observación en tal sentido en Cicu, Il diritto di famiglia, Roma, 1915, pp. 143 y ss.: Carnelutti, La prova civile, I, Roma, 1915, pp. 59-60, en nota. [Actualmente también, otros, muchos autores: vid. mis Principii di dir. constituz. generale, cap. VIII, § 2, n. 4; últimamente, G. Miele, Principii di dir. amministr., Pisa, 1945, § 4,]

y de éstos frente a aquéllos. Esta última observación, sirve junto con las anteriores para demostrar la inadmisibilidad de la tesis que recientemente ha sido apuntada por diversos autores[177] desde distintas partes, según la cual frente al derecho objetivo todos los sujetos deben considerarse iguales. Este punto de vista parte evidentemente del concepto previo de que el ordenamiento jurídico no contempla sino relaciones entre derechos y obligaciones, singularmente determinadas y atribuidas por la norma y que, por tanto, aquél prescinde de la posición recíproca de los sujetos en cuanto no se traduce en una de esas relaciones en las que derechos y obligaciones se corresponden. Así, la sujeción de los particulares frente al Estado, sería prejurídica y se adecuaría a la tesis paralela examinada en el § 22, que señala igual carácter en el *imperium* estatal: allí donde el derecho domina, no hay sino relación jurídica, "relación de recíproca e igual imputación". Esta opinión, quizá, no debería considerarse exacta ni siquiera desde el punto de vista concreto del concepto de relación jurídica; por otra parte, constituye una opinión ya superada en cuanto hoy se afirma que tanto la posición global del Estado, esto es, su potestad de supremacía, como la de los súbditos, es decir su dependencia y sujeción, entran en el campo propio del ordenamiento jurídico e incluso no son y no pueden ser determinadas sino por él.

---

[177] Petrone, op. cit., pp. 140 y ss.: Marinoni, La rappresentanza di uno Stato da parte di un altro Stato, Venezia, 1910, pp. 260 y ss.; La responsabilitá degli Stati, cit., pp. 9 y ss.; Kelsen, Hauptprobleme, pp. X, 225 y ss., 702 y ss.; Schenk, Die Abgrenzung des öffentlichen u. privaten Rechts, en "Oesterr. Zeitschrift f. off. Recht", I (1914), p. 72. En contra de Kelsen, vid Tezner, System der obrigkeitlichen Verwaltungsakte, en "Oesterr, Zeitschrift", cit. I, pp. 5 y ss. y también Nawiasky, Forderungs u. Gewaltverhältnis, pp. 13 y ss., en Festschrift t. Zitelmann; München u. Leipzig, 1913.

§ 24. Consideraciones finales

No solo exigencias de orden general y abstracto, sino también la necesidad de evitar que se dé una solución inexacta a muchos problemas concretos, algunos de los cuales ya hemos referido, justifican la noción del derecho que ha sido expuesta. Si hemos reivindicado para él esos límites que, a pesar de todo, son los mismos que la tradición le ha venido señalando siempre, aun sin haber intentado su exacta definición teórica, es porque era necesario, frente a aquella tendencia que lo empobrece demasiado y por añadidura lo desnaturaliza en el reducido campo que le atribuye. Hemos intentado tal reivindicación, manteniéndonos rigurosamente en el terreno de una concepción positiva del derecho, y evitando así cualquier planteamiento iusnaturalista. El concepto de institución, en el que hemos encontrado el de ordenamiento e, incluso, con el que lo hemos identificado, constituye el concepto más positivo que una doctrina jurídica pueda asumir como fundamento: la institución no es una exigencia de la razón, un principio abstracto, un quid ideal, sino por el contrario, un ente real y efectivo. Un ente que no lo hemos considerado, por otra parte, ni desde el punto de vista de las fuerzas materiales que lo originan y lo rigen, ni respecto al ambiente en el que se desarrolla y vive como fenómeno interdependiente con otros, ni en relación con los nexos de causas y efectos que se establecen entre sí, esto es, sociológicamente, sino que lo hemos considerado en sí mismo, en cuanto resulta de un ordenamiento jurídico, en cuanto es incluso un sistema de derecho objetivo. Naturalmente, hemos debido penetrar hasta las últimas regiones en las que es posible respirar una atmósfera jurídica, pero jamás las hemos sobrepasado. Y mientras la teoría que generalmente se sostiene se ve forzada a delimitar el campo del derecho de modo abstracto, sin que logre por tanto una absoluta certeza, nosotros hemos intentado encerrar el derecho en sí mismo, esto es, en una entidad objetiva que es su principio, su campo de acción y su fin.

No será superfluo repetir que el concepto de derecho objetivo formulado en modo alguno intenta eliminar — ¡ni con mucho!— aquel otro que lo configura como norma o como un conjunto de normas, (Vid. *supra passim* y especialmente § 10.) Solo se ha querido demostrar la necesidad de que esta última concepción se incluya dentro de la otra, como menos extensa y secundaria, pues no puede definirse y valorarse exactamente el derecho si se le aísla del todo del que forma parte y con el que está en conexión orgánica. Para nosotros todas las normas de un determinado derecho positivo no son sino elementos de un ordenamiento más amplio y complejo en el que se apoyan, y que constituye su base necesaria e imprescindible. Limitándonos al derecho estatal, hay en él partes en las que el elemento norma es el que prima, hasta el extremo que puede estimarse en cierta medida como elemento exclusivo; así, por ejemplo, el derecho privado y el Derecho penal, no obstante hayamos visto que ciertas facetas del primero no pueden comprenderse o se comprenden mal si se prescinde de la noción más amplia de ordenamiento jurídico; recuérdense entre éstas, la cuestión de las personas jurídicas o la de ciertas instituciones como la familia, de las que se afirma su unidad, aunque no se la define exactamente, o la de la hacienda, impropiamente relegada entre las *universitates* de las cosas inertes. Para otras ramas del derecho estatal, nuestra doctrina adquiere todavía una mayor evidencia. El Derecho constitucional no se agota en las normas que regulan las relaciones del Estado, sino que contempla, incluso antes que nada y sobre todo, al Estado en sí mismo, en sus elementos, en su estructura, en sus funciones, funciones que como la legislativa, no dan lugar a relaciones singulares y concretas. Este es el campo en el que la consideración del derecho como institución es tan definitiva y amplia que olvidarla o negarla significaría anular, o poco menos, todo el Derecho constitucional. Igual sucede con el Derecho administrativo, que, antes que disciplinar las relaciones que nacen de la función administrativa, establece la organización de los entes que la ejercitan. Igualmente el Derecho procesal que, en sus últimos desarrollos, no se funda sino sobre la organización del Poder judicial, etc. De todo esto se deduce que en el tratamiento científico de estas ramas del Derecho, cuando se pasa de la exposición de los aspectos en los que una institución se presenta y se afirma estructuralmente, a aquellos otros en los que prevalece el punto de vista del derecho como norma, se tiene como la sensación de un cambio de ambiente, y la construcción a realizar asume entonces un tono distinto. Esto es perfectamente natural y necesario, pues corresponde a diversos momentos y aspectos del derecho. Pero quien no sabe explicarse esta exigencia y cree que el derecho verdadero y puro está solo donde domina la norma, se sitúa, por aquella misma sensación, en un estado de intranquilidad y de malestar y, frecuentemente, es empujado a su vez a excluir y casi siempre a limitar el desarrollo de otros puntos. Así, los administrativistas —especialmente la doctrina alemana—, pasan por alto con frecuencia la teoría de la organización administrativa[178], y en el campo

[178] Vid las observaciones de O. Mayer, Deutsches Verwaltungsrecht (2), I, pp. 17-18 sobre la oportunidad para el Derecho administrativo alemán, de excluir del mismo el estudio de la organización administrativa, remitiéndolo al Derecho constitucional o al Staatsrecht. Se trata, evidentemente, de un simple rccurso para evitar el unir dos exposiciones, en cada una de las cuales prevalece un punto de vista distinto. En la primera edición de su Tratado (I, p. 14), el mismo autor había ido incluso más allá, afirmando que la organización administrativa no es necesariamente un ordenamiento jurídico [de modo distinto en la 3ª edición, 1934, I, p. 18]. Tal opinión es, por otra parte, común en la

del Derecho procesal; incluso entre nosotros, se margina en gran medida el llamado ordenamiento judicial, reduciéndolo a unas pocas nociones preliminares. Consecuencias externas éstas, indirectas y frecuentemente inadvertidas otras, pero todas ellas sintomáticas de la concepción unilateral del derecho que nosotros hemos tratado de completar[179].

---

doctrina alemana: vid. especialmente, Anschütz; Kritische Studien über den Begriff der juristischen Person und über die juristische Persionlichkeit der Behörden insbesondere, en el "Archiv. f. öff. Recht", V.

[179] [No es tarea fácil sintetizar las distintas posiciones doctrinales formuladas sobre mi tesis, al identificar el concepto de ordenamiento jurídico con el de institución, entendida la institución en el sentido que a tal palabra le he dado.

Dejando al margen cierta literatura y ciertas críticas que, de modo evidente, aparecen desprovistas de consistencia científica y que demuestran una total incomprensión de los problemas fundamentales de la teoría general del Derecho, hay que resaltar cómo mi tesis ha encontrado resistencia fundamentalmente entre los filosofas del derecho y entre aquellos juristas que la han analizado desde un punto de vista filosófico; vid. los trabajos citados en la nota 41, entre ellos los de Del Vecchio, Miceli, Cesarini Sforza, Volpicelli, Crisafulli, Capograssi, Bobbio y además, Cammarata , *Contributo ad una critica gnoseologica della giurisprudenza*, I, Roma, 1925, pp. 49 y ss., 158 y ss.; *Il concetto del diritto e la pluralitá degli ordinamenti giuridici*, Catania, 1926; Conwrelli, *Ex facto oritur ius*, en "Riv, internaz. di filosofía del dir.", 1931, p. 585; Passerin D'entreves, *Il negozio giuridico*, Torino, 1934, pp. 44 y ss.; Pertlcone, en varios trabajos, y últimamente en *La théorie du droit*, París, 1938, pp. 49 y ss.; Battaglia, *Corso di filosofia del diritto*, II, Roma, 1940, p. 170; Orestano, *Filosofia del diritto*, Milano, 1941, pp. 103, 143, 278, etc. No es siempre factible, sin embargo, precisar hasta qué punto y en qué sentido algunos de estos autores son, contrarios a mi posición y, menos aún, si la han entendido siempre de modo exacto. Así, en ocasiones, la rechazan *in se* y *per se*, pero después hacen determinadas aplicaciones que lógicamente habrían de presuponer su aceptación, Otros reconocen que al exponerla no he tenido en cuenta, como por otra parte expresamente declaré, criterios filosóficos, pero a pesar de ello insisten en su crítica y precisamente desde este plano filosófico. (Así, por ejemplo, Bonucci, Perticone). Otros, por el contrarío,

aun negándole todo valor filosófico, la aceptan como hemos visto, en el terreno de la dogmática jurídica (Volpicelli, Crisafulli, Capograssi). No faltan tampoco quienes la admiten incluso en el campo de la filosofía del derecho: Maggiore, *Filosofia del diritto*, Palermo, 1925, p. 127, y en otros trabajos como en los *Principii di dir. penale*, 2ª ed., Bologna, 1937, I, nn. 2 y 3; y también, al menos en parte, Carlini, en *Nuovo Digesto it.,* Torino IV, 1938, p. 887, voz *Diritto*, n. 7. Entre los juristas, y prescindiendo siempre de los no pocos que no han entendido nada de mi tesis, vid. en sentido contrario a la misma, Ferrara, *Trattato di dir. civ*., I, p. 13 nota; Orlando, en sus dos trabajos citados, no obstante haber rechazado bastantes de las críticas que me han sido dirigidas; Maiorca, *Il riconoscimento della personalitá giuridica degli enti privati*, Palermo, 1933, p. 311; Chiarelli, *Lo Stato corporativo*, Padova, 1936, pp. 135 y ss., si bien sea contrario a la teoría normativa; vid. también del mismo autor: *La personalitá giuridica delle associazioni professionali*, Padova, 1931, p. 152; Mortati, *La costituzione in* senso materiale, Milano, 1940, pp. 58 y ss., al menos sustancialmente; Gueli, *Regime politico*, etc., cit., especialmente, pp. 126 y ss., 212; Ziccardi, *La costituzione dell'ordinamento internazionale*, Milano, 1943, pp; 71 y ss., no obstante acepte alguno de los resultados alcanzados. (vid. también pp. 103 y ss., 120 y ss.), etc.
Pueden contarse entre los que, en todo o en parte, siguen mi tesis, además de los escritores indicados que rechazándola en el campo filosófico, la aceptan en el jurídico (Volpicelli, Grisafulli, Capograssi) y además de Maggiore, igualmente citado, los siguientes: Criscuoli, *La discrezionalitá nelle funcioni costituzionali*, Roma, 1922, p. 32; Mastino, *Analisi critica delle piu recenti teorie sul concetto e i caratteri della legge in senso materiale*, Cagliarí, 1923, pp. 187 y ss.; F. Ruffini, *Corso di dir. eccles*., I, Torino, 1924, p. 70; A. Levi, *Saggi di teoria del dir*., Bologna, 1924, p. 70; Breschi, *La societá delle Nazioni*, pp. 87 y ss.; Cereti, *L'ordinamento giuridico internazionale*, Génova, 1925; Fedozzi, *op y loc. cit*.; Longhi, en *Diritto del lavoro*, 1927, I, p. 903; Salemi, *ibidem*, 1930, I, 244 y ss.; *Corso di dir. corporativo*, Padova, 1935, pp, 77 y ss.; Baldoni, *op. y loc. cit*.; Rocco Arturo, *Lezioni di dir. penale*, Roma, 1933, p. 42 y en "Annali di dir. penale", 1935, p. 976; Manzini, *Traitato di dir. pen. it*., Torino, 1933, I, n. 103; Caristia, *Saggio critico sul valore e l'efficacia della consuetudine nel diritto pubblico interno*, Macerata, 1919, pp. 18 y ss.; *Corso di istituzioni di diritto pubblico*, 3ª ed., Catania, 1935, n. 4; Paresce, *Diritto, norma, ordinamento*, en "Rivista internazionale di filosofía del diritto", pp. 14

y ss. de la separata; Monaco, *op. y loc. cits.* y además en *Dizionario pratico del diritto privato*, IV, pp. 518 y ss., voz Ordinamento giuridico; Zanobini, en Enciclopedia it., XXXIII, p. 621, voz *Stato*; *Corso di dir. ecclesiastico*, 2ª ed., Pisa, 1936, pp. 10 y ss.; G. Miele, *Le situazioni di necessiia dello Stato*, en "Archivio di dir. pubblico", 1936, I, pp. 418, 419; *Príncipii di diritto amministr.* cit., I, § 1; Sinagra, *Principi del nuovo dir. costituz. it.* Napoli, 1935, pp. 18 y ss.; Biscaretti di Ruffia, *op, y loc. cit.*, y posteriormente, en el vol. *Lo Stato democratico moderno*, Milano, 1946, pp. 43 y ss.; Schmitt, *op: cit.,* pp. 11 y ss.; Messineo, *Manuale di diritto civile e commerciale* (6), I, § 1, nn. 10, 15, 16; § 4 nn. 20, 21, 23, etc.

En relación con otros autores, no estoy seguro de interpretar exactamente su pensamiento. Piccardi, *La pluralitiá degli ordenamenti giuridici e il concetto di rinvio*, en *Scritti in onore di Santi Romano*, I, pp. 256 y ss. Y *passim*; Carnelutti, *Metodologia del diritto*, Padova, 1939, pp. 40, 65 y *Teoria generale del dir.*, Roma, 1940, pp. 95, 96, § 54; Ago, *Lezioni di dir internazionale*, Milano, 1943, pp. 22 y ss., parece que estiman coincidente el concepto de ordenamiento jurídico con el de organización y, por tanto, con el de institución, y éste a su vez con el de conjunto o sistema de normas (o de mandatos, según la terminología de Carnelutti, o de valoraciones, según la de Ago). No obstante, no llego a comprender cómo un mandato imperativo, una norma o una valoración, que *in se* y *per se* no serían jurídicos, adquirirían la juridicidad por su pertenencia a un sistema de normas, de mandatos o de valoraciones: esto es, cuando integrasen un conjunto de otras normas, ninguna de las cuales sería por sí misma jurídica; no-derecho, más no-derecho no puede ser igual a derecho. Si además, se entiende por organización o por sistema, no un simple conjunto de normas, sino algo ya distinto, ¿no se llega al concepto de institución, entendida como ente social que no resulta solo de unas normas, y en el que se concreta en su integridad y en su aspecto fundamental y primario el ordenamiento jurídico? Con otras palabras: parece que los autores citados se paran a mitad del camino justo, fenómeno que también se manifiesta en la terminología que emplean: la palabra "organización" se usa en sentido realmente impropio, designando solo un conjunto de normas, conjunto de normas que, considerado *in se* y *per se*, no constituye ciertamente una organización.

Sobre las relaciones que este problema ofrece con aquel otro referente al carácter estatal o no del derecho, vid. la doctrina citada más adelante en la nota 211.

En resumen, las objeciones más importante que señalan a la teoría institucionalista del derecho tal y como la he formulado, son, muy brevemente sintetizadas, las siguientes:
1. El concepto de institución no aparece clara y exactamente definido. Sobre este punto, vid. la nota 36 y también la 34.
2. El concepto de institución no es un concepto jurídico, Se trata de una observación evidentemente infundada si se recuerda que aquél ha sido fijado como equivalente al de ordenamiento jurídico, y, por tanto, no puede ser sino jurídico. Vid. la nota 136, las páginas del texto a las que esta nota se refiere y lo que he señalado en el § 24.
3. Se trata de un concepto tautológico. En la misma nota 136 y en el § 24 se ha señalado como, por el contrario, tal concepto es una consecuencia necesaria y una demostración de la autonomía del concepto de derecho, que no debe definirse con referencia a elementos o a conceptos no jurídicos.
4. El concepto de institución presupone el de derecho, es anterior a él y por tanto no puede resolverse en el mismo. En relación con este punto, debo remitirme a lo dicho en el texto, especialmente en el § 15 y en las notas 136, 141, en el § 21 y en la nota 185.
5. El derecho exterioriza una exigencia deontológica, mientras la institución es un hecho, y lo que es no puede identificarse con lo que debe ser. Es evidente que con esto no se hace sino reafirmar la concepción normativa del derecho, sin añadir en su defensa ningún argumento para rebatir los aducidos contra ella, Hay que notar que yo no he excluido el carácter normativo y relacional del derecho, sino que he intentado integrarlo, como por otra parte me parece necesario, con aquel otro intitucional, destacando así los vínculos que el primero tiene con el segundo. Estoy convencido que tal necesidad resulta no solo de exigencias de orden jurídico, sino también de otras de índole filosófico de distinta clase, como serían las relativas a la distinción del derecho con la moral y con la economía, en una palabra, a la distinción con todas las otras manifestaciones de la llamada actividad práctica, a la propia explicación de la existencia del *ius involuntarium* y de su naturaleza, y a la cuestión misma de la función del derecho. No quiero, sin embargo, abandonar el propósito de mantenerme en este libro en un plano exclusivamente jurídico. Me limito, por tanto, a observar que el atribuir carácter exclusivamente normativo al ordenamiento jurídico, acaso está inspirado por el dato de que la ciencia jurídica o, mejor aún, aquella ciencia jurídica llamada jurisprudencia, es una ciencia normativa; se incurre así en el mismo equivoco en que se incurriría si del carácter normativo de la

gramática, se quisiera deducir el mismo carácter de la Lengua. Por otra parte, es bien evidente cómo la teoría exclusivamente normativa de la ciencia jurídica está en decadencia: vid., entre otros, Bobbio, *Scienza e tecnica del diritto*, Torino, 1934; Piccardi, *op y loc, cit.*, pp, 260, 283; Ziccardi, *op. cit.*, p. 113; Ago, *Lezioni di dir. internaz.*, p. 43; Gueli, *op. cit.*, pp. 16 y ss., etc.

6. El concepto de ordenamiento jurídico no puede referirse a todas las instituciones, sino que debe limitarse al Estado o, a lo más, a alguna otra institución. En el capítulo segundo se verá la, falta de fundamento de la más restrictiva de estas opiniones, y la arbitrariedad, incluso lógica, de las restantes.]

II

LA PLURALIDAD DE LOS ORDENAMIENTOS JURÍDICOS Y SUS RELACIONES

§ 25. La pluraliddad de ordenamientos jurídicos y la doctrina que no admite más derecho que el derecho estatal

Del concepto de ordenamiento jurídico dado en el capítulo anterior se puede deducir el corolario de que existen tantos ordenamientos jurídicos como instituciones. Puede suceder, como ya insinuamos (§ 12) y como con más detalle veremos luego, que tales instituciones están relacionadas entre sí de manera que sus ordenamientos, mientras permanecen distintos desde algunos puntos de vista, constituyen, desde otros, simples partes de un ordenamiento más amplio, esto es, elementos integrantes de una institución mayor. Pero esto no sucede siempre y menos se puede pensar que exista una institución tan amplia capaz de comprender indistintamente a todas las demás. Incluso la comunidad internacional, que es una institución de instituciones y que, como se sabe, consta de un ordenamiento que presupone el de los distintos Estados, consagra la independencia y autonomía de estos ordenamientos sin incorporarlos en el suyo. Tal principio, que podríamos denominar como el de la pluralidad de los ordenamientos jurídicos, no ha sido siempre unánimemente reconocido: si bien se ha admitido plenamente por lo que respecta a los distintos Estados y también, al menos según la doctrina más reciente, para las relaciones entre el derecho estatal y el derecho internacional, muchos, en cambio, niegan su validez por lo que respecta a todos los demás ordenamientos. Es bastante común la opinión que sostiene que todos los ordenamientos, sin excepción alguna, deben reducirse al derecho estatal; sería el Estado, según esta tesis, quien les imprimiría carácter jurídico, bien de manera directa al constituirlos, o simplemente al reconocerlos; y cuando tal reconocimiento no se diera —caso de las instituciones hostiles al Estado o simplemente contrarias a los principios básicos de su derecho—, habría que considerar antijurídicas tales instituciones, no solo en relación con tal Estado, lo cual es natural, sino antijurídicas en sí y de por sí; no habría más ordenamientos jurídicos auténticos que el ordenamiento estatal y el interestatal; todos los demás serían como pertenencias de aquél, mediatas o inmediatas, partes integrantes de su sistema o, como máximo, satélites suyos. El derecho sería solo una fuerza o voluntad que irradiaría del Estado —en la comunidad internacional de los distintos Estados— y nada más que de él[180].

---

[180] Sería casi imposible citar los numerosos autores que sostienen esta tesis o que se fundan en ella como si, fuera un principio que no necesita ulterior demostración. Nos limitaremos a algunas indicaciones. Entre la literatura italiana, vid. Filomusi Guelfi, *Enciclopedia giuridica*, §§ 14, 112; Vanni, *Lezioni di filosofia del diritto*, Bologna, 1906, p. 58, 68 y especialmente 81 y ss.; Miceli, *La norma giuridica*, p. 127 ss.: *Filosofia del diritto*, § 26. [*Il concetto filosofico del dir. secondo G. Gentile, en Annali delle Universitá Toscane*, 1920, pp, 12-13 de la separata] ; Simoncelli, *Lezioni di diritto ecclesiastico*, Roma, 1917, p. 17 (3ª ed., 1921, p. 1]; *Istituzioni di diritto privato it*, (2), Roma, 1917; n. 1 y ss.: Brugi, *Introduzione enciclopedica alle scienze giuridiche e social*(4) Milano, 1907, §§ 10 y 11; Petrone, *Il diritto nel mondo dello spirito*, 135 y ss.; Dallari, *Il nuovo contrattualismo nella filosofía sociale*, Torino, 1911, 422 y ss.; Ranelletti, *Principii di diritto amministrativo*, I, n. 39; Chironi, *Istituzioni di diritto civile it.* 2, Torino, 1912, § 1; Schiappoli, *Manuale di diritto ecclesiastico*, Napoli, 1913, n. 15 y. ss. [4ª ed., 1934, pp. 6, 50 y ss.]; Arangio Ruiz G., *Istituzioni di diritto costituz. it.*, Torino, 1913, n. 15 y ss.: Bartolomei, *Lezioni di filosofia del diriito*, I, Napolí, 1914, 118 y ss.; Barassi *Istituzioni di diritto civile*, Milano, 1914, § 1 [*Istituzioni di diritto privato*, Milano, 1942, § 1]; De Ruggiero, *Istituzioni di diritto civile* Napoli, 1915, I, § 7; [De Ruggiero y Maroi, *Corso di istituzioni di diritto privato*, 1945, I, § 7]; V. del Giudice, *Il diritto ecclesiastico in senso moderno*, p. 25 y ss.; Maggiore, *Il dirito nei suo processo ideale*, p. 107 y ss.: Bonucci, *Il fine dello Stato*, Roma, 1915, 44 y ss. Entre los muchos autores extranjeros, vid. por todos Ihering, *Das Zweck im Recht.*, cap. VIII; Lasson, *System der Rechtsphilosophie*, Berlin und Leipzig, 1882, p. 412; Berholzheiner, *System der Rechts. u. Wirtschaftsphilosophie*, III, München, 1906, p.

Pero esta tesis la encontramos en abierto contraste no solo con el concepto abstracto de derecho que hemos delineado, sino también con la vida jurídica actual tal y como se manifiesta en la realidad.

§ 26. Inconsistencia de tal doctrina desde un punto de vista histórico y teórico

No hay duda que la concepción referida es relativamente reciente, al menos en cuanto concepción que afirma un principio teórico. Ello no excluye el que en ciertas épocas, especialmente en la Antigüedad, haya sido el ordenamiento estatal el único ordenamiento jurídico tenido en cuenta por juristas y filósofos, sin que parezca que la idea que tuvieron los romanos del *ius gentium* o naturale en relación con el ius civile, pueda ofrecerse como superación de tan limitado punto de vista.

El advenimiento de tal concepción no se debe a ninguna teoría, cuyas posibles huellas no hayan podido ser encontradas, sino a una serie de circunstancias de hecho que contribuyeron a que fueran dejados al margen los demás ordenamientos que no pudieron por tanto ser puestos de manifiesto, ni contribuir al concepto general de derecho en sentido positivo. En el Medievo, en cambio, por la misma constitución de la sociedad, dividida, o mejor aún, fraccionada en numerosas y diferentes comunidades, independientes con frecuencia, o solo débilmente relacionadas

---

322; Jellinek, *Allgemeine Staatslehre* (3), p. 364 y ss.; Kelsen, *Hauptprobleme der Staatrechtslehre*, 97 y ss., 405 y ss.; *Ueber Staatsunrecht*, en "Zeitschrift f. das pr. u. öff. Recht", XL, 1913, p. 9; [*Das Problem der Souveränität u. die Theorie des Völkerrecht*, Tübingen, 1920, especialmente p. 13 y ss.].

[La bibliografía surgida con posterioridad a la publicación de este libro muestra como la opinión de la doctrina acerca de las relaciones entre Estado y Derecho ha sufrido notadas modificaciones; vid. *infra*, las indicaciones que recogemos en la nota 211.]

entre sí, se manifiesta con tal fuerza y claridad el fenómeno de la pluralidad de los ordenamientos jurídicos que no hubiera podido prescindirse de él. Baste recordar, entre otros, el derecho de la Iglesia que no se hubiera podido considerar, desde luego, como formando parte del derecho del Estado. Lo que sucede es que al afirmarse el denominado Estado moderno, y como consecuencia de la extensión de su fuerza y predominio sobre otras comunidades independientes; y tal vez antagónicas hasta entonces, pudo tenerse la ilusión de haber unificado el ordenamiento jurídico y pudo desarrollarse, sin aparentes y notorias contradicciones con la realidad, la teoría que ve en el Estado el único señor y árbitro, no solo de su derecho, sino de todo el derecho.

Tal teoría se explica, pues, históricamente, como consecuencia de una valoración inexacta y como exageración de un acontecimiento que tiene, desde luego, primordial relieve (§ 27). Doctrinalmente hay que relacionarla con la concepción naturalista del derecho, con la que, aparentemente, se diría en completa contradicción y de la que es, sin embargo, un residuo de los más significativos. Es propio de tal concepción configurar el derecho como la actuación concreta, que deberá ser única y uniforme, de un principio trascendental y absoluto de justicia abstracta y eterna, negando, por tanto, el carácter de derecho a todos los ordenamientos sociales que no puedan considerarse en conexión con tal principio, aunque solo sea como intento, incluso imperfecto, de llevarlo a cabo, o lo que es peor, a los que se declaren contrarios a esa idea de justicia. Tales puntos de vista son, desde luego, el fundamento de la doctrina que ve en el Estado el único órgano, como se acostumbra a decir, o el único elemento productor del derecho, doctrina que hay que relacionar también con esa otra —algunos de cuyos desarrollos son más, recientes—, que concibe al Estado como al ente ético por excelencia. Solo la fusión de estas dos concepciones ha podido dar cuerpo a esa doctrina moderna de que aquí hacemos cuestión, que ha pasado a ser predominante desde comienzos del siglo XVIII, y que es defendida todavía, incluso por los que rechazan sus fundamentos históricos. Sin embargo, es totalmente inseparable de las que fueron en un tiempo sus premisas; ello explica que sus más recientes mantenedores se concreten simplemente en afirmarla, sin llegar a dar una verdadera demostración de su exactitud. No obstante, no se ve cómo se la pueda justificar teóricamente si no es manteniendo, por un lado, que el derecho positivo no pueda y no deba ser más que un producto del derecho natural, y por otro, que es el Estado, al menos hoy, el único ente que tenga la posibilidad de interpretar y de verter en sus leyes el derecho natural. Llegamos así a aquella concepción del Estado de la que fue Hegel el más lógico y sugestivo defensor. Si se admite con este filósofo que el Estado es la totalidad ética, que el Estado representa el dar entrada a Dios en el mundo, que se le debe honrar como a algo mundano y divino al mismo tiempo, que es, incluso, un Dios real[181], entonces estamos sin duda ante un sistema del que no es posible intentar desprenderse parcialmente, si no se le contrapone otro. Y quien tal sistema sigue puede ahorrar el dar una explicación más completa de su posición, con tal de que comprenda y encierre totalmente el fenómeno jurídico en el principio ético. Tal justificación, en cambio, no solo carece de base firme en cuanto faltan tales premisas, sino que se demuestra incompatible con cualquier otra que no sea la señalada. Por eso que no baste que en sus más recientes formulaciones se sienta todavía el eco —pero nada más que un eco confuso y lejano—, de la límpida y exacta teoría hegeliana, si después no se la mantiene viva más que en el recuerdo de sus frases más expresivas.

[181] Hegel, *Lineamenti di filosofia del diritto*, § 257 y ss., así como las adiciones a los §§ 258-272.

Queda esto dicho de paso, a propósito de una de las últimas defensas alegadas, que sin embargo no ha sido desarrollada, de la doctrina que refiere el ordenamiento jurídico a una sola voluntad, la del Estado, afirmando que tal doctrina deriva de una necesidad mental similar a la que conduce a la idea de Dios: la analogía entre el microcosmos jurídico y el macrocosmos del ordenamiento del Universo, impondría —se afirma— esta personificación que hace posible la concepción de una voluntad única en un sistema armónico[182].

De lo dicho podemos deducir la conclusión de que quien concibe al Estado nada más que como una forma, aunque sea la más evolucionada de las sociedades humanas, sin que tenga por ello que atribuírsele una divinidad, que se niega a las otras sociedades que le han precedido o que viven al mismo tiempo que él, tiene también que admitir que el ordenamiento de estas otras sociedades es también jurídico, y que no es menos jurídico, ni lo es a título diferente, que el ordenamiento estatal. ¿Cuál podría ser entonces el nexo necesario entre derecho y Estado, en función del cual el primero no pudiera concebirse de otro modo que como un producto del segundo? No solo no puede demostrarse que tal nexo exista, sino que precisamente puede demos-

---

[182] Kelsen, Ueber Staaisunrecht, toc. cit. [Insiste Kelsen sobre estos conceptos en otros trabajos, afirmando, entre otras cosas, que a la omnipotencia de Dios en el mundo corresponde la omnipotencia del Estado en el Derecho y que la Summa theologica y la Summa juridica tiene idéntico significado (Das Problem. der Souveränität, p. 21 nota). Quizá no sea muy distinta, si es que la hemos interpretado rectamente, la posición de Carnelutti (Metodologia del diritto, Padova, 1939), quien tras admitir el principio de la pluralidad de los ordenamientos jurídicos (p. 40 y ss.), afirma (p. 67): el "Derecho, si lo observamos con detenimiento, se nos muestra como una única e inmensa institución; hoy somos conscientes, en mayor o menor grado, de esta afirmación, en cuanto sabemos que el Derecho se concreta todo él en el Estado". Vid., de este mismo autor, Teoria gen. del diritto, §§ 55, 56 y 57].

trarse que no existe[183]. Y así, mientras se puede llegar perfectamente al concepto de derecho sin recurrir al de Estado, no es posible, por el contrario, definir el Estado sin recurrir al concepto de derecho; no es el Estado una unión material de hombres, un agregado de hecho y casual, sino una comunidad organizada, esto es, un ente jurídico, uno de los varios ordenamientos jurídicos que la realidad nos ofrece.

El Estado no es, por tanto, más que una especie dentro del género "derecho". La afirmación contraria es inaceptable desde una perspectiva filosófica; en primer lugar, porque son ya inaceptables las premisas de las que tal afirmación pretende ser consecuencia. En segundo lugar, porque es incompatible con el concepto de derecho que lógicamente es, como hemos visto, antecedente del de Estado. Y en tercer lugar, porque no puede reconocerse valor filosófico, esto es, valor absoluto, a un principio que, sobre todo en determinadas épocas históricas, se ha manifestado en el más abierto contraste con la realidad.

§ 27. Inconsistencia, incluso respecto del derecho

Esta posición, que identifica el derecho con los ordenamientos directa o indirectamente estatales, es mantenida con frecuencia, no tanto como teoría filosófica, sino como un principio de derecho positivo actual, deducido de la posición que correspondería al Estado en la época moderna, bien diferente de la posición anterior. Pero no parece que pueda acogerse esta tesis, aun presentándose en términos tan insignificantes.

Es probable, debemos señalar antes que nada, que su origen no se deba sino al deseo, quizá inconsciente de no dejar naufragar totalmente la dirección filosófica tan

---

[183] Una demostración de este extremo ha sido intentada, entre nosotros, por Stammler, Theorie der Rechtswissenschaft, Halle, 1911, p. 396 y ss., así como en trabajos anteriores.

profundamente sugestiva a que nos hemos referido. Tales tentativas de salvamento no pueden nunca alcanzar fortuna, y parecen en todo caso sospechosas. Una teoría que no se demuestra viable en el mundo de la especulación filosófica en el cual ha nacido, no tiene tampoco ninguna probabilidad de vivir en el mundo de la ciencia del derecho positivo; no puede vivir aquí si no es transformándose completamente, dejando de ser por tanto lo que era.

Pero aun prescindiendo de esto, la actual configuración del Estado por parte del derecho positivo es tal, que excluye que sea él el único ente que decida acerca del carácter jurídico de los otros ordenamientos sociales. La opinión contraria cuenta a su favor con un hecho históricamente, cierto, pero que no se debe exagerar ni tampoco generalizar. Es verdad que muchos entes, independientes antes en relación con el Estado, o por lo menos más independientes a como hoy se presentan, han sido recientemente englobados en su órbita o, si ya lo estaban, aparecen ahora en una órbita más reducida. Como consecuencia de ello es también cierto que su ordenamiento jurídico, en algunos casos, se ha fundido más o menos completamente con el ordenamiento estatal. Hay que negar sin embargo de la manera más terminante que el sistema estatal se haya convertido en el único sistema del mundo jurídico; incluso hay que negar que tal concentración sea materialmente posible si ésta fuera la ocasión de hacer profecías, aunque resultasen fáciles, podría señalarse cómo es fácil que en un futuro no lejano se produzca precisamente el fenómeno contrario. La llamada crisis del Estado moderno implica, por de pronto, la tendencia de una serie enorme de grupos sociales a construirse cada uno de ellos un reducto jurídico independiente[184]. Pero aun mante-

[184] Vid. mi discurso, Lo Stato moderno e la sua crisi, en "Rivista di diritto pubblico", 1910, p. 97 y ss. [También en Prolusioni e discorsi accademici, Modena, 1931, p. 69 y ss.]

niéndonos en el terreno del derecho actual, puede probarse fácilmente nuestra tesis respecto de algunos ordenamientos, aunque sea también cierta, como veremos, para otros.

§ 28. Ordenamientos jurídicos no estatales: el derecho internacional

En primer lugar, en relación con el Derecho internacional. La única concepción verdaderamente lógica, admisible partiendo de aquellos presupuestos, es la que fue sostenida por Hegel quien, como se sabe, arrancando del principio de que el Estado no puede ser sometido a una voluntad superior a la propia, pudo afirmar que el Derecho internacional no consiste en un querer general; constituido por encima de los Estados, sino que se reconduce a la voluntad singular de cada uno de ellos[185]. Lo que sucede es que tal afirmación equivale, sin duda, a una negación del Derecho internacional, que se transforma así en un derecho público del Estado de carácter externo[186].

---

[185] Lineamenti di filosofia del diritto, § 333 y ss.; Verdross, Zur Konstruktion des Völkerrechts, en "Zeitschrift f. Völkerrecht", VIII, 1914, p. 329 y ss., intenta ahora, aunque desde perspectivas diferentes, dar realce a esta tesis. [En general, hay que tener en cuenta la llamada concepción monista de la Escuela de Viena (Kelsen, Verdros, Merkl, Wenzel, etc.), en cuanto algunos de sus componentes afirman, con sentido e intensidad no coincidentes, una primacía del derecho estatal sobre el Derecho internacional, mientras otros, como se sabe, afirman la primacía de este último sobre aquél.]

[186] Vid. especialmente, Anzilotti, La responsabilitá dello Stato, p. 30 y ss.; Il diritto internazionale nei giudizi interni, p. 26 y ss., en nota, así como los autores allí citados [e igualmente la numerosa bibliografía de fecha reciente; vid., por todos, en particular, mi Corso di dir. internazionale (4) y también los autores mencionados, supra, en la nota 167, que han aceptado los conceptos expuestos en el texto.]

La tentativa de encontrar un término medio que valga por una parte para salvar el dogma de la incoercibilidad del Estado a no ser con intervención de su propia voluntad, y para mantener la validez de la autonomía del Derecho internacional por otra parte, se resuelve en un artificio lógico poco convincente. Sin repetir las observaciones más arriba formuladas (§ 17) y a las que aquí nos basta con remitirnos, hay que añadir que la teoría más comúnmente aceptada en la actualidad, oscila sustancialmente, sin encontrar su puesto definitivo, entre dos afirmaciones contradictorias: que el Derecho internacional depende de la voluntad de los Estados, y que a su vez se impone a tal voluntad. Para conciliar tal antítesis, se recurre al expediente de distinguir dos momentos diferentes en que se actuarían, respectivamente, el primero y el segundo de los principios formulados. Pero hay que observar que el Derecho internacional solamente aparece como auténtico derecho, en cuanto vincula y domina a la voluntad estatal, esto es, en cuanto la trasciende y se afirma como entidad in se entidad que, en nuestra opinión, es el ordenamiento de la comunidad internacional al que están subordinados los distintos Estados, aunque solo sea de manera limitada. No es por tanto el Estado la constelación máxima del universo jurídico, sino esa comunidad internacional con la que el Estado se compenetra, aunque quizá no tan intensamente como otros entes se compenetran a su vez con el Estado.

Desde esta perspectiva se comprende mejor la separación, que hoy es ya comúnmente admitida, entre orden jurídico estatal y orden jurídico internacional con la consecuencia de la posibilidad de que aquél contenga elementos contrarios a los de éste, o al revés, sin que ello represente nada a favor o en contra de su carácter jurídico. Cada uno de ellos es independiente y está dotado de autonomía propia, desarrollando libremente su vida y su fuerza en el ámbito específico que a cada uno de ellos le corresponde. Partiendo de otras premisas no podría considerarse admisible, en cambio, el contraste entre el Derecho internacional y el estatal.

§ 29. El derecho eclesiástico

Hay que mencionar en segundo lugar, el ordenamiento de la Iglesia, que no puede ser reducido al ordenamiento estatal, a menos que se le desconozca o se le reduzca a la nada. Tal ordenamiento ha servido a quienes han sabido contemplarlo sin prejuicios y en su misma realidad, para negar la identificación de todo el derecho con el derecho del Estado. Es más, numerosos tratadistas han podido llegar a una exacta concepción del derecho en general, desde este punto de vista, partiendo precisamente del estudio del ordenamiento eclesiástico y no deja de causar extrañeza el que se haya censurado tal postura considerándola como una petición de principios o, peor aún, como una formulación tendenciosa, como una insidia en concreto[187]: como si el derecho debiera o pudiera definirse por el jurista prescindiendo de aquellos ordenamientos que en la realidad se afirman como jurídicos y que como tales han sido siempre considerados.

Que el ordenamiento de la Iglesia derive su carácter jurídico del ordenamiento del Estado[188], es tesis que se ma-

---

[187] Vid. tales críticas en Petrone, La fase recentissima della filosofia del diritto in Germania, Pisa, 1905, p. 127; Dallari, Il nuevo contrattualismo, p. 438; Del Giudice, Il diritto ecclesiastico in senso moderno, pp. 45-46: [Este último autor mantiene posiciones diferentes en otros escritos posteriores que luego tendremos ocasión de citar.]

[188] Además de los autores cit. en la nota anterior, Thudicum, Deutsches Kirchenrecht, Leipzig, 1887, I, p. 6; Ihering, op y loc cit.; Jellinek, Allgemeine Staatslehre (3), p. 367 (con algunas atenuaciones en el System, pp. 302.303 de la traducción italiana); Ranelletti, Principii di diritto amministrativo, I, 61 ss; Schiappoli, Manuale di diritto ecclesiastico, nn. 15 y ss.

nifiesta en evidente contraste con los elementos esenciales, tanto del primero como del segundo. Hay que señalar, antes que nada, que el derecho estatal referente a materias eclesiásticas, es siempre —en todo Estado— mucho más restringido en su ámbito, que el ordenamiento establecido por la Iglesia. De ahí la necesidad lógica en que se encuentra la doctrina que criticamos de considerar como ajurídicas, sobre todo en la época actual, una serie de institutos que siempre y tradicionalmente se han considerado como institutos jurídicos; así el derecho matrimonial canónico, el derecho penal canónico, el derecho sacramental en sentido amplio, etc.[189]. Es cierto que no son ya relevantes para el derecho estatal, por lo menos directamente, pero el que hayan perdido por eso su carácter jurídico, a pesar de que son todavía institutos positivos regulados y garantizados por todo un sistema de normas, de órganos, de tribunales y de sanciones internas de la propia Iglesia, parece de tal manera paradójico que ello solo debería bastar para poner en guardia contra las premisas de las que se deriva una consecuencia que tanto estupor causa. Todo induce a creer que quienes niegan que tales institutos son jurídicos, habrían de encontrarse bien embarazados si se les pidiera que no se limitaran a esta simple negación, sino que fueran más allá y trataran de determinar cuál es el carácter positivo de los mismos, que no se sabe realmente cual pudiera ser entonces.

Más aún, la doctrina según la cual sería el Estado quien atribuyera la impronta jurídica al ordenamiento de la Iglesia, no niega naturalmente que el derecho de la Iglesia así entendido, emane en parte, solo en una mínima parte, del Estado, sino que afirma en cambio que tal derecho está formado principalmente por la Iglesia. Lo que sucede es que el poder de esta última para establecerlo no sería propio y originario, sino que le vendría atribuido por

---

[189] Vid., por último, en este sentido, Del Giudice., ob. cit., pp. 48-49.

el Estado. Caso de un Estado confesional, se trataría de un poder de autarquía, ejercitado por la Iglesia como órgano directo del Estado, a través de una "delegación" para satisfacer intereses que no serían solo intereses propios de ella, sino también intereses estatales. En el caso de un Estado laico, no se podría hablar ya de autarquía y menos, por tanto, de delegación de un poder del que no se considera investido el Estado, precisamente porque se declara laico, sino que se daría entonces la figura de la autonomía[190].

El que esta construcción sea inadmisible en su primera parte, resulta evidente de la simple observación de que no es concebible que un Estado confesional desconozca lo que es un dogma de la Iglesia y considere como delegada o atribuida por él una potestad que la Iglesia considera, en cambio, como propia. Y de hecho —no podemos aquí detenernos en disquisiciones históricas, aunque fueran breves— ningún Estado confesional ha tratado nunca a la Iglesia con la misma medida que a un Municipio o a cualquiera de los entes públicos, que la doctrina moderna califica como entes autárquicos.

Por lo que respecta al concepto de autonomía que habría de definir el poder legislativo de la Iglesia en el Estado laico, no es de por sí inexacto, pero no resuelve la cuestión. Es más, si acaso la resuelve en sentido contrario a aquel a cuyo favor tal concepto se invoca. Así, de los varios significados que se atribuyen a la palabra "autonomía", hay que excluir por lo que a este punto se refiere, el que se le atribuye al hablar de autonomía privada, ya que los entes eclesiásticos son entes públicos incluso para la doctrina de que nos ocupamos. Hay que excluir también —por definición—, que se trata de la autonomía —en el sentido de darse un propio ordenamiento—, que tienen los entes que por su posición de conjunto son denominados autárquicos. De manera que

[190] Jellinek, Allgemeine Staatslehre (3), p. 367; Del Giudice, op. cit., p. 56 y ss.

la autonomía de la Iglesia no podría ser sino un poder que el Estado no atribuye, sino que solo reconoce y ello cuando lo hace. Pero ello equivale a admitir que tal poder preexiste al reconocimiento estatal, de modo que este reconocimiento no constituye su fundamento, sino tan solo la condición necesaria para que pueda ejercitarse legítimamente frente al ordenamiento del Estado y con los llamados efectos civiles. La falta de reconocimiento lleva consigo la ausencia de tales efectos, pero no su ineficacia en un ámbito distinto al estatal.

Las teorías que combatimos parten ciertamente de un equívoco que conviene poner de manifiesto; se parte de la consideración de que no existe más que un derecho eclesiástico, y se hace notar lógicamente que es imposible que sus fuentes sean constituidas al mismo tiempo y en concurrencia, y muy frecuentemente en oposición, por la Iglesia y por el Estado: Si así fuera —se dice— las distintas partes de este derecho, que podrían estar y frecuentemente están, en oposición entre sí, no podrían conjuntarse sino recurriendo a una especie de juez de campo, quien debería discriminar cuales son las que, por una serie de razones, alcanzan a cumplir su finalidad, obtienen eficacia social, consiguen imponerse y son, por tanto, positivamente jurídicas, de las otras que, obstaculizadas por normas materialmente más fuertes, permanecen letra muerta y a las que habría que calificar, por tanto, de ajurídicas, o al menos de imperfectas[191]. Esta discriminación, este juicio, no podría hacerse si no es en base a la importancia de las normas, a su correspondencia con la conciencia general o al llamado consentimiento colectivo, esto es, en base a criterios que son extraños al derecho positivo. Por eso, la concepción del derecho eclesiástico que se combate con tales argumentos, ha podido ser calificada de "sociológica" o "relativista", y solo así ha podido ser justamente rechazada.

[191] Del Giudice, op. cit., p. 43 ss.

No importa aquí el averiguar si efectivamente este planteamiento ha sido alguna vez adoptado por algún autor en tales términos, o si se trata más bien de un molino de viento al que elementos no esenciales, tomados de la formulación de otras teorías, contribuyen a darle apariencia de gigante bien armado. Probablemente tal apariencia se le ha atribuido más que nada por el hecho de que frecuentemente, por motivos didácticos o por otras razones prácticas, aparecen englobados en un solo sistema el derecho de la Iglesia y el del Estado en materia eclesiástica, omitiendo en muchas ocasiones, o dando menor desarrollo, a todas las partes del primero que no son relevantes para el segundo y esta fusión ha sido, no sin motivo, causa de equívocos y errores. Pero con todo no es esta la concepción del Derecho eclesiástico que estimamos exacta, sino otra bien distinta que a continuación resumimos brevemente.

El ordenamiento de la Iglesia y el de cada uno de los distintos Estados, por lo que concierne a las materias eclesiásticas, son ordenamientos diversos y distintos, cada uno con ámbito propio, con fuentes propias con una organización propia y con sus distintos sistemas de sanciones, sin que por el hecho de que el uno superponga al otro constituyan una auténtica unidad. Por eso se habla impropiamente de un derecho eclesiástico, que resultaría del concurso y de la acomodación de ambos ordenamientos, independientemente de cómo se consiguiera, cuando en realidad existen tantos derechos eclesiásticos como ordenamientos: el de la Iglesia por lado, y el de cada uno de los Estados, por otro. Entre uno y otro pueden darse tanto coincidencias como antinomias, pueden presuponerse, reconocerse, apoyarse mutuamente, como pueden también estar en contraste o desconocerse. La importancia de tales relaciones y sus consecuencias son, si no idénticas, sí similares a las que producen las relaciones análogas que existen entre los ordenamientos de los distintos Estados o entre los de éstos y el ordenamiento internacional. Lo que ocurre como veremos luego, es que no se trata de relaciones que se verifiquen solo en los casos citados, sino que *mutatis mutandis* se dan también entre numerosos ordenamientos de distinta especie. Desde un punto de vista jurídico ambos ordenamientos, el de la Iglesia y el del Estado son ordenamientos jurídicos *in se* y *per se*. Por eso hay que tener cuidado cuando solo se considera uno de los dos, ya que la imagen que el ordenamiento en cuestión ofrece del otro puede ser limitada y tenida en cuenta solo en función de unos fines concretos y determinados. Cada uno de ellos puede operar por cuenta propia, por sus fines propios, en su propia esfera y con la fuerza que le atribuyen sus organizaciones y sus caracteres intrínsecos. El Estado puede, por tanto, afirmar la soberanía de la Iglesia en todo el ámbito en que ésta puede desarrollarse. Puede también establecer libremente los vínculos que crea a la potestad de la Iglesia misma, y cuando la reconoce, los límites y efectos de este reconocimiento se determinan exclusivamente por el ordenamiento estatal. La Iglesia, por otro lado, desarrolla su potestad hacia los fieles, hacia los entes que la constituyen y hacia aquellos otros con los que entra en relación, incluido el Estado, en fuerza de su propia autonomía que no deriva del Estado, sino de su propio ordenamiento. Puede también conseguir "efectos civiles", en los límites en que pueda ser reconocida por el Estado, ya como lícita, ya como susceptible de ser relevante de cualquier otro modo. En otro caso, contará solo con sus sanciones espirituales e internas que son siempre, a nuestro entender, por su propia naturaleza y en cuanto tienen carácter institucional, auténticas sanciones jurídicas, aun cuando no vengan acompañadas de las sanciones civiles (§ 14)[192].

[192] La doctrina contraria parte con frecuencia, en cambio, del principio de que solo son verdaderas sanciones las impuestas por el Estado (Ihering, Jellinek, etc.).

Así, el Estado puede, por ejemplo, consentir el matrimonio a los eclesiásticos mientras la Iglesia puede prohibirlo jurídicamente; puede el primero abolir la obligación de los diezmos y puede en cambio la segunda continuar imponiéndolos, y así sucesivamente; cada una de estas facultades, de estas obligaciones, de estas exenciones, tiene validez solo para el ordenamiento de que deriva, independientemente de las posibles disposiciones contrarias del otro. Se trata de dos mundos jurídicos, y si bien uno de ellos puede influir de modo material sobre el otro, permanecen o pueden permanecer jurídicamente diferenciados y autónomos[193].

---

[193] [En sentido más o menos conforme, vid. ahora, entre otros, N. Coviello, Manuale di dir. ecclesiastico, Roma, 1922, pp. 2 y 3; Jemolo, Il valore del diritto della Chiesa nell'ordinamento giuridico it., en "Arch, giur.", 1923; Lezioni di diritto ecclesiastico, Cittá di Castello, 1933, pp. 68 ss., 77 y ss.; Del Giudice, Il diritto dello Stato nell'ordinamento canonico, en ·Arch, giur.", 1924; Istituzioni di diritto canonico, Milano, 1933, p. 1 y ss.; Nozioni di diritto canonico, Milano, 1944, p. 13; Corso di dir. ecclesiastico (4) Milano, 1939, p. 2 y ss.: Cornaggia Medici, Lineamenti di dir. ecclesiastico it., Milano, 1933, pp. 71, 107, 238, 244, 282; Zanobini, Corso di dir. ecclesiastico, Pisa, 1936, p. 10 y ss.: Jannaccone, I fondamenti del dir. ecclesiastico internazionale, Milano, 1936, p. 19 y ss. ; D'Avack, Chiesa, Santa Sede e Cittá del Vaticano nel jus publicum ecclesiasticum, Firenze, 1937, pp. 12, 13 y 241; La posizione giur. del dir. canonico nell'ordinamento it., en Scritti in onore di Santi Romano, IV, p. 313 y ss.; Checchini, Introduzione dommatica al diritto ecclesiastico it., Padova, 1937, p. 10 y ss.; Piola, Introduzione al dir. concordatorio comparato, Milano, 1937, p. 131 y ss.; Giacchi, La giurisdizione eccles. net dir. it., Milano, 1937, pp. 327, 328, 330, 333; Falco, Corso di dir. ecclesiastico, Padova, 1938, II, pp. 36 y SS., 120 y. ss.; Capograssi, Note sulla molteplicitá degli ordinamenti giuridici, cit., n. 24; Cassola, La recezione del diritto civile net diritto canonico; Tartona, 1941, p. 3 y ss.; Ciprotti, Contributo alla teoria della canonizzazione delle leggi civili, Roma, 1941, p. 13 y. ss.; De Luca, Rilevanza dell'ordinamento canonico nel dir. it., Padova, 1943:, p. 9 y ss., etc.]

§ 30. Los ordenamientos de los entes considerados como ilícitos o de los entes ignorados por el Estado

Estos conceptos, válidos, según la opinión actualmente dominante, para las relaciones del Estado con el Derecho internacional y con el derecho de la Iglesia, para el que son en cambio desconocidos, se nos mostrarán mucho más precisos en cuanto pueden encontrar aplicación, incluso para las relaciones entre el Estado y las instituciones consideradas por este último como ilícitas[194]. La ilicitud de éstas no vale y no puede valer sino frente al ordenamiento estatal, que podrá perseguirlas con todos los medios de que dispone y que podrá determinar también su extinción con

---

[194] Los autores que se ocupan del derecho estatal o del derecho eclesiástico encuentran en la juridicidad intrínseca, propia de los entes considerados como ilícitos por el Estado o por la Iglesia, un obstáculo, insuperable la mayoría de las veces, para la aceptación, de una concepción más amplía del Derecho, aun cuando ellos, por regla general, estén bien dispuestos a admitirla. En sentido radicalmente contrario a tal limitación, Croce, Filosofia della pratica (2) p. 331; [5ª ed., p. 313; A. Levi, Contributo ad una teoria filosofica dell'ordine giur., Genova, 1914, p. 285 y ss.; Saggi di teoría del dir., Bologna, 1924, pp. 87-88; Maggiore, Filosofia del diritto, cít., p. 166; Del Vecchio, Saggi intorno allo Stato, Roma, 1935, p. 35; Lezioni di filosofia del dir., Roma, 1936, p. 305; Capograssi, Alcune osservazioni sopra la molteplicitá degli ordinamenti giuridici, Sassari, 1936, p. 11 y ss.; Note sulla molteplicitá, .cit., n. 16; etc.]. Debe destacarse la opinión de Rava, Il diritto come norma tecnica, cap. IV, § 3, quien distingue "las asociaciones contrarias al derecho vigente que no persiguen un fin particular, sino que representan un principio de actuación de un ordenamiento jurídico nuevo, fundado en bases distintas de las del ordenamiento dominante y que se apoya, por tanto, en una diversa valoración de los presupuestos de coexistencia: entre ellas podrían incluirse, en ciertos casos, una sociedad secreta o una secta política (por ejemplo, de tipo comunista)". El ordenamiento de tales asociaciones sería jurídico, a diferencia del ordenamiento de otras sociedades particulares que pretenden fines propios y no los de la sociedad general.

todas las consecuencias, incluso penales, que derivan de su potestad. Pero en tanto estas instituciones viven, lo que significa tanto como decir que están constituidas, tienen una organización interna y un ordenamiento que, considerado *in se* y *per se*, no puede sino ser calificado como jurídico (§ 14). La eficacia de tal ordenamiento será, pues, la que resulte de su constitución, de sus fines, de sus medios, de sus normas y de las sanciones de que dispone. Su eficacia será, por tanto, su propia eficacia; podrá ser muy débil si es que el Estado es muy fuerte; podrá, por el contrario, ser incluso tan potente como para amenazar la existencia del Estado mismo. Esto no tiene, en definitiva, ninguna importancia para la valoración jurídica del ordenamiento. Es de sobra sabido cómo aún bajo la amenaza de las leyes estatales, viven frecuentemente en la sombra asociaciones cuya organización se diría que es análoga, si bien en pequeña escala, a la del Estado; tienen autoridades legislativas y ejecutivas, Tribunales que dirimen controversias y sancionan, agentes que ejecutan inexorablemente los castigos, y también estatutos bien elaborados y precisos como las propias leyes estatales. Actualizan un orden propio, lo mismo que el Estado y las instituciones estatalmente lícitas. El negar carácter jurídico a ese orden, puede ser consecuencia únicamente de una valoración ética en cuanto tales entes son a menudo delictivos e inmorales. Ello podría admitirse en cuanto se demostrara la absoluta y necesaria dependencia del derecho positivo de la moral. Estimamos, sin embargo, que una tal dependencia en este sentido, demasiado ingenuo por otro lado, es totalmente inexistente. Más aún; puede afirmarse que una asociación, por ejemplo, política, que se propusiera el fin de revolucionar el ordenamiento de un Estado no conforme a las necesidades fundamentales y a los dictados de la justicia, habría de ser considerada, desde un punto de vista ético, claro está, de manera mucha más favorable que el mismo Estado que la declara ilícita. Igualmente ciertas corporaciones religiosas, prohibidas en algunos casos, corresponden o han correspondido, a pesar de su prohibición, a un sentido moral dominante. Claro está, que todo el mundo sabe lo arbitrarios, contingentes y variables que son los criterios adoptados por el Estado al considerar lícitos o ilícitos a determinados entes[195]. Pero todo esto ha de ser totalmente indiferente para el jurista que no puede hacer, en tales casos, sino constatar la existencia de ordenamientos objetivos, institucionales, y, por tanto jurídicos, cada uno en su propio ámbito, ordenamientos que son en cambio antijurídicos respecto al derecho del Estado, quien no solo les excluye de su órbita, sino que incluso los combate[196].

Y es lógico que todo esto que se ha dicho respecto; de los entes considerados como ilícitos por el ordenamiento estatal, hay que afirmarlo con mayor razón toda-

---

[195] Vid. varios ejemplos en Ferrara, Teoria delle persone giuridiche, p. 408 y ss.

[196] [Al jurista no le interesa, por tanto, la observación platónica, tantas veces repetida y que por otra parte es totalmente cierta, de que incluso las sociedades de malhechores observan cierta dosis de justicia y de las que se podría predicar lo expresión de Bergson, cuando se refería, bien que con otros propósitos, a "una organización moral de la inmoralidad". El jurista puede limitarse a tomar nota de la observación con que Voltaire contradecía a Pascal, quien encontraba "ameno" que hombres como los ladrones, que habían renunciado a todas las leyes de Dios se dieran otras que eran observadas escrupulosamente: pero ello más que ameno es útil — replicaba Voltaire— ya que prueba que ninguna sociedad humana puede existir ni un solo al ser la sociedad como un juego que no puede existir sin reglas. Es oportuno añadir que, si es cierto que existen sociedades o instituciones en abierto y manifiesto contraste con la moral, existen también otras que solo parcialmente se oponen a ella y a las que, sin embargo, el Estado no niega carácter jurídico: piénsese en el artículo 31 de las Disposiciones preliminares al Código civil que se limita a negar efectos en el territorio del Estado a los ordenamientos, que por otra parte reconoce, y a los actos de cualquier institución o ente, contrarios a las buenas costumbres.]

vía respecto de esos otros entes que el Estado ignora o quiere ignorar, y que por tanto son para él irrelevantes.

§ 31. Entes regulados por el Estado, pero que tienen un ordenamiento propio no reconocido por él (ordenamientos disciplinarios de carácter privado; organización interna de centros de trabajo; las llamadas asociaciones o instituciones no reconocidas, etc.)

Hay que añadir también que incluso con las instituciones —entendida siempre esta palabra en el sentido en que la veníamos usando— admitidas por el ordenamiento del Estado, se repite con mucha frecuencia un fenómeno similar al señalado con respecto a los entes ilícitos u ocultos, y que da lugar a complicaciones interesantísimas. En general, el régimen jurídico de estas instituciones es establecido, bien directamente por las leyes estatales, o bien a través de negocios jurídicos privados, consentidos y regulados por ellas. Salvando la cuestión de si tales negocios pueden considerarse, quizá, como fuentes de derecho objetivo, de acuerdo con el propio derecho del Estado, se puede afirmar que la posición jurídica de estos entes es establecida y fijada —mediata o inmediatamente—, por el ordenamiento estatal. Pero sucede con frecuencia que este último, bien por una imperfección no querida o por alguna limitación que se ha impuesto, bien por la pervivencia de disposiciones anticuadas o por la carencia de normas más adaptadas a la vida moderna, no es capaz de adecuar y de regir todo el ámbito de esos entes. Y sucede que estos últimos se crean un ordenamiento jurídico propio, interno, distinto del que les ha sido atribuido por el Estado, y que muchas veces no se limita solo a integrar este último, sino que se contrapone a él con un contraste que, aunque disimulado, no por ello deja de ser menos evidente.

Para probar lo dicho podríamos traer bastantes ejemplos de distinta importancia. Convendrá referirnos a alguno.

En nuestra opinión, el derecho privado italiano no conoce poder alguno de supremacía, figura que no se encuentra sino en el campo del derecho público. Por eso, al regular las relaciones que caen bajo sus normas, lo hace como si tal poder no existiera o no fuera nunca ejercitado. Ello, sin embargo, no corresponde con la realidad. Siempre que se da un organismo social de cierta complejidad, aunque sea pequeña, se instaura en su interior una disciplina que contiene todo un ordenamiento de autoridad, de poderes, de normas y de sanciones. Dejando aparte la familia —respecto a la cual habría que resolver algún problema previo al que aquí ahora nos ocupa—, se puede afirmar que toda comunidad, ya sea una fábrica o un establecimiento, una empresa o una escuela, un convictorio o, incluso, un círculo de recreo, tiene necesidad absoluta de estos "reglamentos internos" de carácter disciplinario. En ciertas ocasiones el régimen que establecen es totalmente indiferente para el Estado (vid. §§ 46-47), quien no tiene, por tanto, ocasión de ocuparse de él, ni para prohibirlo ni para reconocerlo. En otros casos, sin embargo, se da una situación más delicada y compleja. A veces son llamados los Tribunales a juzgar acerca de los efectos de una medida disciplinaria, que puede haber lesionado los intereses de alguien, Tribunales que, en tal caso, se encuentran en la necesidad de reconocer tales efectos como legítimos, solo en cuanto pueden ser al mismo tiempo efectos de la aplicación o violación de un negocio jurídico privado, de un contrato generalmente. Esto significa que para el derecho del Estado estas medidas disciplinarias —que por lo que respecta al derecho interno del ente son auténticas medidas disciplinarias e implican, por tanto, un poder de supremacía y una correlativa subordinación—, estas medidas disciplinarias, repito, no pueden tener relevancia más que bajo un aspecto que no es el suyo propio. Porque además sucede que si no son ni siquiera susceptibles de asumir ese carácter, el Estado las declara antijurídicas (vid. infra § 45).

Otro ejemplo. Es cosa sabida cómo en la vida moderna las relaciones laborales han adquirido caracteres infinitamente más complejos que aquellos que el Código civil contempla y regula de modo tan inadecuado en los escasos artículos que se refieren a esa materia[197]. No cabe duda de que tales relaciones no pueden ser tomadas en consideración por el derecho del Estado italiano actualmente vigente, por lo menos en su mayor parte, si no es como relaciones contractuales. Pero no es menos cierto que a pesar de los esfuerzos de la más depurada dialéctica, la jurisprudencia y la doctrina no consiguen reducirlas a tal configuración, si no es sacrificando algunos elementos de tales relaciones o deformándolas al menos y con esto no queremos ponernos de parte de quienes, por ejemplo, han negado al contrato colectivo de trabajo el carácter de un verdadero y auténtico contrato, aunque tal opinión no deja de tener cierto fundamento, si bien el contrato colectivo haya sido valorado de modo inexacto. Así, si hay que rechazar la doctrina según la cual se daría en tal caso "une véritable loi qui s'appliquera non seulement a ceux qui font partie de ces groupes au moment de la convention, mais encore à ceux qui en feront partie plus tard, et aussi a tiers qui ne font partie de ces groupes"[198], si es incierto también si puede recurrirse y en

[197] [Las observaciones recogidas en el texto relativas a las relaciones laborales y a los contratos colectivos, se refieren a la legislación italiana anterior a la que más tarde ha regulado toda esta materia sobre bases distintas, todavía no definitivas sin embargo. Las observaciones precedentes sobre los poderes disciplinarios en el campo del derecho privado, deben modificarse, al menos por lo que respecta a las relaciones laborales.].

[198] Duguit, Les transformations du droit public, París, 1913, p. 129. Se trata; por otra parte, de una opinión no ciertamente aislada; vid. las citas

qué sentido, como alguna vez se ha hecho, a la figura del acuerdo, es evidente a su vez la tendencia que presentan los ordenamiento de los grupos profesionales a convertirse de regla *intra partes*, en precepto *supra partes*. De ahí la insuficiencia de la categoría "contrato" para expresar la organización de las uniones esencialmente autoritarias[199]. No parece tampoco que se trate de un ordenamiento jurídico que pueda encuadrarse todo él en la autonomía concedida a los particulares por el derecho estatal (art. 1.123 Cód. civ.)[200]. A nuestro entender, estamos en presencia de un fenómeno jurídico ambivalente, que no puede explicarse de modo total si no es admitiendo que se desarrolla al mismo tiempo, y con modalidades diversas y tal vez contrarias, en terrenos que pertenecen a dos ordenamientos jurídicos distintos. El uno es el estatal, para el que, normalmente, es el contrato la única figura que tiene relevancia, y como consecuencia, todo lo que no pueda reducirse a esta figura permanece sin protección por parte de este ordenamiento y corre incluso el riesgo de ser declarado ilegítimo. El otro es el ordenamiento particular que se concreta en una o en varias instituciones constituidas por grupos de empresarios y obreros, de manera que lo que para el ordenamiento del Estado es un contrato, para aquel ordenamiento es un sistema de derecho objetivo *a se*, más o menos autónomo, que se hace valer con los medios internos de que la organización dispone. Tales

---

que recoge Geny, Science et technique en droit privé positive, 1, París, 1914, p. 59.

[199] Vid. Messina, I concordati di tariffe nell'ordinamento giuridico del lavoro, Milano, 1904, p. 6 y ss. Sobre la incertidumbre de la jurisprudencia a este respecto, vid. Redenti, Il contratto di lavoro nella giurisprudenza dei probiviri, en Atti del Consiglio superiore del lavoro, 1905, p. 106 y ss.

[200] Tal es la opinión de Messina, op, cit., p. 5. [Al artículo 1.123 del Código civil de 1865 que citamos en el texto, corresponde ahora el 1.372 del Código de 1942.]

medios pueden, incluso, ser extrajurídicos o ajurídicos para el Estado, pero son en cambio legítimos para el régimen especial a que se refieren. Y así, cuando se constata universalmente que las leyes estatales sobre la materia son inadecuadas, esto no tiene otro significado que, al margen o quizá en oposición a tales leyes, se han venido constituyendo ciertos ordenamientos que reclaman, hasta ahora en vano, el ser recogidos por las leyes estatales de modo que a las sanciones que aquéllos establecen en el interior de las empresas industriales o de los grupos profesionales, etc., se pudieran añadir aquellas más eficaces establecidas por el Estado. O dicho con otras palabras, estamos ante aquellos entes que para el derecho estatal son, en parte, entes de facto, mientras que considerados en sí mismos tienen aquel carácter institucional que hace de ellos, de acuerdo con las ideas que hemos desarrollado, auténticos organismos jurídicos.

Estos mismos razonamientos, desde ciertos puntos de vista, han de servir para valorar el problema, tan confuso e insoluble hasta la fecha, de las denominadas asociaciones o instituciones no reconocidas, esto es, de las que no han obtenido el reconocimiento de la personalidad jurídica por parte del Estado[201]. La dificultad de tal problema radica en el hecho de que según las leyes civiles, tales entes no pueden ser considerados efectivamente como sujetos de derecho, y en cambio, según su ordenamiento interno y por la estructura social que poseen en virtud de este último, se comportan auténticamente como tales. La solución ideal de tal antítesis habría que encontrarla en la distinción entre lo que es relevante para el derecho del Estado, y que asume el perfil

[201] Vid. un resumen de la copiosa doctrina existente sobre este punto en Ferrara, Teoria delle persone giuridiche, p: 990 y ss. [Así también su obra más reciente, Le persone giuridiche en el Trattato de Vasalli, p. 299 y ss.] Entre los autores que mantienen una posición más cercana a la nuestra, Gierke, Vereine ohne Rechtsfähigkeit (2), Berlín, 1902.

que éste le atribuye, y lo que, en cambio, siendo irrelevante para tal derecho, tiene eficacia limitada al ámbito interno de los propios entes, en el que ellos tienen verdadera personalidad. Pero, naturalmente, aparte de la dificultad intrínseca de señalar tal distinción con un corte del todo preciso, en la práctica resulta que el ordenamiento interno trata de proyectarse al exterior y de alcanzar, más o menos directamente, un reconocimiento por parte de los poderes estatales. A veces también, el mismo derecho del Estado sabiamente empleado, ofrece posibilidades que no siempre se pueden considerar como fraudes a la ley, para que tales entes, así llamados entes de facto, consigan resultados similares, si no idénticos, a aquellos que les están permitidos a las personas jurídicas. Ejemplos bien conocidos y no únicos, son los adoptados por las corporaciones religiosas, que no son ahora reconocidas en Italia[202]. Otras veces, en cambio, ello no es posible y entonces no queda más solución que reducir tales entes a aquellas otras figuras, más o menos semejantes, que el derecho estatal admite y regula: así, reducción a simples sociedades, a patrimonios separados o bajo administración especial, etc. Claro que es cierto que dada la naturaleza intrínseca de los entes mismos, y dada su eficacia constitutiva tal como viene señalada por sus estatutos, esto es, por su ordenamiento jurídico interno, no es fácil ir más allá de una analogía más o menos intensa. De todo esto resultan una serie de dificultades y controversias, cuya solución recuerda ciertamente al problema de la cuadratura del círculo[203].

---

[202] [Tras el Concordato con la Santa Sede de 11 de febrero de 1929, pueden ahora ser reconocidos en Italia los entes eclesiásticos a los que antes se les negaba tal reconocimiento.]

[203] [Parece que tales dificultades no han desaparecido totalmente con las disposiciones que el nuevo Código civil de 1942 dedica a las asociaciones no reconocidas y a los comités, al adaptar el principio de que “el ordenamiento interno, y la administración de las asociaciones no reconocidas como persona jurídicas, se regula por los acuerdos de los asociados”]

De cuánto hemos dicho sobre estas cuestiones, que no se pueden afrontar aquí con mayor extensión (vid. *infra* § 45), resulta por tanto que, incluso los entes que son lícitos para el derecho estatal, poseen a veces un ordenamiento jurídico propio, extraño a aquél, al menos directamente, y que permanece, o al menos debe permanecer, perfecto en sí mismo. Las páginas que siguen ponen mejor de relieve este fenómeno interesantísimo, al que ya ahora convenía referirse.

§ 32. Doctrinas que limitan el concepto de ordenamiento jurídico al ordenamiento de las comunidades en general, y en especial al de las comunidades de carácter necesario

Tanto los principios teóricos expuestos, como los ejemplos prácticos señalados, y que podrían ciertamente multiplicarse, confirman la tesis de que toda, institución se concreta en un ordenamiento jurídico diferente, que puede no encontrar su fundamento y apoyo en el estatal, al que puede incluso contradecir en el sentido que señalamos.

Desde este punto de vista nos adherimos a la doctrina según la cual "toda comunidad orgánica es capaz de producir derecho", doctrina que ha encontrado en Gierke su más acérrimo defensor y que tiene también numerosísimos partidarios[204]. De esta doctrina, sin embargo, nos separamos en

[204] Gierke, Deutsches Privatrecht, I, Leipzig, 1895 pp. 119-120, así como en otros trabajos anteriores. Vid., además, Thon Rechtsnorm u. subjektives Recht, Weimar, 1878, p. 10 y ss.; Merkel, Juristiche Enciklopädie, Berlín, 1885, §§ 807, 827; Elemente der allgemeinen Rechislehre, en la Enciclopädie der Rechtswissenchaft de Holtzendorff, 5ª ed., Leipzig, 1890, pp. 5-6; Preuss, Gemeinde, Staat, Reich als Gebietskörperschaften, Berlín, 1899, p. 201; Bierling, Juristiche Prinzipienlehre, I, Leipzig, 1894, p. 19; G. Meyer, Lehrbuch des D. Staatsrechtes, § 15; Rehm, Allgemeine Staatslehre, Freiburg i. B. 1899, p. 146 y ss. y 160; Bekker, Grunbegriffe des Recht u. Missgriffe der Gesetzgebung. Berlín

algunos puntos. Sobre todo porque sustituimos el concepto de comunidad por el de institución, que es más amplio y que nos parece más completo y más intrínsecamente jurídico. En segundo lugar, porque aquella doctrina mantiene firme el principio común de que el derecho objetivo es un conjunto de normas, de reglas o preceptos[205], y en cambio, nosotros lo consideramos no como el resultado de la institución, sino como la institución misma. Respecto al fundamento

---

und Leipzig, 1910, pp. 27 y ss., 184 y ss.; Enneccerus, Lehrbuch des burgenlichen Recht, I, § 29 [igual en la 13ª ed.]; N. Coviello, Manuale di diritto civile (2), p. 11 [4ª ed., p. 3]; Manuale di diritto ecclesiastico I, p. 3 [igual en la 2ª ed., 1922]; A. Levi, Contributi ad una teoria filosofica dell'ordine giuridico, Génova, 1914, p. 285 y ss.] La gran mayoría de los canonistas están de acuerdo: vid., por todos, Scherer, Handbuch des Kirchenrechts, Graz, 1866, I, §§ 1, 18; Friedberg-Ruffini, Trattato di diritto ecclesiastico, Torino, 1893; § 2; Stuttgart, Die kirchliche Rechtsgeschite, Stuttgart, 1905, p. 37 .y ss.; W", Ius decretalium (2), I, Roma, 1905, p. 55. [Ius canonicum, 3ª ed., pp. 9-25]; Sägmüller, Lehrbuch des katolischen Kirchenrechts, Freiburg, 1909, § 3 [igual en la ed. de 1925]; Heiner, Katholiches Kirchenrecht (6), Padeborn, 1912, I §§ 1 y 3. Hay que recordar aquí que antes que todos los autores citados, había afirmado ya Rosmini, Filosofia del diritto, Milano, 1843, II, pp. 9-10: "No entendemos por derecho social, como es común, solamente el derecho de la sociedad civil, sino el de cualquier sociedad... Toda posible sociedad tiene su derecho particular." Hay que señalar que para Rosmini el derecho social no era sin embargo, todo el derecho.

Existen también numerosos autores que niegan la identidad entre Derecho y derecho estatal, ya sea contraponiendo a este último el derecho natural y saliendo, por tanto, fuera del ámbito del derecho positivo (por ejemplo, Cathrein, *Filosofia morale*, I, p. 570 y ss. de la traducción italiana, Firenze, 1913), ya sea basándose en especiales puntos de vista de carácter filosófico. (Croce, Stammler etc.) ya limitando su posición de distintos modos. (Vid. además de los autores citados más adelante, Ravà, *Il diritto come norma tecnica*, cap. IV, cap. V, § 4, cap. VII.) [Vid. la bibliografía más reciente en la nota 120.]

[205] Gierke, Deutsches Privatrecht, 1, p. 113: "objektives Recht... ist der Inbegriff der Rechtsätze", y con él están de acuerdo todos los demás.

del derecho, por último, acogemos las diversas opiniones formuladas por los seguidores de la indicada doctrina.

Reservándonos el volver a insistir sobre este punto, que por ahora no nos interesa, debemos manifestar que tras haber desarrollado y completado la teoría indicada, estimamos natural que se deban rechazar las restricciones con que algunos la han entendido, algunas veces sin detenerse siquiera a justificarlas[206], y otras, por el contrario, con solo algún principio de demostración.

Así por ejemplo, se ha sostenido recientemente que solo es ordenamiento jurídico el de las comunidades moralmente necesarias[207]. El principio de que se parte podría estimarse exacto si se entendiera rectamente: donde hay una fuente de derecho —se dice— allí hay autoridad, y donde hay autoridad allí hay fuente del derecho. Pero de tal premisa no se puede extraer la consecuencia de que ello, solo sea posible en una sociedad obligatoria y, menos aun, la de que no puede darse una sociedad obligatoria si ella no es también moralmente necesaria.

Prescindiendo de cualquier otra objeción, puede observarse fácilmente que con esta doctrina se hace depender la existencia o no existencia del derecho positivo de un

---

[206] Regelsberger, Pandekten, Leipzig, 1893, afirma —p. 85— que la tarea de dar nacimiento a un ordenamiento jurídico compete al Estado, a algunas comunidades menores integradas en él —como los Municipios— ya la Iglesia católica, "que ha conseguido una unidad jurídica que sobrepasa los confines del estado". Tal afirmación, sin embargo, nos permite dudar sobre si Regelsberger mantiene un criterio único con relación a este punto. Posición sustancialmente análoga adopta Geny, Science et technique en droit privé positif, r, p. 55 y ss.

[207] Sohm, Weltliches u. geistliches Recht, en Festgabe der Leipziger Juristen Fakultät für K. Bindinq, München und Leipzig, 1914, p. 10 y ss., niega, de acuerdo con esta perspectiva, que el Derecho de la Iglesia sea derecho de por si, al ser la Iglesia una asociación voluntaria. [Vid. ahora, en el mismo sentido, Battaglia, Scritti di teoria dello stato, Milano, 1939, p. 163 en nota.]

criterio extrajurídico que debe obtenerse de la ética. Solo esto es ya suficiente, en nuestra opinión, para rechazar esta doctrina, al menos desde la perspectiva en que debe situarse el jurista. Y aun admitiendo en tesis general que el derecho no deba ser necesariamente estatal, y aun reconociendo que tal afirmación se ha confirmado efectivamente en determinadas épocas históricas en que se reconocía un derecho espiritual de la Iglesia[208] junto al derecho temporal del Estado, viene sin embargo a terminar concluyendo que hoy no existe y no puede existir más que este último. En definitiva, y aunque presentada de forma distinta, se trata de la misma tesis que más arriba hemos refutado.

Análoga distinción entre comunidades necesarias, y voluntarias, ha sido mantenida igualmente[209], bien que prescindiendo de todo elemento ético, estimando que en las primeras se da una subordinación del individuo al conjunto social, considerado como un todo superior, mientras tal subordinación faltaría en las segundas, en las que solo se darían ciertas limitaciones a la libertad individual, semejantes a las que derivan del contrato. Se tendría así, quizá, una voluntad única, pero no una voluntad superior. En base a estas premisas se ha creído que solo en las comunidades necesarias pueda encontrarse la figura del órgano —en el sentido jurídico de la palabra—, y en general, de la organización, ya

---

[208] Como se sabe, Sohm, en su Kirchenrecht, Leipzig, 1892, I, p, 1, habla afirmado que el Derecho eclesiástico se contradice con la naturaleza de la Iglesia, que es de carácter espiritual, mientras el derecho tiene carácter temporal. Vid., sobre tal doctrina, Niedner, Recht u. Kirche, en Festgabe für R. Sohm, München und Leipzig, 1914, p. 275 y ss.

[209] Cicu, Il diritto di famiglia, p. 16 y ss., quien se ocupa de ella, ciertamente, al objeto de distinguir entre derecho individual y derecho social, en cuanto tal distinción se diferencia de la existente entre derecho privado y derecho público; sin embargo, sus observaciones tienen importancia, incluso, por lo que se refiere a una concepción general del derecho.

que en aquellas comunidades voluntarias no habría manifestación directa de la voluntad del ente, sino solo una suma de voluntades singulares o, a lo más, su representación.

También nosotros, al reconducir el concepto de organización al de institución, y por tanto al de ordenamiento jurídico, distinguimos aquélla, la organización, de la simple relación o del conjunto de relaciones (§ 18 ss.). Ahora bien, no nos parece que tal distinción —u otras similares—, puedan relacionarse con la que existe entre comunidades necesarias y voluntarias. Estas últimas, sobre todo, pueden estar provistas de una estructura general similar a la de las primeras, como nos lo demuestra continuamente la realidad; es de sobra conocido que el Estado ha servido siempre de modelo, por así decirlo, a otras muchas instituciones. En segundo lugar, estimamos inexacto, y ya lo hemos tratado de demostrar a propósito de la comunidad internacional (§ 17), que el concepto de organización sea incompatible con el de comunidad paritaria, caracterizado por la carencia de subordinación de sus miembros al poder de un sujeto. Y, finalmente, cabe preguntarse, ¿en qué sentido hay que entender la necesariedad y la voluntariedad de los entes sociales? Porque es preciso no olvidar que lo que desde un punto de vista aparece como necesario, puede ser voluntario, en cambio, desde otra perspectiva. ¿Se calificaría de necesaria entonces, por ejemplo, la comunidad de los distintos Estados? Parece que sí, en relación a las actuales exigencias de sus relaciones y de su vida. Y sin embargo, al menos formalmente, cada Estado ingresa en ella o participa de ella por voluntad propia. Y la organización de esa comunidad es tan frágil que puede ser negada por la mayor parte de los autores. En base al derecho del Estado que admita la libertad religiosa, la Iglesia católica es una comunidad libre, por lo menos en el sentido de que cualquiera puede salirse de ella; en cambio, según el Derecho eclesiástico, el bautismo tiene carácter indeleble, de modo que al apóstata se le considera siempre como perteneciente a la Iglesia. ¿Se trata, pues, de una comunidad necesaria o de una comunidad voluntaria? Prescindiendo ahora de la relación que une a los fieles con la Iglesia, ésta se considera por sí misma como necesaria e indefectible en consideración a su origen y a sus fines, mientras que quien pertenezca a otra comunidad religiosa será naturalmente contrario a tal opinión. Lo cierto es que ya que estamos en el campo del derecho, no puede valorarse el carácter necesario o no necesario de un ente social si no es con un criterio exclusivamente jurídico. El problema se refiere, pues, a la juridicidad intrínseca del ente que ha de determinarse *in se* y *per se*, independientemente de sus relaciones con otros entes o con el Estado, y, por tanto, tal carácter no puede deducirse sino del ordenamiento interno del ente mismo. Este será necesario o voluntario según que, a través de su derecho, se presente con una o con otra cualidad. Toda clasificación que se intente desde otros puntos de vista, será jurídicamente indiferente. Afirmado este principio, hay que deducir que es el derecho objetivo el que determina la necesariedad del ente, y no al revés, y que el derecho objetivo puede, por tanto; fijar su voluntariedad. También los entes voluntarios son, pues, sistemas de derecho objetivo, instituciones, organizaciones, en el sentido que hemos atribuido a todas estas expresiones[210].

---

[210] [La bibliografía sobre el problema del carácter estatal del Derecho surgida con posterioridad a la publicación de este libro, es tan numerosa que se haría difícil indicarla y examinarla aunque solo fuera someramente. Será preciso, por ello, limitarse a algunas simples referencias.

Entre los autores que únicamente consideran jurídicos los ordenamientos estatales, o los que en el Estado tienen su base, vid. Bonucci, Ordinamento giuridico e Stato, en “Riv. di dir. pub.”, 1920; Ferrara, Trattato di dir. civ. it., I, Roma, 1921, n. 1; Mastino, Analisi critica delle più recenti teoria sul concetto e i caratteri della legge in senso materiale, Cagliari, 1923, p. 187 y ss, y 210 y ss.; Costamagna, La teoria delle istituz. soc., en "Arch, giur"; 1929, así como en otros trabajos; Mazzoni, L'ordinamento corporativo, Milano, 1934, p. 29 y ss.; Perticone, La théorie du droit, Paris, 1938, p. 49 y ss., así como en trabajos precedentes; Ranelletti, Istit.di dir. pubblico (9), Padova, 1942, p. 3; Orestano, Filosofia del dir., Milano, 1941, p. 233 y ss.; Scuto, Ist. di dir. priv. (3), Napoli, 1941, I, n. 3; M. Rotondi, Ist. di dir. priv.; Milano, 1942, n. 6; Barassi, Ist. di dir. priv., cit., § 1; etc. Omito el demostrar cómo algunos de estos autores, al ocuparse de mis opiniones sobre este punto, las han malentendido del modo más evidente. La misma tesis es afirmada en general por numerosos otros autores, que dan sin embargo al concepto de Estado, un significado mucho más amplio, incluyendo en él todo ente dotado, de autonomía o soberanía y, por tanto, también a la Iglesia. Así, por ejemplo, A. Volpicelli, Santi Romano, en Nuovi studi di dir., economia e politica, II, 1929, p. 19 y ss., quien considera estatal tanto al ordenamiento de la Iglesia (p. 352), como al internacional (p. 355 ss.). De modo análogo Kelsen, Alg. Staatslehre, Berlín, 1925, p. 133, había afirmado que si "die Kirche Rechtsordnung ist, dann ist sie Staat", pero no se trata más que de una simple cuestión terminológica ya que atribuye a la palabra Estado un significado diverso del común, arbitrario por lo demás. (Cfr. las atinadas observaciones de Balladore Pallieri en "Riv. di dir. intenaz.", 1935, p. 47, y de Checchini, Introd. dommatica al dir. eclesiastico it., Padova, 1937, p. 11, en nota.) Panunzio, en Studi in onore di O. Ranelletti, Padova, 1931, II, pp. 183-184, y en Studi in onore di G. del Vecchio, Modena, 1931, n, p. 179 y ss., admite la existencia de ordenamientos extraestatales por cuanto a su origen se refiere, pero cree que al realizarse y actuar todo ordenamiento depende ya del Estado. Pero, además, para Panunzio son Estados incluso la familia, la gens, la ciudad, la corporación, así como la sociedad de Estados, esto es, el superestado (¡). Son también frecuentes las opiniones que, aun admitiendo ordenamientos jurídicos no estatales, atribuyen al Estado la función de reducir el derecho a unidad. Así, por ejemplo, Orlando, Stato e diritto, loc. cit., §§ 1 y 2; S. Lessona, Ist. di dir. pubblico (8) Roma, 1943, p. 1 y ss. (si es que hemos entendido correctamente); Carnelutti, Metodologia del dir., pp. 40, 67, etc.; Teoria gen. del dir., Roma, 1940, p. 917 y ss, §§ 56-57; etc. Otros, como Rovelli, Sulla statualitá del diritto, en studi in onore di O. Ranelletti, n, p. 211 y ss., reafirman la estatalidad del derecho, incluso del Derecho internacional, pero admitiendo que la Iglesia constituye una excepción a esta regla (p. 226 y ss.), Posiciones intermedias, y no del todo definidas, son también, entre otras, las de Grispigni, Corso di dir. penale, I, Padova, 1932, p. 138 y ss., y Chiarelli, Lo Stato corporativo, Padova, 1936, pp. 139, 150, 151; Gueli, Regime politico, etc., Milano, 1942, p. 212 y ss., estima que solo potencialmente puede existir una multiplicidad de ordenamientos jurídicos, mientras de hecho, en un mismo ambiente social, no puede darse sino un único ordenamiento que sería el estatal. Entre los que persisten, si bien con diversidad de criterio, en la distinción entre sociedades necesarias y sociedades no necesarias, vid. Del Giudice, Istit. di dir. canonico, cit., p. 14, para quien, si en general son jurídicos todos los ordenamientos institucionales secularmente consolidados, intuidos y considerados como tales en el sentimiento vivo del pueblo, solo serán jurídicos, en concreto, los ordenamientos estatales, el ordenamiento internacional y el de la Iglesia, en base a un criterio que, con palabras suyas, sería el de la "necesaria sociabilidad del derecho".

Mención aparte merecen los autores que distinguen la perspectiva filosófica de aquella propia de la Ciencia del Derecho. Según Cammarata, *Contributi ad una critica gnoseologica della giurisprudenza*. Roma, 1925, pp. 49 y ss., 146 y ss.: *Il concetto del dir. e la pluralitá degli ordinamenti giuridici*, Catania, 1926, el problema admite, desde la perspectiva jurídica, tanto la solución de la estatalidad del derecho, como la solución contraria; en cambio, desde el punto de vista filosófico, el problema resulta irresoluble. Debo señalar aquí que ya me he referido más arriba —nota 205— a la opinión de aquellos autores (Capograssi, Crisafulli) que se han ocupado de modo más directo de mi concepto de institución, no aceptándolo desde la perspectiva filosófica y sí, en cambio, en el terreno dogmático, aunque admitiendo su influencia sobre el carácter estatal o no del derecho.

Mucho más numerosos son hoy los autores que se oponen de manera clara y rotunda al carácter necesariamente estatal de los ordenamientos jurídicos, de tal forma que esta opinión constituye, sin duda alguna, la opinión dominante. Además de los autores mencionados en la nota 114, y de la mayoría de los especialistas de Derecho internacional o de Derecho eclesiástico, a muchos de los cuales ya nos hemos referido, vid. A. Levi, *Filosofia del dir. e tecnicismo giuridico*, Bologna, 1920, p. 31; *Saggi di teoria del dir.*, Bologna, 1924, p. 49 y ss. (y ya antes en *Contributi ad una teoria filos. Dell'ordine giur.*, cit., Genova, 1914, especialmente § 27); Maggiore, *L'aspetto pubblico e privato del dir. e la crisi dello Stato moderno*, en "Riv. internazionale di filosofia del diritto", 1922, p. 111; *Filosofia del dir.*, Palermo, 1921, pp. 65, 161 y ss.; *Dir. penale* (2), I, nn. 3 y 4; Ruffini F., *Corso di dir eccl.*, I, Torino, 1924, p. 164 y ss.; De Francisci, Il trasferimento della proprietá, Padova,

1924, p. 80; Cesarini Sforza, *Il diritto dei privati, loc. cit.*, p. 4 y *passim*; *Lezioni di teoria gen. del diritto*, Padova, 1930, p. 83; *La teoria degli ordinamenti giuridici e il dir. sportivo*, en "Foro it.", 1933, I, 138 ss.; *Ordinamenti giuridici*, en "Nuovo idg. it.", IX; Longhi, *Dir. del lavoro*, 1927, p. 903; Del Vecchio, *Sulla statualitá del dir.*, en "Riv. internaz. di filosofia del dir.", 1929; *Saggi intorno allo stato*, Roma, 1935, p. 10 y ss.; Teneschi, *Volontá privata autonoma*, en "*Riv. Internaz. di filosofia del dir.*", 1929; Calamandrei, *Regole cavalleresche e processo*, cit., 1929, nn, 2 y 3; Esposito, *Lineamenti di una dottrina del dir.*, Camerino, 1930, n. 59 y ss.: Salemi, en *Dir. del lavoro*, 1930, 1, 244 y ss.; *Corso di dir. corporativo*, cit., p. 153 y ss.; D'eufemia, *Le fonti del dir. corporativo*, Napoli, 1931, p. 24 y ss.: Paresce, *Diritto, norma, ordinamento*, en "Riv. internaz. di filosofia del dír,", 1933, pp. 14 y ss., p. 21 y ss.; R. Rava, *La teoria della pluralitá degli ordinamenti giuridici e le associazioni sindacali riconosciute*, Firenze, 1933, p. 8; Maiorca, *Il riconoscimento della personalitá giuridica degli enti privati*, Palermo, 1934, p. 29 y ss.; Caristia, *Corso di ist. di dit. pubblico* (3), n. 4, Catania, 1935; Monaco, en *Diz. del dir. privato*, voz *Ordinamento giuridico* (IV, p. 518); Crisafulli, *Sulla teoria della norma giuridica*, Roma, 1935, p. 69 y ss.; Sinagra, *Principii del nuovo dir costit. it.*, Napoli, 1935, p. 18 y ss.; Betti, *Istit. di dir. romano* (2), I, Padova, 1943, p. 5 y ss., §§ 3, 4; *La creazione del diritto nella jurisdictio del pretore romano*, en *Studi in onore di G. Chiovenda*, I, p. 167 y ss.; Invrea, *La parte generale del diritto*, n. 159, Padova, 1935; Capograssi, *Alcune osservazioni sulla molteplicitá degli ordinamenti giuridici*, Sassari, 1936, p. 7 y ss.; *Note sulla molteplicitá*, etc., *loc. cit.*, 1939; *Il problema della scienza giuridica*, Roma, 1937, p. 2 y ss.; Zanobini, *Corso di dir. ecclesiastico* (2), Pisa, 1936, p. 39; *Corso di dir. corporativo* (6), p. 38; Crosa, *Dir. costituzionale* (2), Torino, 1941, 2; V. Arangio Ruiz, *Istit. di dir. romano* (7), Napoli, 1943, p. 17, nota 1; A. Rava, *Istit, di diritto privato*, n. 9; Pergolesi, *Istituzioni di diritto corporativo* (3), Bologna, 1938, n. 52; L. R. Levi, *Sull'approvazione degli statuti degli enti pubblici*, en "Rivista di diritto pubblico", 1938, p. 298; Checchini *Dal comune di Roma al comune moderno*, Cagliari, 1921, p. 128 y ss.; *Introduzione dommatica al diritto ecclesiastico italiano*, cit., p. 10 y ss.; Perassi, *Introduzione alle science giuridiche*, Roma, 1933; Biscaretti Di Ruffia, *Contributo alla teoría giuridica della formazione degli Stati*, Milano, 1938, p. 11, nota 11; *Sulla esistenza di unioni non internazionali fra Stati diversi degli Stati di Stati, loc. cit.*; *Lo Stato democratico moderno*, § 10; C. Schmitt, *op.* y *loc. cit.*; Piccardi, *op.* y *loc. cit.*; Messineo, *Manuale*

§ 33. Relaciones entre los distintos ordenamientos jurídicos. Principios que deben ser tenidos en cuenta, en orden a:

Un ulterior desarrollo, y por tanto una prueba más de los principios señalados, podrá alcanzarse examinando las distintas relaciones que pueden intercambiarse entre los diversos ordenamientos jurídicos. Una investigación tal no ha sido llevada a cabo por la doctrina de modo sistemático, ni ha sido siquiera intentada, a no ser respecto de las relaciones recíprocas entre el Derecho internacional y el derecho estatal[211]. Estimamos que sería necesario generalizar tal investigación, tratando de conseguir un esquema de las relaciones entre los ordenamientos jurídicos posibles o, al menos, entre los que reclaman mayormente la atención del jurista. Tal estudio, que habría de requerir un análisis muy minucioso, no puede ser intentado aquí si no es en términos muy modestos, esto es, en cuanto puede servir para poner de relieve más intensamente el concepto de ordenamiento jurídico que hemos dado. Tal intento no puede pasar, por tanto, de un simple esbozo de pocas líneas y muy elementales.

En esta búsqueda será preciso tener en cuenta los caracteres fundamentales de aquellas instituciones que pueden relacionarse entre sí. Dado que estos caracteres varían hasta el infinito, y que aquí no se trata de intentar una clasificación exhaustiva, nuestro intento se ha de limitar a poner

---

di diritto civile e commerciale, cit., 1, § 4; G. Fragapane, *Lo Stato di diritto*, Milano, 1944, p. 54 y ss.: *Il sistema gradualistico delle fonti normative*, Milano, 1944, p. 22 y ss.; G Miele, *Principii di dir. amministrativo*, I, Pisa, 1945, § 1, así como en otros trabajos anteriores, etc., etc.] .

211 [La doctrina se ha ocupado también recientemente del estudio de las relaciones entre el derecho estatal y el de la Iglesia. Vid., por todos, las obras ya citadas de Jemolo, Del Giudice, Checchini, D'Avack, Ciprotti, Cassola y De Luca, así como la bibliografía en ellas recogida.]

de manifiesto las figuras que desde nuestro punto de vista estimamos más importantes. A alguna de ellas nos hemos referido ya. (Vid. especialmente el § 12.) Pues bien, recapitulando lo que ya ha quedado dicho, y completándolo con otras observaciones, resultan las distinciones siguientes:

1. A las instituciones originarias o derivadas

Pueden existir, en primer lugar, instituciones originarias que son aquellas en las que se concreta un ordenamiento jurídico que es, en cuanto a su origen, independiente, al no haber sido establecido por otras instituciones. Existen, por el contrario, instituciones derivadas, cuyo ordenamiento lo fija una institución distinta, que afirma así, respecto a este punto, su superioridad en relación con la primera, que de este modo le queda subordinada. Entre estos dos casos extremos, se da un tercero intermedio con las instituciones cuyo ordenamiento es en parte originario Y en parte derivado. Así, los Estados pueden presentarse bajo la primera o la tercera de estas formas, siendo su carácter específico la independencia, aunque sea parcial[212], mientras los Municipios, por ejemplo, son siempre instituciones derivadas en el sentido indicado[213].

---

[212] [Mi opinión actual (Vid. mis Principii di dir. costituz. generale, cap. VI, § 4, n. 4) es que el ordenamiento de los Estados, aun el de aquellos que están sometidos a otro Estado, como es el caso de los Estados miembros de un Estado federal, es siempre y en todo caso originario; el ordenamiento del Estado superior no constituye la fuente del inferior, sino solamente un límite que precisamente debe ser establecido o reconocido por una norma de este último.]

[213] Vid. mi monografía Il comune. Parte generale, nn. 25 y ss., especialmente 44 y ss., en el Trattato di diritto amministrativo dirigido por Orlando, vol. II.

2. A los fines particulares o generales de las instituciones

Hay que distinguir, en segundo lugar, las instituciones con fines particulares, singularmente limitadas de aquellas otras que se proponen cn cambio fines generales, potencialmente ilimitados por tanto. La distinción es importante desde nuestro punto de vista, pues determina un alcance distinto de la esfera en que desarrolla su eficacia cada ordenamiento jurídico. Las primeras las instituciones con fines particulares, se refieren solo a un aspecto o a varios aspectos de la vida humana (por ejemplo, el religioso, el económico, etc.), y suponen una dependencia de los individuos que las componen, positivamente delimitada, mientras que las segundas, entre las que está el Estado, pueden fijar su estructura, así como sus relaciones con otros entes, basándose en una más amplia sujeción de sus propios miembros. Hay que guardarse, sin embargo, de la opinión bastante extendida que considera que el ordenamiento jurídico del Estado comprende todas las manifestaciones de la vida individual; salvo aquellas que por su especial naturaleza no sean susceptibles de ser tenidas en cuenta por el derecho. El Estado no es un ente universal, ni siquiera en este aspecto, y cuando se dice que tiene fines generales se significa con ello que tales fines no están positiva y singularmente determinados y que, en abstracto y potencialmente, son siempre ampliables. Pero, en concreto, ni existe ni ha existido nunca un Estado que incluya como objeto de su derecho cualquier posible sector de la vida de sus miembros: y esto debe tenerse muy en cuenta para la resolución de algunos problemas importantes. (Vid *infra*; §§ 46-47.)

3. A su distinto fundamento

Para medir el campo de eficacia de los ordenamientos jurídicos respecto a sus recíprocas relaciones, es conveniente observar, además de los fines de las instituciones, los elementos de que constan que, como dijimos (§ 12 sub. 2), pueden ser de naturaleza distinta. Hay que advertir, sin embargo, que la influencia de un ordenamiento jurídico no se circunscribe, ni siempre ni necesariamente, al ámbito señalado por los elementos constitutivos de la institución de que se trata. Puede desarrollarse también hacia el exterior, como en el caso de una institución cuyos destinatarios están fuera de ella o cuando el Estado extiende su potestad sobre ciudades extranjeras o sobre territorios que no son los suyos.

4. A las instituciones simples o complejas

Es también importante recordar la distinción más arriba indicada (§ 12 sub. 3), entre instituciones simples y complejas (instituciones de instituciones). Caso de estas últimas, se tiene generalmente una institución mayor a la que están subordinadas una o más instituciones menores comprendidas en ella. Esta subordinación puede ser, sin embargo, de diferente grado: Puede tratarse de instituciones derivadas de la primera en el sentido que ha quedado indicado; puede tratarse, en cambio, de instituciones en parte originarias; o, por último, de instituciones totalmente originarias respecto a su ordenamiento interno, pero que dependen también de una institución mayor en relación con ciertos derechos o deberes que pueden tener con ésta o con otras instituciones que están fuera de ella: así, por ejemplo, los Estados en cuanto dependen de la comunidad internacional. La distinción entre instituciones simples y complejas, se relaciona con la distinción entre instituciones originarias y derivadas, aunque no coincide con ella. Respecto a las instituciones complejas, no solo hay que tener en cuenta la diversa Subordinación de las instituciones menores con la institución mayor en la que están comprendidas, sino también la posición de esta última en cuanto presupone la existencia de aquéllas, y por tanto, la de su ordenamiento; así, por ejemplo, la comunidad internacional presupone los distintos Estados que la componen (en el § 37 veremos en qué sentido).

5. Perfectas o imperfectas

Desde un punto de vista parecido, pueden distinguirse (§ 12, sub. 3) también las instituciones perfectas, que son siempre originarias y que pueden ser simples o complejas, de las imperfectas, llamadas así porque se apoyan en otras instituciones en relación con las cuales son, no solo simples presupuestos, sino que con ellas están además coordinadas o subordinadas. En muchos casos son instituciones derivadas, pero pueden ser también originarias si solo están coordinadas o no totalmente subordinadas en relación con las primeras. Existen también, como hemos señalado en varias ocasiones, instituciones que se oponen entre sí, oposición que a su vez puede ser más o menos abierta.

6. Con o sin personalidad

Puede tener también cierta importancia para nuestro análisis, la distinción entre instituciones que, en relación con otras, tienen personalidad jurídica, e instituciones que no presentan tal característica. Las primeras tienen un poder propio al que están subordinados sus miembros, miembros que pueden ser incluso otras instituciones, y tal poder constituye el punto de apoyo de su organización. Las segundas carecen en cambio de tal poder; la posición de sus miembros es, por tanto, o paritaria —como normalmente sucede en la comunidad internacional—, o se funda en la supremacía de uno o varios de ellos sobre los demás.

7. Independientes, coordinadas o subordinadas

Hay que señalar por fin, como consecuencia de lo que llevamos dicho, que pueden existir también instituciones recíprocamente independientes, o instituciones una de las cuales afirma su independencia respecto de otra, mientras que esta segunda depende de ella; también, instituciones que en sus relaciones recíprocas pueden estar coordinadas —en sentido y medida diferente — en una base de igualdad, o situadas en una posición de subordinación o de supremacía.

§ 34. Concepto de la relevancia de un ordenamiento respecto de otro

El análisis que nos propusimos sobre las relaciones entre los diversos ordenamientos jurídicos se resuelve necesariamente en el de la relevancia que uno de ellos puede tener para con los demás, ya que es claro que si un ordenamiento es irrelevante para con otro, ello significa que no hay entre ellos relación alguna. Por eso, nos bastará tomar en consideración la hipótesis inversa —el que uno o más ordenamientos sean relevantes con respecto a otro—, para que cuando falten los elementos que la caracterizan, tengamos definida negativamente aquella primera hipótesis.

¿Qué debe entenderse por "relevancia jurídica"? Esta no se puede confundir con la importancia de hecho que un ordenamiento puede tener respecto a otro, ni tampoco con la uniformidad material de varios ordenamientos, involuntaria o determinada por una exigencia no jurídica, sino simplemente política, de conveniencia o de oportunidad. Es indudable la necesidad de tal distinción, pero no es siempre fácil tenerla presente y entenderla en su verdadero significado. Nos basta de momento con referirnos a ella en líneas generales, y podemos decir, condensando nuestra idea en una fórmula breve, que para que haya relevancia jurídica es necesario que, o la existencia, o el contenido, o la eficacia de un ordenamiento determinado, estén condicionados respecto de otro ordenamiento, y ello precisamente en base a un título jurídico[214].

[214] [Un sector de la doctrina niega, refiriéndose concretamente a los ordenamientos originarios, que un ordenamiento como tal, esto es, en cuanto tal ordenamiento jurídico, pueda ser relevante para otro. Parten estos autores de la consideración de que los ordenamientos originarios son exclusivos por su propia naturaleza, así como únicos, si se los considera en su misma interioridad. Tal opinión, defendida en primer lugar por Kelsen (Das Problem der Souveränität, Tübingen, 1920, pp. 97, 105 y ss.; Allg. Staatslehre, Berlín, 1925, p. 102 y ss.; Les rapports de systeme entre le droit interne et le droit international public, en Rec. des Cours de La Haye, 1926, IV, p. 263 y ss.) ha sido ahora, adoptada, si bien con alcance y significado no coincidentes, por diversos autores que no aceptan, en cambio, las teorías generales, de Kelsen, lo que supone una notoria contradicción; vid., entre los autores italianos más recientes, Ago, Teoria del dir. intenaz. privato, Padova, 1934, p. 106; Balladore Pallieri, Le dottrine di N. Keisen e il problema dei rapporti fra di. interno e dir. internaz. en "Riv. di dir. internas.", 1935, p. 30 y ss. de la separata; Diritto internaz. pubblico (3), p. 53 y ss.; Checchini, Introduzione dommatica, cit., p. 72; Morelli, Nozioni di dir. internaz; Padova, 1943, p. 74, n. 56; véanse también las referencias bibliográficas que estos autores recogen. Vid. igualmente sobre este problema, Piccardi, op. y loc. cit., § 12 ss., p. 182 y ss. Es cierto que en un determinado ordenamiento originario no pueden tener valor las normas de otro ordenamiento si no es en base a normas del primero; en cambio, estimamos inexacto entender que, inversamente, un ordenamiento solo debe considerar jurídicas sus normas y estimar irrelevantes todas las demás en cuanto tales: esto, no solo es arbitrario, sino que además está en abierto contraste con la realidad. El principio de que todo ordenamiento originario es exclusivo, debe entenderse en el sentido de que aquél puede, efectivamente, pero no que debe necesariamente negar valor jurídico a cualquier otro. ¿De dónde podría derivar tal necesidad,

§ 35. El título de esta relevancia

Veamos, en primer lugar, cual puede ser este "título" cuya naturaleza es muy distinta según los casos:

a) La relación de su superioridad y de correlativa dependencia entre dos ordenamientos

Resulta inicialmente, como ya tuvimos ocasión de señalar, que dados dos ordenamientos, puede uno de ellos encontrarse en situación de subordinación e inferioridad respecto a otro, que es por ello mismo superior. Así sucede cuando una institución se encuentra comprendida en otra a la que concurre a constituir, de forma que el ordenamiento de la primera se encuentra en cierto sentido rodeado por el ordenamiento más amplio de la segunda; o también cuando ambas forman parte de una tercera institución que, a su vez, sitúa a una de ellas en condiciones de sobreponerse a

---

tal limitación en definitiva, que sería incompatible con el propio carácter de los ordenamientos originarios que son soberanos, como tales; y no reconocen, por tanto, más limitaciones que las establecidas o reconocidas por ellos mismos? Vid. mi Corso di dir. internaz. (4), p. 51, así como mis Principii di dir. costit. generale, cap. VI, §2, n. 3 y cap. VII, § 6, n. 11. Dicho con otras palabras: un ordenamiento puede ignorar o, incluso, negar a otro ordenamiento; puede tomarlo en consideración atribuyéndole carácter diverso del que él se atribuye a sí mismo y puede, por tanto, considerarlo como un mero hecho. Pero no se ve por qué no pueda reconocerlo como ordenamiento jurídico para determinados efectos o en la medida o con las calificaciones que estime oportuno atribuirle. Pero es que además hay que reconocer que para atribuirle tales cualificaciones, que puede que tal ordenamiento no se atribuya a sí mismo, es preciso reconocerlo antes como ordenamiento jurídico y no como un simple hecho. Así, por ejemplo, cuando se reconoce como derivado a un ordenamiento que se afirma a si mismo originario. Observación ésta que debe ser tenida en cuenta para el problema del Derecho internacional privado.]

la otra. Esta supremacía, así como la correlativa subordinación derivada de ella, no tienen siempre —como se ha señalado—, la misma intensidad, ni se desarrolla siempre con efectos semejantes. El ordenamiento superior puede determinar en algunos casos las propias condiciones de existencia y de validez del ordenamiento inferior: así hace el Estado que de modo tan intenso domina a los entes públicos y privados que dependen de él. En otros casos, la amplitud de este señorío puede ser más restringida. Así, el Derecho internacional está por encima del derecho estatal, al que no puede, sin embargo, suprimir ni declarar inválido. Por tanto, cuando dos ordenamientos se hallan en tal posición, es evidente que ello constituye ya un título jurídico gracias al cual uno de ellos es relevante respecto del otro, aunque en grado diverso y con efectos diferentes según los casos.

b) Relación por la cual un ordenamiento es presupuesto de otro

En segundo lugar, un ordenamiento puede ser presupuesto de otro que sea, a su vez, una institución compleja. Y eso, aunque aquél permanezca después subordinado a este último. Así la comunidad internacional tiene como presupuesto los distintos Estados que la forman, lo que quiere decir que el Derecho internacional presupone el Derecho estatal, lo mismo que el derecho de un Estado federal presupone el de los Estados miembros, etc. Hay que distinguir, con todo, entre presupuesto necesario y esencial —cuya desaparición determina el fin del otro ordenamiento—, y presupuesto que influye solo sobre el contenido o sobre determinados aspectos del otro ordenamiento.

c) Relación por la cual varios ordenamientos recíprocamente independientes, dependen de un tercero

Una tercera figura la ofrece la hipótesis de dos o más ordenamientos independientes entre sí, por lo que a sus relaciones directas respecta, y que dependan conjuntamente, en cambio, de un ordenamiento superior a todos ellos, hasta el punto que pueden ser recíprocamente relevantes entre sí, gracias a este último, en cuanto los coordina a todos. Ejemplos muy interesantes podemos encontrar en el Derecho internacional que contemporáneamente sobrepasa al mismo tiempo el de los distintos Estados.

d) Relación atribuida unilateralmente por un ordenamiento a otro del que es independiente

Puede darse también el caso de que, por propia determinación y sin estar obligado a ello, un Estado subordine algún aspecto de su propio contenido o de su propia eficacia, a otro ordenamiento del que es totalmente independiente, pero que pasa así a ser relevante para él. Tenemos en tal hipótesis una relevancia unilateral; cuya naturaleza no se modifica aun cuando este segundo ordenamiento determine establecer un tratamiento recíproco, con tal que tal reciprocidad no sea consecuencia de la obligación impuesta por un tercer ordenamiento, caso que cae fuera de la hipótesis que aquí contemplamos. El llamado Derecho internacional privado —en cuanto no es un derecho hiperestatal— se produce precisamente cuando un Estado, por sí mismo y por voluntad propia, da cabida en su ordenamiento al ordenamiento de los Estados extranjeros. (Más adelante veremos en qué sentido y con qué características.)

e) Relación de sucesión entre varios ordenamientos

En quinto y último lugar, un ordenamiento puede ser relevante para con otro porque se haya trasvasado en este último, cesando de existir de por sí, pero determinando la estructura de aquél con el que se compenetra. Tal relación entre dos ordenamientos, que se puede denominar relación de sucesión, da lugar a muy graves problemas; tan graves, que la doctrina más reciente; ante la dificultad de resolverlos, ha creído encontrar una solución negándolos, negando incluso la propia relevancia jurídica de semejante relación de sucesión.

§ 36. Momentos distintos de su existencia, de su contenido y de su eficacia en que puede manifestarse la relevancia de un ordenamiento para con otro

Una vez vistos los diversos títulos por los que un ordenamiento puede ser relevante para con otro, podemos ya analizar más fácilmente los diversos momentos en que tal relevancia se desarrolla, y que pueden referirse, como ya dijimos, a la existencia, al contenido o a la eficacia de los mismos.

La existencia de un ordenamiento solo puede depender de otro ordenamiento en dos casos, que ya mencionamos, y que son concretamente: cuando un ordenamiento está subordinado a otro y cuando uno de ellos es presupuesto necesario del otro.

a) La primera hipótesis no se verifica siempre que se da una relación de supremacía y la correspondiente de subordinación entre dos ordenamientos, sino que es preciso que el ordenamiento que domina lo haga de modo absoluto. Tal dominación alcanza particular relieve cuando se refiere no solo a la institución considerada en su conjunto —como unidad *a sé stante*—, sino también a los elementos concretos de que ésta se compone, en el sentido de tratarse de elementos que sean comunes al mismo tiempo a la institución superior y a la inferior, como sucede, por ejemplo, con la población y el territorio de un Municipio que lo son también del Estado. Aun faltando tales extremos, podrá un ordenamiento en general depender de otro, por cuanto a su existencia se refiere, cuando no sea originario y apoye en el fundamento de este último; que será por tanto su árbitro.

Dos hipótesis pueden darse entonces: o el ordenamiento superior determinará directamente el ordenamiento inferior y será por tanto su fuente inmediata, o bien conferirá a la institución que de él depende el poder de darse su propio ordenamiento, esto es, el llamado poder de autonomía, entendida tal palabra en uno de los varios significados en que suele emplearse. Pero aun en este último caso, se tratará siempre de una autonomía circunscrita y limitada y, sobre todo, condicionada. Quizá la institución superior señalará los principios esenciales de los que deriva la existencia de la segunda institución, de forma que su ordenamiento, solo en algunas partes más o menos secundarias, será establecido por sí misma, pero no en su totalidad, ni desde su origen. En todo caso, el ordenamiento superior determinará además las condiciones de validez del ordenamiento inferior.

Ejemplos bien significativos de estas relaciones encontramos en las instituciones públicas y privadas sometidas enteramente al Estado. Así, es este último quien da existencia a los Municipios, que antes de que se creara el Estado pueden ser acaso conjuntos geográficos o instituciones distintas, pero no instituciones de tipo estatal como actualmente son; es el Estado quien establece casi enteramente su ordenamiento, del que es fuente inmediata a través del poder legislativo. O sea, que en el derecho moderno la autonomía de estos entes no es originaria, sino atribuida por el Estado, y se puede ejercitar, por tanto, solo dentro de ciertos límites y bajo determinadas condiciones. Un Reglamento municipal que exceda de la esfera que le está atribuida, es sin más anulado y privado de toda eficacia por el poder del Estado. En otras ocasiones, en cambio, el Estado no crea la institución sino que permite que surja por obra de otros, como las instituciones de beneficencia, que puede ser también de fundación privada. Pero, en todo caso, es siempre el Estado quien determina la validez de estos actos de fundación y una vez que aquéllas tienen ya vida, regula además su poder de autonomía haciendo depender de la observación de tales normas la existencia de esos ordenamientos derivados. Lo mismo hay que añadir respecto de la llamada autonomía privada, admitiendo en hipótesis que pueda dar lugar a la creación de derecho objetivo.

Tenemos en todos estos casos, como se ve, ordenamientos jurídicos que dependen íntegramente de el del Estado, del que forman parte sustancialmente, ya sea porque lo integran de modo esencial —como los de las instituciones públicas— o porque constituyen derivaciones de su tronco, más o menos remotas, como los de las instituciones privadas. Se trata, además, de ordenamientos que desarrollan su poder sobre las mismas personas o cosas sobre las que se desarrolla la potestad superior del Estado. Significa esto que el Estado puede no solo privar a las instituciones —consideradas en su respectiva unida— del poder de autonomía con que las ha investido, sino que puede también, dirigiéndose a los súbditos de ellas que lo son al mismo tiempo suyos, eludir o neutralizar la potestad de una determinada institución que se ejercitara eventualmente en sentido contrario a la suya. O dicho con otras palabras: no solo depende del Estado la existencia de un ordenamiento jurídico en general, sino también, en concreto, la de sus manifestaciones en particular.

También puede suceder de hecho que un ordenamiento, instituido inicialmente como subordinado de otro, del Estado por ejemplo, caso de que este último decida anularlo, pueda encontrar en sí mismo la energía suficiente para continuar existiendo o para hacerse valer en oposición a la prohibición que se le haya señalado; en tal caso, dicho ordenamiento se transformará necesariamente, asumiendo carácter de ordenamiento no solo separado, sino además antitético de aquel otro al que no reconoce ya como superior, incurriendo entonces en un supuesto que más adelante examinaremos.

Pueden existir también entre dos ordenamientos relaciones de supremacía y de subordinación que no sean tan intensas como las que hemos contemplado hasta ahora. Así, por ejemplo, los Estados miembros en un Estado federal —dada la hipótesis de que son, como creemos, verdaderos Estados—, dependen de este último, pero su poder de autonomía —aunque sea dentro de ciertos límites que en abstracto pueden considerarse todo lo estrechos que se quieran—, es independiente en cuanto tiene carácter originario. A pesar de que el Estado federal es soberano respecto a los Estados componentes, a pesar de que los súbditos de éstos lo son también de aquél, hay un punto en el que falta, en todo caso, una subordinación absoluta y completa, y este punto impide precisamente que se dé entre dichos entes una fusión que, caso de verificarse, daría lugar a un Estado unitario. ¿Se podrá, no obstante, admitir que el Estado federal pueda anular la existencia de un Estado miembro? La cuestión, como se sabe, se ha discutido vivamente a propósito del Imperio alemán[215], y si la doctrina dominante se inclina hacia una solución negativa, no faltan quienes resuelven la cuestión de modo positivo. Es cierto que la validez del ordenamiento de un Estado miembro podrá depender de las condiciones señaladas por el Estado soberano, y podrá serle negada por los órganos de este último en aquellas partes en

[215] [Parece superfluo advertir que las afirmaciones del texto se refieren al derecho y a la doctrina, vigentes en la época en que fue escrito.]

que tal ordenamiento no sea originario[216], pero la existencia de tal ordenamiento, considerado en su integridad como institución que no solo de hecho, sino incluso jurídicamente es anterior al Estado federal del que constituye un presupuesto, es difícil que, como regla general, pueda considerarse como subordinada a él. Es cierto que caben excepciones; piénsese en la hipótesis de que la Constitución del Estado federal contemple, explícita o implícitamente, la posibilidad de que convenga transformar el Estado federal en Estado unitario, haciendo depender de él mismo tal modificación constitucional[217]. En tal caso, se podría seguir hablando de los Estados miembros como verdaderos Estados, pero su naturaleza sería ciertamente precaria y condicionada.

El Derecho internacional nos ofrece, finalmente, el ejemplo de un ordenamiento superior al de los distintos Estados, con la característica de que estos últimos no dependen de aquél ni para su existencia —globalmente considerada—, ni para la validez de sus actuaciones concretas. De este principio se deduce el corolario de la llamada separación de los dos ordenamientos jurídicos, del Derecho internacional por un lado y del derecho interno estatal por otro. Ahora bien, para que tal postulado no sea malentendido o llevado a aplicaciones exageradas o inexactas, hay que tener bien presente el fundamento real del principio del cual deriva. Tal fundamento consiste en las dos proposiciones siguientes:

1) El Derecho internacional no atribuye al Estado ningún poder de autonomía interna, de modo que el poder que el Estado tiene (poco importa que se llame autonomía o no), de darse su propio ordenamiento interno, tiene carácter

216 [Como señalaba supra en la nota 224, mi opinión actual es que el ordenamiento de un Estado miembro de un Estado federal, es totalmente originario.]

217 Tal sería el caso del Imperio germánico, según Laband, Das staatsrecht des Deutechen Reiches (5), Tübingen, 1911, I, § 13, p. 128 y ss.

originario, siempre y en toda su amplitud, mientras que en relación con el derecho del Estado federal, tal poder es originario, pero solo parcialmente[218].

2) El Derecho internacional se dirige solo a los distintos Estados, considerados cada uno de ellos en su propia unidad, pero no a sus órganos o a sus súbditos (en el Estado federal sucede lo contrario), de forma, que frente a estos últimos no puede invalidar aquel ordenamiento estatal que eventualmente se encontrará en oposición con los principios y con las normas de Derecho internacional.

De la primera de ambas afirmaciones deriva la consecuencia de que la existencia o no existencia de un Estado, esto es, del ordenamiento jurídico estatal, es totalmente independiente del Derecho internacional, es algo que escapa a su contenido y a su ámbito de posibilidades. De la segunda, deriva el que no cae dentro de la esfera de eficacia del Derecho internacional el poder de negar validez a las manifestaciones concretas del ordenamiento estatal que se desarrollan en un ámbito que a aquél le está vedado.

Podemos ya resumir y concluir con esta cuestión. Para que la existencia de un ordenamiento dependa de otro —fuera del caso que examinaremos en su momento (sub *b*) de que uno de ellos presuponga al otro—, es necesario que el primero se encuentre en un estado de subordinación. Tal subordinación ha de ser afirmada por ambos ordenamientos. Si se trata solo de una simple exigencia del ordenamiento superior no reconocido por el inferior, podrán entonces depender de aquél determinados aspectos de este último, y especialmente su eficacia (Vid. *infra* § 42), pero no su existencia. Claro está que ello no puede impedir que eventualmente surja una contienda entre ambos ordenamientos, a resultas de la cual pueda derivarse la eliminación del menos fuerte de ambos; entonces, sin embargo, la existencia del

[218] [Vid. notas 224 y 228.]

uno dependerá del otro, mas no en sentido jurídico, sino por circunstancias de hecho, por acontecimientos extrínsecos que no entran en el campo de nuestra actual investigación. Ahora bien, la subordinación, si es condición necesaria, no es, en cambio, condición suficiente para que la existencia de un ordenamiento dependa de otro. Hace falta que tal subordinación sea completa y absoluta, o mejor, que los límites que encuentre sean establecidos en su totalidad por el ordenamiento inferior. En caso contrario, el ordenamiento inferior puede ser originario, en todo o en parte, y entonces puede por definición ser establecido por sí mismo, al menos en parte, y no por el ordenamiento que le está encima, o sea, que puede existir por fuerza propia. Puede suceder también que un ordenamiento autónomo en cuanto a su origen, pero sometido a un segundo ordenamiento, dependa de este último por lo que respecta a su existencia sucesiva y a su posible extinción. Ya señalamos antes un ejemplo de esta hipótesis en los Estados miembros, que pueden ser suprimidos por el Estado federal. O sea, que el carácter originario de un ordenamiento, excluye por regla general (a diferencia del carácter derivado), que su existencia se haga depender de otro. Pero esta regla solo es absoluta por lo que se refiere al primer momento, esto es, a aquel momento en que el ordenamiento se afirma y comienza a existir. Pueden darse, en cambio, excepciones por lo que concierne a la posterior continuidad de su existencia, esto es, a su terminación. Finalmente, hay que distinguir también entre la existencia total de un ordenamiento y su existencia parcial, o sea la de los distintos elementos de que consta, la de tal o tal otro grupo de normas, la de estas o aquellas manifestaciones particulares, etc. Si el ordenamiento superior se aplica en el mismo ámbito que el inferior, si tiene los mismos súbditos, el mismo territorio, etc., podrá —cuando se den los extremos más arriba indicados— invalidar tanto la existencia global y total de la institución subordinada, como únicamente la existencia de una parte de su ordenamiento. Si, en cambio, el ordenamiento superior desarrolla su vigencia en una esfera diferente, podrá entonces suprimir *in toto* —cuando se den las circunstancias señaladas— al ordenamiento inferior; pero en tanto éste exista, no podrá aquél invalidar directamente aquellos actos o normas dirigidos a sujetos y objetos en relación con los cuales no tiene ningún poder de oponerse porque le son extraños.

Un desarrollo más extenso de estos principios, solo se podrá obtener tras haber elaborado una teoría de las fuentes de los ordenamientos jurídicos. No podemos detenernos aquí en ello. Tal tema será objeto de un estudio especial incluido en la serie de los que han de constituir la continuación del presente trabajo.

§ 37 b) Hipótesis de que un ordenamiento sea el presupuesto del otro (el derecho estatal respecto al Derecho internacional)

En las relaciones de los distintos Estados con el Derecho internacional, como también en: parte, en las de los Estados miembros con el Estado federal, puede verificarse la hipótesis contraria a la señalada hasta ahora, esto es, que la existencia del ordenamiento superior dependa en cierto sentido del ordenamiento inferior. Tal dependencia ha de ser, naturalmente, bien distinta de la que se da en el supuesto contrario, pero aunque solo se trate de una dependencia indirecta, no por eso es menos efectiva e importante. Es cierto que el ordenamiento inferior no podrá considerarse en ningún caso como la fuente del ordenamiento superior, ni existirá tampoco un poder del primero sobre el segundo. La relación a que nos referimos puede expresarse con la formula de que el ordenamiento inferior es un presupuesto del ordenamiento superior. El derecho de los Estados miembros, en lo que tiene de carácter originario[219] es el presupuesto del derecho del Estado federal. Si llegaran a faltar todos los Estados miembros, el no podría tampoco existir a no ser que la supresión de los primeros supusiera el dar vida a un Estado unitario que representara la continuación del antiguo Estado federal, en cuyo caso también éste se habría transformado. Pasando al problema del Derecho internacional, el derecho estatal es manifiestamente su presupuesto necesario. Por cierto, que tal relación parece digna de una mayor atención de la que hasta ahora se le ha concedido.

Dado que el Estado no es sino un ordenamiento jurídico, el Derecho internacional, en cuanto su contenido está formado por relaciones entre Estados, se concreta necesariamente en relaciones entre ordenamientos jurídicos estatales. Pero estos ordenamientos son tomados en consideración por aquél, no en sus parcelas singulares, esto es, no en las normas y preceptos de que constan, sino cada uno de ellos en su unidad, como encerrados, a semejanza de lo que ocurre en muchas operaciones matemáticas, con ciertos paréntesis. El principio de la llamada separación entre el derecho interno estatal y el Derecho internacional, es exacto en tanto en cuanto este último no penetra en tal paréntesis. El número complejo, por así llamarlo, que éste representa, es un presupuesto del Derecho internacional y el conjunto de los ordenamientos estatales es una condición de su existencia. Tal derecho impone además, y esto es todavía más importante, determinadas obligaciones a los Estados y les atribuye al mismo tiempo ciertos derechos. Ahora bien, solo pueden tener derechos y obligaciones los sujetos provistos de voluntad, si dejamos aparte los casos excepcionales, que confirman la regla, de sujetos incapaces cuya voluntad deficiente o inexistente es sustituida, en cuanto se la pueda

[219] [Vid. nota precedente.]

considerar fungible, por la de sus representantes. De ahí la consecuencia de que tratándose de entes jurídicos y no físicos, es necesario que estén jurídicamente organizados de forma que pueda atribuírseles una voluntad. Pero esta organización, en base a la cual posee el Estado una voluntad propia, no le ha sido atribuida por el Derecho internacional, sino por el mismo derecho estatal que constituye, por tanto, el presupuesto de aquél. Y adviértase que tal presupuesto no es solo un presupuesto de *facto*, sino un presupuesto jurídico, esto es, tenido en cuenta por el Derecho internacional que, en vista de ello, atribuye o reconoce a los Estados personalidad para sus recíprocas relaciones. Desde este punto de vista, se dice normalmente que el Derecho internacional reenvía al Derecho constitucional lo que concierne a la competencia del órgano que ha de formar o expresar la voluntad del Estado a tener en cuenta en las relaciones internacionales. La expresión no es acaso exacta y se presta, de todos modos, a ciertos equívocos. La figura del reenvío de un ordenamiento a otro, se da propiamente cuando uno de ellos da entrada a normas del otro, haciéndolas propias (reenvío material o recepticio), o bien cuando declara que ciertas materias o relaciones quedan excluidas de su esfera, abandonadas así a la regulación de otro ordenamiento (reenvío formal)[220]. Ahora bien, admitido que el Derecho inter-

---

[220] Vid., entre otros, Triepel, *op. cit.*, pp. 156 y ss., 235 y ss.; Anzilotti, *Il diritto internazionale nel giudizi interni*, p. 179 y ss., etc. De acuerdo con la opinión recogida en el texto, sobre la que no podemos extendernos ahora, dudamos de la conveniencia de reducir a la figura del reenvío la remisión por parte del Derecho internacional a normas de derecho interno o viceversa. Nos parece más conveniente decir en estos casos que un ordenamiento es presupuesto del otro, limitando así el concepto de reenvío a las relaciones entre otros ordenamientos cuyos sujetos, cuyos objetos y cuyas normas, por ende, pueden coincidir. [Vid. mi *Corso di diritto internazionale* (4), p. 47 y ss., así como mi *Principii di dir. costitucionale generale*, cap. VII, §6, nn. 12, 13.]

nacional considere como voluntad del Estado la constituida por el órgano que este último estime conveniente según su derecho interno, no se da evidentemente un reenvío al Derecho constitucional en ninguno de los dos sentidos señalados. No hay reenvío en sentido recepticio, ya que la norma de Derecho constitucional que establece la competencia de ese órgano, se refiere a una relación entre el Estado y dicho órgano, y no puede ser asumida, por tanto, por el Derecho internacional, que se ocupa solo de relaciones entre Estados. Tampoco lo hay en sentido formal, ya que tal especie de reenvío implica, en nuestra opinión, la posibilidad jurídica de que la materia a propósito de la cual se remite al derecho de otro ordenamiento sea regulada por el ordenamiento que efectúa el reenvío, y que de este modo renuncia a regularla por sí. Pero tampoco se da esta posibilidad en el caso que examinamos, ya que se trata de una materia que cae dentro del campo del Derecho constitucional y a la que es totalmente ajeno el Derecho internacional. La norma de Derecho constitucional podrá ser: "Al rey, por ejemplo, corresponde la potestad de estipular los tratados." La norma del Derecho internacional sería, en cambio, según la doctrina más aceptada, esta otra tan distinta de la anterior: "Debe considerarse (por los otros Estados) como voluntad de un Estado, la manifestada por el órgano con competencia para ello, según su derecho interno. Este último inciso no constituye un auténtico y propio reenvío, ni siquiera en sentido formal. Ello se muestra de modo más evidente si se acoge la opinión[221], que aquí no debemos valorar, según la cual la norma de Derecho internacional sería, en cambio, la siguiente: "Debe presumirse (por los otros Estados) que

---

[221] Anzilotti, Volontá e resposabilitá nella stipulazione dei trattati internazionali, en "Riv. di dir. internaz.", V, 1910; Corso, I, p. 124 y ss. [En sentido distinto, en las ediciones posteriores: ed. alemana, pp. 104, 275.]

sea voluntad de un Estado la manifestada como tal por el Jefe del Estado o por las autoridades militares en tiempo de guerra, etc." En esta hipótesis, como también en la primera, el Derecho internacional no hace más que presuponer, de modo distinto y con efectos diferentes, la organización de los Estados, pero él no se ocupa de tal organización, ni siquiera para declarar que no quiere ocuparse de ella; no obstante, la tiene en cuenta. Ello no quiere decir que la organización estatal sea para el Derecho internacional un simple dato de hecho, como algún autor ha afirmado[222]; es un auténtico dato jurídico, esto es, un ordenamiento tomado en consideración en cuanto tal. La opinión inversa parte del principio señalado de que el derecho lo constituyen única e inmediatamente las normas referentes a aquellas relaciones en virtud de las cuales los distintos sujetos tienen derechos y deberes, opinión cuya inexactitud nos cuidamos de demostrar más arriba. Volviendo, pues, a la figura de que nos ocupábamos, hay que señalar que cuando el Derecho internacional atribuye derechos o deberes a los Estados, aparecen éstos como una unidad; a tal unidad se llega por el propio Derecho internacional haciendo uso del paréntesis en el que se encierran determinadas partes del derecho interno de los Estados que son relevantes para aquél. No llega a in-

---

[222] Marinoni, La responsabilitá degli Stati, etc., passim, y especialmente en p. 115 y ss. En un plano más general afirma Marinoni (p. 162 ss.) que "la correlación entre orden jurídico interno y orden jurídico internacional solo puede ser extrajurídica". Arranca tal opinión de la creencia de que el Estado sea un ente de hecho, pero que se convierte en ente jurídico para los diversos ordenamientos. Estimamos, sin embargo, que el Estado no puede entenderse en ningún momento si no es como ente jurídico. Ello no excluye el que su configuración jurídica sea distinta para el Derecho internacional de lo que es para su propio derecho interno. Tal configuración del derecho interno no puede, sin embargo, dejar de ser jurídicamente relevante para el orden internacional, aunque solo sea como un presupuesto. [Vid. también nota 226.]

fluir sobre estas partes, pero siente, en cambio, la necesidad de tenerlas en cuenta para determinar precisamente cuáles son los elementos constitutivos de la unidad y personalidad de cada Estado. No puede afirmarse que el presupuesto de un ordenamiento jurídico, precisamente porque es un presupuesto, permanece fuera de él y no tiene, por tanto, carácter jurídico; en cuanto tal presupuesto es tomado en consideración por el ordenamiento, determina el carácter esencial del mismo, carácter del que a su vez derivan una serie de sus principios; pero además, hay que tener en cuenta cómo tal presupuesto es tomado en consideración, sin que nada impida que otro ordenamiento lo considere por su parte como un auténtico ordenamiento y no de otra forma.

Ello es cierto no solo por lo que respecta a la necesaria organización del Estado para la formación o expresión de su voluntad, sino también con respecto a otros muchos puntos[223]. Quien renuncia a tener en cuenta tal principio, no puede entender plenamente algunos caracteres fundamentales del Derecho internacional. Problemas como el de no considerar más sujetos que a los Estados[224], o el de considerar a algunos Estados como privados de capacidad, etc., no pueden resolverse convenientemente si no se tiene en cuenta la Constitución interna de los Estados. El Derecho internacional confía en parte, precisamente en tal Constitución, para que sus normas sean observadas, y en cuanto no se den las garantías suficientes para ello, no puede existir un sujeto idóneo para tal derecho. Este, el Derecho internacional puede ser, como en realidad es, un derecho entre sujetos iguales,

---

223 Vid. en Triepel, op. cit., p. 290 y ss, y en Anzilotti, Il diritto internazionalle, etc., p. 59 y ss., abundantes ejemplos de normas de derecho interno, consideradas por el Derecho internacional como presupuestos.

224 [Mi opinión actual es que los Estados no son los únicos sujetos de Derecho internacional. (Vid. mi Corso di dir. internaz. cit., p. 58 y ss.); de todas formas no hay inconveniente en atribuir a los otros sujetos las observaciones hechas en el texto a propósito de los Estados.]

sobre el que ningún otro sujeto ejercita su imperio en cuanto el ordenamiento de cada uno de los Estados reconocidos contiene, implícita o explícitamente, la norma fundamental que impone a sus órganos, al menos como regla general, el respeto del Derecho internacional, así como la emanación de aquellos actos necesarios para hacerlo respetar por parte de sus súbditos. El Derecho internacional no es ciertamente obligatorio de modo directo para los órganos y para los ciudadanos de un Estado, pero presupone una norma de derecho interno que asegure, al menos como tendencia y aunque solo sea de modo relativo y condicionado, que este derecho interno no ha de orientarse de forma que haga inobservables por parte del Estado sus cargas respecto a otros miembros de la comunidad internacional. Así, cuando se dice que el orden jurídico interno distinto del orden jurídico internacional, puede ser incluso contrario a este último, se dice algo totalmente exacto, pero que debe ser entendido rectamente: pueden existir divergencias respecto de determinadas relaciones o supuestos, pero por otro lado, no es posible que forme parte de la sociedad de Estados regulada por el Derecho internacional, un Estado que no esté organizado o constituido de forma que asegure —repetimos, al menos, como postulado y tendencia general—, la conformidad de su conducta con las reglas de tal sociedad. De donde deriva que desde esta perspectiva concreta, está muy lejos de ser inexacto el afirmar que el Derecho internacional encuentra una parte considerable de sus garantías en el derecho interno. Cierto, que si se concibe la garantía como sanción o coacción que haya de concretarse en una norma que proteja el cumplimiento de otra (vid. § 8), tal norma no puede pertenecer sino al mismo orden jurídico de que forma parte la norma protegida. Pero si se consideran también como garantías aquellas indirectas y relativas, en las que puede desde luego confiar también un ordenamiento, entonces pueden muy bien hallarse tales garantías en la estructura interna de sus sujetos, en su propia organización y también, por tanto, en los presupuestos del ordenamiento mismo (§ 18). Incluso, como hemos visto y se intuye además fácilmente, no solo esas garantías, sino también la existencia misma del Derecho internacional se basa en tales presupuestos.

§ 38. Relevancia de un ordenamiento en relación con otro en cuanto a su contenido

Un ordenamiento jurídico puede ser relevante para con otro, por cuanto a su contenido respecta, según distintos títulos y de modo también diferente:

a) Un ordenamiento superior como fuente inmediata o mediata de un ordenamiento inferior

También aquí, la primera hipótesis a la que debemos referimos es a la de un ordenamiento que en fuerza de su superioridad determina, directa o indirectamente, el contenido que otro debe tener. El Estado influye, por ejemplo, sobre el ordenamiento de los Municipios, ya sea constituyéndolos directamente a través de sus propias leyes, o bien regulando su autonomía, de modo que cuando establece las condiciones de las que, como vimos, hace depender la validez de las manifestaciones de tal autonomía, puede establecer precisamente entre tales condiciones, algunas que se refieran al contenido que deben tener los ordenamientos que los Municipios mismos se establecen.

También la autonomía de los particulares, dando siempre por hipótesis que pueda ser fuente de derecho objetivo, supone que para el contenido de éste pueda ser relevante el derecho estatal, que constituye su fundamento primero, condicionando a su vez aquella autonomía en todos los sentidos.

Sustancialmente distinto es, en cambio, el caso de un ordenamiento que es, sí, superior a otro, pero con una superioridad limitada no solo por sus propios caracteres o por sus propias normas, sino también por la independencia propia y originaria del ordenamiento inferior que se compatibiliza con aquella superioridad. Tal sucede, fundamentalmente, en las relaciones entre el Derecho internacional y el derecho estatal interno. De la misma forma que aquél no puede influir sobre la existencia y validez de las manifestaciones de este segundo, no puede tampoco, por el mismo principio y por sus posteriores aplicaciones, determinar inmediatamente su contenido. Puede, desde luego, influir sobre el derecho estatal interno imponiendo o prohibiendo al Estado el emanar un determinado derecho objetivo, o, al revés, autorizándole a ello. En todo caso, queda firme el principio de que si el Estado contraviene tales disposiciones de Derecho internacional dando a su ordenamiento un contenido no conforme con ellas, habrá violado sí, uno de sus deberes internacionales importantes, pero su ordenamiento interno será, por otro lado, plenamente legítimo *in se* y *per se*. Solo desde este punto de vista y en este sentido, puede hablarse por tanto, como se habla comúnmente, de una legislación explícita o implícita, directa o indirectamente impuesta, prohibida o permitida al Estado por el Derecho internacional[225]. No olvidemos que tal derecho o deber, de emanarla o de no emanarla, señalado por el Derecho internacional, es un derecho

[225] Vid., salvadas las divergencias particulares, Triepel, op. cit., p. 253 y ss.; Anzilotti, Il diritto internazionale, p. 49 y ss.; Corso, l, p. 33 y ss. [p. 42 de la edición alemana]; Donati, I trattati internazionali nel diritto costituzionale, Torino, 1906, p, 347 y ss.; Marinoni, La responsabilitá degli Stati, cit., p. 151 y .ss.: Ghirardini, Il diritto processesuale civile internazionale italiano, I, Spoleto, 1914, p. 76 y ss. [así como numerosos autores más recientes: vid., de entre ellos, Perassi, Lez. di dir. internaz., Roma, 1937-1938, I, p. 26 y ss.; II, p. 14 y ss.; Romano, Corso di dir. internaz. (4). p. 50 y ss., etc.]

que el Estado tiene frente a los otros Estados, que si bien lo ejercita o lo observa a través del uso que hace del poder legislativo, no se refiere a la propia potestad legislativa del Estado, ya que ésta deriva del derecho interno y no puede, por tanto, ser regulada por el Derecho internacional[226]. En otros términos: el ordenamiento internacional no puede influir sobre el contenido del ordenamiento estatal *ipso iure*, esto es, por la fuerza inmediata de sus disposiciones, sino solo como consecuencia del ejercicio de un derecho subjetivo o del cumplimiento de un deber subjetivo que frente a los demás Estados le es atribuido a ese Estado concreto por el Derecho internacional. En último término, es siempre el Estado quien determina el contenido de su propio ordenamiento, pero ello no excluye que sobre tal determinación pueda influir el Derecho internacional en el sentido indicado.

De ello deriva que el derecho internacional, que por su naturaleza y contenido no establece nunca normas ni para los órganos ni en general para los súbditos del Estado, no constituye parte integrante del derecho interno que es, en cambio, la fuente exclusiva de aquellas normas o de aquellos actos que pueden ser necesarios incluso para el cumplimiento del Derecho internacional. Pero en todo caso, hay que considerar como jurídicamente relevantes para el derecho interno las relaciones que de aquél derivan, no como una fuente del mismo, sino en cuanto pueden ponerlo en movimiento y determinar la aplicación ulterior o el cumplimiento de normas ya contenidas en el derecho interno. Entre ellas hay que señalar en primer lugar, como recordábamos más arriba

---

[226] En sentido un tanto distinto, Anzilotti, II diritto internazionale, etc., p. 184 y ss.; Corso, I, 37 [en sentido coincidente con lo que sostenemos en el texto, ahora, en la edición alemana, p. 43]. Cfr., en cambio, Donati, I trattati, etc., p. 290 y ss.; Gli organi dello Stato e il diritto internazionale, en "Rivista di diritto pubblico", 1909, p. 454 y ss. [y ahora también, Ago, Teoria del dir. internaz. privato, p. 66; Balladore Pallieri, Dir. internaz. pubblico (3), p. 55 y ss.]

(§ 37), la que impone como regla general y salvo exigencias superiores, el respeto de los deberes internacionales.

De aquí también la consecuencia de que cuando el Estado, en lugar de regular expresamente una materia o un supuesto, se refiere a lo que establece el Derecho internacional, ello no supone la asunción de tal derecho como ordenamiento regulador de esta materia, materia que por su contenido y por los sujetos a quienes se refiere, tiene que ser sustancialmente distinta de la que el Derecho internacional contempla. Tal referencia, que no creemos pueda ser calificada de reenvío como frecuentemente se hace (§ 37), supone, en cambio, emanar indirectamente derecho interno, de acuerdo con aquello que el Derecho internacional impone o permite establecer[227]. Así, cuando se ordena pura y simplemente la ejecución de un tratado, tal orden supone la emanación de las normas necesarias para tal ejecución y no mediante su formulación expresa, sino dejando que lo deduzca el intérprete, quien por otra parte conoce tal tratado a través de su publicación.

Figuras análogas, no consideradas por la doctrina pero no por ello menos interesantes, pueden encontrarse en las respectivas relaciones del ordenamiento del Estado o del ordenamiento de la Iglesia con ese derecho superior a ambos, que es el que se establece por medio de los concordatos entre estos dos entes.

---

[227] Vid., por todos, Anzilotti, Il diritto internazionale, p. 74 y ss.; Donati, I trattati, p. 285 y ss. [y en general, la bibliografía más reciente]. Como se sabe, la doctrina más antigua y la jurisprudencia, mantienen posición contraria, y especialmente para los tratados internacionales, admiten con frecuencia que se convierten en leyes del Estado.

§ 39 b) Un ordenamiento superior que influye sobre el contenido de varios ordenamientos inferiores, pero independientes entre sí

Sirviéndose de un ordenamiento inferior, puede también influir sobre el contenido de un derecho el contenido de otro u otros ordenamientos que directamente no podrían ser tomados en consideración. También aquí, nos ofrece un ejemplo el Derecho internacional en cuanto trata de coordinar entre sí los ordenamientos de los distintos Estados, de modo que éstos se encuentren obligados a circunscribir el contenido de su ordenamiento propio, según diferentes criterios que pueden suponer, ya el deber negativo de no extenderlo más allá de su propio territorio y de sus propios súbditos, ya el deber positivo de referirse al derecho de los otros Estados en determinadas materias. Cuál sea la naturaleza de tal referencia y qué consecuencias implique, es problema bien discutido, al que podremos en seguida aludir en el parágrafo siguiente a propósito de otra hipótesis en la que se manifiesta también el mismo problema.

Así, igualmente, en un sistema concordatorio el Estado, y recíprocamente la Iglesia, pueden tener la obligación de emanar ciertas normas o de establecer ciertas instituciones en obediencia a lo establecido en el concordato, pero no según disposiciones concretadas directamente por este último, si bien teniendo en cuenta normas o instituciones del otro sujeto al que el concordato se refiere.

§ 40 c) Ordenamiento que determina de por sí su propio contenido, teniendo en cuenta otro ordenamiento inferior o independiente

También la determinación unilateral de un ordenamiento puede ser título para que sobre él influya el contenido de otro ordenamiento, ya sea independiente, ya esté sometido a aquél.

Y así como el derecho del Estado es relevante en relación con el contenido del derecho municipal a causa de su superioridad, también este último puede influir recíprocamente sobre aquél por efecto de las mismas disposiciones estatales. Así sucede que, dada la posición que tienen tanto los Municipios como también otros entes autárquicos, de entes subsidiarios del Estado, de órganos indirectos suyos, sucede que el Estado, aprovechándose de la existencia y actividad de estos entes, se evita el constituir órganos propios e inmediatos para el ejercicio de funciones que son desarrolladas, aun en interés del mismo Estado, por aquellos entes. Tenemos, pues, que la autarquía ofrece un ejemplo interesante de la influencia recíproca existente entre dos ordenamientos, uno de los cuales, aun dependiendo del otro, actúa sobre este último, dando ocasión así a que pueda configurarse teniendo en cuenta las características de aquél.

Es también muy frecuente el caso en que un Estado, determina su propio ordenamiento de acuerdo con el ordenamiento de los otros Estados, y ello aún sin estar obligado, al menos específicamente, por el Derecho internacional. Por de pronto, todo el llamado derecho interno en materia internacional, incluso en lo que no es consecuencia directa del Derecho internacional supraestatal, supone ya la participación del Estado en la sociedad internacional y, por tanto, el reconocimiento de los otros Estados como ordenamientos jurídicos, así como una serie de relaciones entre los distintos ordenamientos estatales[228]. El llamado Derecho internacional privado es, desde este punto de vista, bien significativo. Según una distinción[229] admitida hoy por la generalidad de la doctrina, existen, en primer lugar, verdaderas y propias normas de Derecho internacional que se refieren a la coordinación de los ordenamientos jurídicos estatales, y ello con independencia de que tales normas sean más o menos numerosas. Ante tales normas, nos encontramos en el caso antes mencionado de que el contenido del ordenamiento de un Estado influye sobre el contenido del ordenamiento de otro Estado a través de un ordenamiento superior a ambos, que es, en este caso, el Derecho internacional. Sin embargo, puede también suceder que yendo más allá de tales normas o, en caso de que falten, sea el propio Estado quien espontáneamente y por sí mismo coordine su derecho con el de otros Estados. Realmente es desde luego discutible que entre este caso y el anterior exista esa diferencia sustancial e irreductible que la doctrina moderna se complace en señalar. En realidad, tal coordinación ha sido frecuentemente concebida en distintos sentidos como una exigencia, no solo de hecho y material, sino principalmente jurídica que se le impondría al legislador de cada Estado y que le haría asumir, como se ha señalado, una función de tipo internacional, en cuanto él integraría las lagunas y las deficiencias del Derecho internacional supraestatal[230]. Nos

---

[228] Vid. Ghirardini, Il diritto processuale civile, etc., p. 50 .y ss., donde se encuentra el análisis más reciente y difundido del concepto de derecho interno, así como la bibliografía aquí recogida. [Vid. también mi Corso di dir. internaz.(4), p. 10 y ss., 51, 52,]

[229] Sobre tal distinción, vid., principalmente, Zitelmann, Internationales Privatrecht, I, Leipzig, 1897, p. 73 y ss.

[230] Anzilotti, Studi critici di diritto internazionale privato, Rocca San Casciano, 1898, passim, p. 132 y ss.; Il diritto internazionale, cit., pp. 122, 149 y ss.; Fedozzi, Il diritto processuale civile internazionale, Bologna, 1905, p. 6 y ss.; Diena, Principii di diritto internazionale, II,

parece que se ha ido demasiado lejos en la refutación de tales puntos de vista[231], que si bien es cierto necesitan de una formulación más concreta, contienen también un elemento de verdad que hoy se tiende a olvidar de modo un tanto simplista. No pueden defenderse, ciertamente, como hacía la doctrina tradicional partiendo de principios iusnaturalistas, y admitiendo por encima de los distintos Estados no solo el Derecho internacional positivo, sino también, y por encima de éste, una serie de normas de carácter racional, que hoy se consideran unánimemente como extrajurídicas. Con ello, sin embargo, ni se resuelve ni se elimina el problema; lo único que se hace es cambiar su planteamiento. Se señala, así, que si en la hipótesis indicada falta una norma de Derecho internacional que especifique la obligación del Estado de tener un ordenamiento con un determinado contenido que tenga en cuenta los ordenamientos de los demás Estados, existe en todo caso la obligación genérica e indeterminada de excluir la territorialidad absoluta del derecho propio, de modo que cada Estado quedaría solamente libre en cuanto al modo de entender y actuar tal obligación. Es cierto que esta fórmula parece y es en realidad demasiado vaga, pero estimamos que contiene un atisbo de la solución justa a la que quizá podría llegarse (y aquí no es el caso de extenderse sobre este problema concreto), aplicando los conceptos que más arriba expusimos acerca del derecho en general. Este

---

n. 37; [Dir. internaz. privato, 1917, pp. 27, 97].
Con*siderazione critiche sull concetto dell'assoluta e completa separazione fra il diritto internazionale e l'interno*, en "Riv. di dir. pubb.", 1913, I, p. 332 y ss.; Ottolenghi, *Sulla funzione e sull'eficaccia delle norme interne di diritto internazionale privato*, Torino, 1913, *passim*, pp. 10 y ss., 70 y ss.

[231] Vid., entre los más recientes, Donati, I trattati, p. 440, en nota; Marinoni, La natura giuridica del diritto internazionale privato, en "Riv, di dir. internazionale", 1913, p. 457 y ss.; Ghirardini, op. cit., pp. 13, 36 y ss.

no consta simplemente de normas y no se protege únicamente con ellas, como es creencia universal, sino también con su misma existencia, esto es, como institución que por el simple hecho de serlo tiene ya una relevancia jurídica en relación con quienes forman parte de ella. El ordenamiento internacional actúa además sobre los distintos Estados, de estas dos formas: 1) Por medio de normas concretas que les imponen derechos y deberes en sus recíprocas relaciones; entonces estamos ante el caso de que el Derecho internacional puede imponer a los Estados la obligación precisa y taxativa de coordinar sus respectivos ordenamientos internos, según determinados criterios; 2) Limitándose a señalarles (y este modo es por tanto lógicamente anterior al primero), una posición general, un status en concreto —el de miembro de la comunidad internacional—, y ya sabemos (§ 23) que tal posición, tal cualidad, tal *status* o como se quiera llamar, es jurídicamente relevante *per se*, aun cuando no pueda descomponerse o reducirse en concretos derechos y deberes, incluso porque afirma la imposibilidad de tal reducción. Como consecuencia, y por tanto consecuencia también del Derecho internacional del que deriva, cada uno de los Estados resulta *afectado* por tal cualidad, de la que ni pueden ni quieren prescindir, y que repercute, desde luego, en su propio ordenamiento interno. De tal forma, que este ordenamiento interno es influido por el Derecho internacional, en el primer caso, a través de las *relaciones* que este último establece y que luego originan derechos y deberes entre los distintos Estados; en el segundo caso, a través de ese *status* genérico, mas no por ello jurídicamente irrelevante, que a cada Estado le corresponde en el complejo de la institución en que se concreta la *societas gentium*.

Para desarrollar su condición de socio y coordinar, por tanto, su ordenamiento con el de los otros Estados copartícipes, empieza, tanto en esta hipótesis como en la precedente, salvando la diferencia señalada, empieza —digo— limitando la esfera no solo de la simple aplicación —como se estima normalmente—, sino del contenido efectivo del propio ordenamiento, y establece contemporáneamente que en el sector ante el cual su ordenamiento se detiene, por así decir, se incorpore el contenido de un ordenamiento extranjero que es elegido y determinado con criterios que pueden variar. Se dan, pues, dos principios que conviene distinguir en un plano ideal, ya que prácticamente se presentan unidos en una misma disposición[232]: el primero determina los límites que el ordenamiento estatal se señala a sí mismo; el segundo reenvía al derecho extranjero. Ambos principios están íntimamente conectados entre sí, ya que el que un legislador se declare incompetente para regular determinada materia supone precisamente que reconoce la competencia del legislador extranjero[233]; pero conviene distinguirlos, ya que puede suceder, y la hipótesis es bien distinta de la que aquí nos ocupa, que la exclusión que hace un Estado de una determinada materia de su propia potestad legislativa, se deba a que se juzga esta materia como jurídicamente irrelevante (§ 46), faltando por tanto toda referencia a otro ordenamiento. En cambio, en nuestro supuesto la materia en cuestión es considerada como jurídicamente relevante para el ordenamiento del Estado, siéndolo también, por tanto, para todas las funciones del mismo, en cuanto con aquélla pueden relacionarse; esto es, para la función judicial, para la administrativa e, incluso, para la legislativa. Solo que, en

---

[232] Cfr. Ghirardini, op. cit., p. 33 y ss., salvo que habla de prohibición de aplicar la ley nacional, y de imperativo de aplicar la ley extranjera, mientras que, a mi parecer, no estamos más que en el momento en que se produce la ley con un contenido concreto que supone, en definitiva, la remisión a la ley extranjera o su exclusión, y este momento es en todo caso, anterior a la aplicación de la ley.

[233] Anzilotti, Studi critici, p. 108 y ss.; Il diritto internazionale, p. 128, en nota.

relación con esta última, no hace uso el Estado del poder que tiene de regular su contenido; en todo caso la ley se ocupa de ella, pero solo negativamente, y para abrir cauce al ordenamiento de otro Estado que la regula ya de modo positivo. Ambos principios constituyen una norma de derecho interno que tiende, en este sentido, no ya a resolver (como se dice normalmente fijándose siempre en el momento posterior de su aplicación), sino a impedir los llamados conflictos o concursos de las potestades legislativas de distintos ordenamientos, que pueden referirse en común a una misma materia. Semejante norma, que según terminología muy frecuente, puede calificarse como norma de colisión, será válida naturalmente solo para el Estado que la establece. El conflicto será eliminado, pero solo respecto de su ordenamiento, a diferencia de lo que sucedería si una norma internacional impusiera su obligación a todos los demás Estados.

Sin embargo, es sabido cómo se han formulado distintas objeciones a la admisibilidad de tal norma de colisión. Se ha afirmado así que una norma jurídica, precisamente en cuanto tal, no puede tener como objeto la relación entre leyes diferentes, esto es, la determinación de la ley competente para regular una determinada categoría de hechos, ya que aquélla debe referirse exclusivamente a las relaciones entre los sujetos que le están sometidos[234]. Se trata de una consecuencia de aquella concepción del derecho objetivo que lo reduce a la simple regulación de relaciones subjetivas y que antes hemos refutado (vid. *supra*, *passim* y § 22). Se ha afirmado también que una norma interna no puede poner un límite al ordenamiento de que forma parte, en relación con otro ordenamiento extranjero, ya que éste es ajeno a aquél y no se da por tanto la necesaria posibilidad de correlación o de interdependencia: solo el Derecho interna-

[234] Donati, I trattati, p. 441 y ss., en nota; vid. también Bierling, Juristische Prinzipienlehre, IV, p. 153 en nota.

cional podría contemplar de modo mediato esa correlación entre los distintos órdenes estatales[235]. Tal razonamiento se podría rebatir, ante todo, observando que si se admite que esa correspondencia puede constituir mediatamente objeto del Derecho internacional, significa ello que no solo puede, sino que en este caso debe ser también objeto inmediato del derecho interno; en otro caso, ¿qué importancia tendría aquella norma de Derecho internacional entendida de este modo? Pero además, a falta de la misma, admitiendo incluso que el ordenamiento estatal tenga la posibilidad jurídica de hacer abstracción absoluta del ordenamiento de los otros Estados, ello no impide que, cuando por cualquier motivo, aunque sea de simple conveniencia, decide en cambio tenerlo en cuenta, entonces es obvio que, gracias a esta determinación suya, pasa el ordenamiento extranjero a ser relevante para él. Es cierto que con anterioridad a ello no puede considerarse el conflicto entre los distintos ordenamientos más que como un conflicto práctico, un conflicto de hecho, pero desde ese momento en adelante pasa a ser un auténtico conflicto jurídico en relación, claro está, con aquel ordenamiento que lo considera como tal y emana disposiciones para eliminarlo. En otras palabras: el Estado toma en consideración el hecho real de que una persona, una cosa o una relación cualquiera, pueden caer al mismo tiempo bajo el ámbito de diferentes ordenamientos, y por iniciativa propia y con los medios de que dispone, regula este hecho que asume por tanto para él la figura de un hecho jurídico, optando por uno de aquellos ordenamientos que desde luego puede no ser el suyo propio. Tal elección puede no tener importancia alguna para el derecho de los demás Estados en cuestión, o incluso para el Derecho internacional supraestatal, pero tiene desde luego relevancia para el Estado que la realiza. En este sentido no hay que rechazar

[235] Marinoni, La natura giuridica, etc., loc. cit., p. 465, en nota.

la palabra "conflicto", usada por la teoría tradicional. Claro que se trata de un conflicto que no se presenta de modo inicial ante el juez, como esa doctrina estimaba partiendo del concepto iusnaturalista de que los distintos ordenamientos extranjeros pudieran tener de por sí valor para el Estado con independencia del reconocimiento hecho por el legislador de este último; el conflicto se le presenta en cambio al legislador, y solo por obra suya asume relieve jurídico.

Todo esto impone también la consecuencia de que el derecho extranjero al que reenvía el derecho de un Estado, haya de ser considerado por este último en la hipótesis señalada, como tal derecho extranjero[236]; pero en cambio ya se sabe que hay quien entiende, partiendo de principios diferentes, que se trata siempre de un reenvío no formal, sino recepticio, y que la ley extranjera se transforma por tanto en ley propia del ordenamiento que la reclama[237]. Pensando así, evidentemente, no se puede hablar más de conflictos; no existe una contraposición entre el derecho extranjero y el derecho nacional, sino que una parte integrante de este último —armonizada desde luego con el resto—, que solo materialmente tiene un contenido idéntico con el del derecho de otro Estado, se remite a él únicamente por facilidad y por no repetir in extenso sus disposiciones. Pero a nuestro juicio tal concepción es totalmente infundada. El reenvío al derecho extranjero hay que conectarlo con el principio de

---

[236] Tal es la opinión dominante: vid., por todos, Zitelmann, op. cit., p. 257 y ss.

[237] Prescindiendo de indicaciones más o menos vagas, que es dudoso pretendan ser manifestaciones de una auténtica y propia doctrina, vid. Chiovenda, Principii di diritto processuale civile (3), Napoli, 1912, p. 303 y ss.: Diana, La sentenza straniera e il giudizio di delibazione, en "Riv. di dir. internaz.", 1905, p. 73; Bierling, op. cit., IV, p. 153 en nota; Klein, Die Revisibilität des internazionalen Privatrechts, en "Böhm's Zeitschrift", 1903, p 353 y ss.; Marinoni, La natura giuridica, etc., loc. cit.

que el ordenamiento estatal se limita a sí mismo; ello significa que el derecho extranjero es llamado a regir un campo que no lo está por el derecho estatal, y por tanto aquél no puede ser considerado como una parte de éste. Buena prueba de ello es, aparte de todo lo dicho, que la tesis contraria no puede ser sostenida en absoluto cuando a consecuencia de un precepto de Derecho internacional supraestatal, la norma extranjera es reconocida por el derecho de un Estado; en tal caso, nos encontramos con la existencia de una determinada materia que el Estado no puede regular por sí, debiendo admitir, por el contrario, la regulación hecha por otro Estado. En semejante hipótesis se debe presumir al menos, que el reenvío al derecho de este último se hace en aplicación de aquel precepto internacional, y que por tanto no tiene naturaleza recepticia[238]. Ahora bien, lo mismo puede suceder cuando el ordenamiento de un Estado no regula de modo positivo una determinada materia, y ello por determinación espontánea suya. Ninguna diferencia se da entre ambos casos, pues aun cuando exista la obligación internacional a la que nos hemos referido, su cumplimiento tiene lugar solamente mediante una disposición del poder legislativo que reconoce, como en el segundo caso, que debe limitarse en un determinado sector y dejar campo también al derecho extranjero. Varía desde luego el motivo por el cual se produce tal comportamiento, pero desde el punto de vista del derecho interno, el resultado es el mismo.

Tampoco debe decirse que en tal hipótesis tendríamos un Estado que conferiría competencia legislativa al Estado extranjero. Se trata de un proceso que se desarrolla íntegramente en el ámbito del derecho interno de aquel Estado que se limita por sí mismo, por cuenta propia, y que atribuye un determinado valor al ordenamiento de otro Estado sin entrar en relación con él. Se trata de una coordinación uni-

[238] Donati, Stato e territorio, loc. cit., p. 514 en nota.

lateral de las competencias legislativas de distintos Estados, que tiene consecuencias para el Estado que la lleva a cabo, pero no para los otros, a menos que éstos, por su cuenta, no las quieran. Cada Estado no regula más que su propia competencia legislativa y la regula incluso aun cuando la limita.

Se ha objetado también que si el derecho extranjero permaneciese como tal, habría que concluir que los extranjeros serían sujetos de derecho solo según el ordenamiento de su propio Estado, y no según los ordenamientos de los demás Estados, a pesar del reenvío que a estos últimos se hace; ellos aparecerían por tanto ante tal ordenamiento como privados de capacidad jurídica[239]. Se puede responder, sin embargo, que ello sería cierto en todo caso si la capacidad de estos sujetos, fuera ya de su propio Estado, dependiera únicamente de este reenvío. Pero tal capacidad, en cambio, puede ser declarada por otra norma que, según nosotros, no entra ya en el campo del llamado Derecho internacional privado y que constituye, bajo ciertos puntos de vista, su presupuesto[240]. De hecho, tal norma no se contiene en el derecho italiano entre las disposiciones preliminares al Código civil —que son las de Derecho internacional privado—, sino en el artículo 3º del propio Código 116[241].

Así, en la hipótesis de que tratamos, el reenvío al derecho extranjero implica, a nuestro parecer: a) una delimitación del ordenamiento jurídico de un Estado, como premisa a su vez de la, b) declaración de que determinada materia es regulada por el derecho extranjero, en cuanto tal derecho extranjero. Respecto de la disposición, que puede

---

239 Marinoni, op. y loc. cit., p. 474.

240 Cfr. Zitelmann, op. cit., 1, p. 256 y ss.; Anzilotti, II dir. internazionale, p. 124 en nota; Ghirardini, op. cit., pp. 26, 65 y ss.

241 [El Código civil de 1942 la recoge, en cambio, entre las disposiciones preliminares (art. 16)].

en ocasiones darse[242], de atribuir a este último eficacia en el Estado que opera el reenvío, una eficacia que puede ser coincidente, mayor o menor de la que tiene en su propio Estado, nos ocuparemos a continuación (§ 42), creyendo que tal disposición tiene consistencia propia y que no se traduce siempre y necesariamente, al menos de modo total, en la llamada norma de colisión. Esta se refiere al contenido del ordenamiento de un Estado respecto al de otro Estado; la otra, en cambio, atañe a los efectos del derecho extranjero para con el derecho estatal que a aquél se remite.

Ello no impide que en otros casos pueda darse un reenvío recepticio, en lugar de un reenvío formal. En tal hipótesis, el contenido de un ordenamiento jurídico es relevante para con otro en cuanto éste, en algunas de sus partes, quiere ser uniforme con el primero; tal ordenamiento no se limita, sino que afirma incluso, que una determinada materia cae dentro de su ámbito, lo que pasa es que no la regula directamente, sino por medio de los "preceptos en blanco", que luego de hecho y de modo material son completados por el ordenamiento al que se reenvía. Estrictamente hablando, no existe, pues, una relación entre dos ordenamientos, sino un simple modo de manifestarse y exteriorizarse uno de ellos.

Lo que sucede en las relaciones entre los ordenamientos de distintos Estados, puede suceder igualmente en las relaciones entre otros ordenamientos que no han sido estudiadas con detenimiento por la doctrina[243], que son dignas de ma-

---

[242] Hemos de prescindir aquí de examinar la conexión existente entre estos distintos aspectos: si se trata de normas autónomas, si, por el contrario, se completan una a otra, o si hay que reconducirlas (y de qué manera) a otras normas, esto es, a las que regulan las distintas relaciones concretas.

[243] Vid., de entre los que se han ocupado del tema, Scherer, Handbuch, cit., § 34; Sägmüller, Lehrbuch, cit., p. 104 [edición de 1925, p. 52]; Wernz, Jus decretalium , I, p. 2,94 y ss, [Ius canonicum(3), p. 369; Jemolo, Il valore del dir. della Chiesa nell ordinamento giuridico it.,

yor consideración y que dan lugar a figuras análogas, ayudando además a comprender las que ya hemos mencionado.

Así, por ejemplo, la Iglesia que, como se sabe, afirma su perfecta autonomía frente al Estado, reenvía en determinadas ocasiones a las leyes de este último, esto es a las leyes civiles. Tal reenvío puede presentar diferentes caracteres. En ocasiones se trata de un reenvío recepticio de forma que las leyes civiles pasan a formar parte Integrante del ordenamiento interno de la Iglesia. Así sucedía cuando el antiguo Derecho eclesiástico reenviaba al Derecho romano como fuente subsidiaria, para aquellos casos que el primero no regulaba de modo directo con disposiciones formalmente emanadas por él. Un reenvío semejante se da, de forma aún más evidente y característica, en las leyes civiles *canonizadas*, esto es, que han sido no solo aprobadas, sino también espiritualizadas y hecha propias por el ordenamiento eclesiástico. Inversamente, existe también con frecuencia un reenvío no recepticio: tal sucede con materias que interesan a la Iglesia, que son jurídicamente relevantes, pero que no caen bajo el ámbito de su potestad normativa, en cuanto conciernen a *res mere civiles*. En tales hipótesis, tanto la aprobación como la incorporación que de ellas hace la Iglesia, no significa que tales leyes pasen a ser parte del Derecho eclesiástico, ya que ello estaría en contradicción con el principio de este último que paraliza su competencia legislativa ante las materias que se reconocen como propias de la incumbencia del Estado. Esto aparece esencialmente claro en las leyes civiles que, siendo contrarias a los intereses de la Iglesia, no lo son en grado tal de provocar su desaprobación, Y que

loc. cit.; corso di diritto eclesiastico, Roma 1945, p. 72 y ss.: Del Giudice, Il dir. dello Stato nell'ordinamento canonico, loc. cit.; Checchini, Introduz. dommatica al dir. ecclesiastico it., p. 63 y ss.: D'avack, op, y loc. cit.; vid. también, además de éstos, los otros autores citados en las notas 228 y :236].

son toleradas por la propia Iglesia: la tolerancia excluye naturalmente toda posibilidad de recepción auténtica y propia.

El Estado, por su parte, reenvía frecuentemente al Derecho canónico, y aunque a veces el reenvío puede significar la estatalización de este último, en otros casos no sucede lo mismo. Así por ejemplo, cuando un Estado reconoce la competencia de la Iglesia para regular el matrimonio, y atribuye efectos civiles al matrimonio religioso, no significa evidentemente la transformación del mismo en matrimonio civil, regulado por normas estatales que solo materialmente sean iguales a las de la Iglesia; lo que el Estado quiere, en cambio, es que el matrimonio sea considerado como sacramento, que él se declara incompetente para reglamentar, y al que sin embargo atribuye relevancia respecto a su propio derecho[244].

§ 41 d) Ordenamiento que se incorpora a otro

Hasta aquí hemos examinado la relevancia del contenido de un ordenamiento para con otro, tratándose de ordenamientos que, cada uno en su propia esfera, están vigentes al mismo tiempo. Hay que tener en cuenta también el supuesto de que un ordenamiento jurídico ejerza su influencia en el momento en que se extingue su autonomía o su fuente, y que esta influencia se ejerza preci-

---

244 [Tal sistema ha sido adoptado en Italia, como se sabe, a raíz del Concordato de 11 de febrero de 1929. Se ha discutido mucho acerca de las relaciones que en el mismo existen entre el derecho estatal y el Derecho canónico. vid., en el sentido indicado en el texto: Del Giudice, Corso di dir. ecclesiastico (4): Milano, 1939, p. 382 y ss. Un resumen de las opiniones contrarías, en Ago, Teoria del dir. internaz. privato, p. 117 nota; Checchini, Introduzione, cit., p. 124; D'avack, Corso di dir. ecclesiastico it, Firenze 1937, p. 410 y ss.; Vassalli, Lez. di dir matrimoniale, Padova: 1932, p. 116 y ss.; Jemolo, Corso, cit., p. 72 y ss.; Gangi, Il matrimonio, p. 13, etc. I

samente sobre el contenido de otro ordenamiento al que se incorpora, que, por así decir, lo recibe en herencia.

Semejante hipótesis suele considerarse normalmente a propósito de las relaciones subjetivas que surgen cuando un determinado ente, un Estado o un Municipio por ejemplo, se constituye o se amplía con todos o con una parte de los elementos de otro ente, que de esta forma, o se extingue —fundiéndose o incorporándose al primero— o queda simplemente reducido. Se plantea entonces el problema de la sucesión entre estos entes considerados como personas, problema que, según la doctrina dominante, se reduce al de la asunción o no, por parte del ente sucesor, de los derechos y obligaciones que con anterioridad correspondían al ente que ahora se ha extinguido o ha quedado reducido. El problema puede presentar a su vez diferentes aspectos específicos, según que se trate de sucesión entre distintos Estados —en cuyo caso habrá que tener en cuenta los principios de Derecho internacional— o que se trate, en cambio, de entes de distinta naturaleza, partes a su vez de otra organización, como serían los Municipios con respecto al Estado, o los entes eclesiásticos, en cuyo caso habría que invocar también los principios del derecho estatal o los del Derecho eclesiástico, aparte, en este último caso, de la posible injerencia del Estado. Pero no es este problema del que aquí debamos ocuparnos, y por tanto tampoco de sus pormenores; no nos interesa la sucesión de las relaciones subjetivas determinadas por el hecho indicado, sino precisamente la sucesión que este hecho origina entre los ordenamientos jurídicos de esos entes, objetivamente considerados. Estimamos, incluso, que no puede llegarse a una solución conveniente del primer problema si antes no se resuelve de modo exacto el segundo. Esta conexión, que ha sido intuida en algunas ocasiones pero que jamás ha sido desarrollada, aparece clara según nuestro concepto de derecho objetivo. La unión de un ente, esto es, de una institución o de una parte del mismo con otro ente, significa, necesariamente y en todo caso, la unión de dos ordenamientos jurídicos. Las diferentes uniones de territorio, población, patrimonio, etc., no son más que una consecuencia de la unión entre los propios ordenamientos, un Estado que se anexiona otro Estado o una provincia de éste, no se anexiona simplemente unos cuantos kilómetros cuadrados de territorio o unos cuantos miles de habitantes, sino que se anexiona también una auténtica y verdadera "organización social", esto es, según nuestro concepto, un auténtico "ordenamiento jurídico", que pasa así a formar parte del suyo. Es por tanto inexacto creer que se trate simplemente de una anexión de cosas materiales, para preguntarse luego si tal anexión implica la transferencia de los derechos y deberes que correspondían al ente a quien anteriormente pertenecían. No, un Estado que se engrandece con otro Estado o a costa de éste, modifica por ello mismo su propio ordenamiento jurídico. Tal modificación se produce, ante todo, extendiendo su propio ordenamiento sobre el territorio anexionado, ya desde el momento mismo de la anexión. Pero por regla general continúa también teniendo fuerza, al menos en parte, el ordenamiento anteriormente vigente en ese territorio, lo que significa que este ordenamiento lo hereda el del ente que se amplía, del que pasa a formar parte más o menos integrante. De forma que tal ordenamiento, que antes era autónomo o se apoyaba en otro ordenamiento, hay que ponerlo ahora en conexión con el del Estado que se amplía, en el que encuentra ahora su fundamento jurídico como cualquiera de las otras partes de las que el mismo consta. Tiene así lugar una novación de su fuente normal, pero se trata de una novación que podría calificarse de subjetiva, que no hace desaparecer por tanto la identidad objetiva del ordenamiento mismo. Desde luego, el Estado anexionante podrá modificarlo o abrogarlo;

pero en tanto en cuanto no sea abolido, o mejor, en tanto en cuanto no sea sustituido, continuará teniendo validez en el territorio anexionado con las manifestaciones que ya haya llevado a cabo o que siga realizando. El título de esta persistencia o continuidad no es, como se cree, un acto especial, implícito o explícito, del Estado anexionante que tuviera la finalidad de mantener la vigencia, provisional o definitiva, de tal derecho. Semejante acto falta o puede faltar en la realidad, y el título no es otro que la anexión misma que por su naturaleza produce tal efecto, que, por otro lado, el mismo Estado anexionante puede remover mediante un acto propio que modifique el contenido del derecho que él ha asumido. Pero hasta que no se produzca positivamente tal remoción, el ordenamiento del Estado permanece influenciado en su contenido por otro ordenamiento.

En este sentido se puede hablar de sucesión[245]: sucesor es el sujeto anexionante frente al que, total o parcialmente ha sido anexionado, y objeto de tal sucesión es el ordenamiento de este último o una parte suya, más o menos orgánicamente determinada. De donde deriva la consecuencia de que, desde el punto de vista del derecho interno estatal, se transfieren al Estado anexionante los derechos y deberes que se basaban antes o se siguen basando en el ordenamiento anexionado[246], con excepción de aquellos

---

[245] Vid. en sentido contrario, Marinoni, La natura giuridica del diritto internazionale privado, loc. cit., p. 362, quien parte del principio de que la modificación de las fuentes formales de un ordenamiento supone su absoluta extinción y, por ende, su ingreso en otro ordenamiento totalmente distinto. Nos parece injustificada tal posición según resulta de lo que hemos dicho a propósito del carácter de esta novación de fuentes, por así llamarla.

[246] En otro trabajo, Il Comune, loc. cit., n. 301 y ss., encontraba el fundamento de tal sucesión en la vinculación de los distintos derechos o deberes a las personas, a los bienes, al patrimonio, al territorio, al fin,

que por su naturaleza implican referencia necesaria a un sujeto determinado —el Estado anexionado o disminuido— y que no son, por tanto, susceptibles de ser transferidos a otro sujeto. Respecto del valor que esto pueda tener en relación con otros Estados, esto es, desde un punto de vista del Derecho internacional, dependerá ya de los principios de este último, que no nos interesa examinar aquí.

§ 42. Relevancia de un ordenamiento para con otro en relación con sus efectos. Eficacia externa e interna de un ordenamiento

Pueden examinarse, por último, las relaciones entre distintos ordenamientos jurídicos, en cuanto los efectos que en base de uno de ellos se producen, pueden tener también relevancia en relación con el otro. Por regla general, los efectos o la eficacia —llámese como se quiera— de un ordenamiento jurídico, se producen dentro de su propia esfera y se detienen ante el ámbito dominado por un ordenamiento distinto. Pero tal regla no es absoluta y puede

---

etc., que se transmiten de un ente a otro. Este criterio resuelve prácticamente de forma completa y a la vez justa, los problemas que plantea la sucesión de las personas jurídicas. Pero incluso, desde un punto de vista teórico, cabe completarlo considerándolo como consecuencia de otro, más general y lógicamente antecedente, cual es, como indico en el texto, el de su vinculación a un ordenamiento jurídico del que las personas, los bienes, el patrimonio y el territorio no son más que elementos en el sentido que antes señalábamos. Así puede explicarse también esa otra adhesión o vinculación que a algún autor (Ferrara, Teoria delle persone giuridiche, p. 937 en nota), le había parecido un concepto demasiado materialista, no suficiente para justificar el título de relación jurídica. [Posteriores desarrollos o aplicaciones de las ideas indicadas en el texto, en mis trabajos Di una particolare figura di successioni di Stati, en "Riv. di dir. internaz.", 1925, p. 297 y ss.; Corso di dir. internaz. (4), p. 129 y ss. y Principii di dir. costituz. generale, cap. XIV, n. 8 y cap, VII, § 4, n. 5.]

suceder que un ordenamiento, además de la eficacia interna, produzca también aquella otra que puede denominarse eficacia externa, esto es, que afecta a otro ordenamiento, sin llegar por ello a influir sobre su contenido, ya que entonces volvemos a la hipótesis que antes hemos examinado.

Veamos ahora en razón a qué títulos puede producirse tal supuesto y cuáles son las distintas figuras que se presentan:

a) En las relaciones entre varios ordenamientos de los que uno depende de otro, total o parcialmente

La primera hipótesis que debemos examinar es la de dos ordenamientos entre los que exista una relación de superioridad y la correlativa de subordinación. Cuando tal subordinación sea completa, en el sentido repetidamente señalado, es claro que el ordenamiento superior podrá determinar no solo la eficacia que él pueda o deba tener en relación con el ordenamiento inferior, sino también, inversamente, qué eficacia pueda tener este último ordenamiento respecto de aquél. Así, por ejemplo, dependerá de las leyes del Estado el valor que un acto administrativo o un acto judicial del Estado habrán de tener para un Municipio, así como el valor que un Reglamento o un acto del Municipio surgido en base a ese Reglamento, habrán de tener para el Estado.

Más complejo es el supuesto que se da cuando la subordinación de un ordenamiento jurídico respecto de otro es solo parcial. No es fácil, en tal hipótesis, fijar un principio de validez general, ya que todo dependerá del límite de tal subordinación, así como de otros elementos que con ese límite pueden conectarse de modo más o menos directo o indirecto. Así, por ejemplo, los efectos que se producen en base al derecho de la Iglesia en cuanto pueden ser válidos para un Estado confesional; los derivados del ordenamiento de un Estado federal en relación con los Estados miembros y viceversa; o, incluso, los del Derecho internacional en relación con los distintos Estados o los de éstos en relación con el Derecho internacional, que no pueden ser considerados con una misma medida, sino que requerirían un estudio específico que aquí resultaría totalmente fuera de lugar.

b) En las relaciones que tienen lugar entre varios ordenamientos independientes, por disposición unilateral de uno de ellos o de los dos.

De forma más directa debe considerarse la hipótesis de ordenamientos jurídicos que se afirmen independientes entre sí: ejemplo típico es la relación, precisamente de independencia, que existe entre los distintos derechos internos de los diferentes Estados. Pero ya hemos visto cómo tal relación no impide que cada Estado, por su cuenta y a través de disposiciones propias, conceda relevancia al derecho de otros Estados, reconociendo la regulación que de determinadas materias hace, y absteniéndose él de regularlas positivamente[247]. Ahora bien, tal reconocimiento implica incluso que se atribuye una cierta eficacia a este derecho extranjero que se aplica, si bien queda todavía por determinar cuál haya de ser esta eficacia. La mayor parte de las veces, tal eficacia no coincide con la que el ordenamiento mismo tiene en su propio ámbito. Ello es evidente, de modo especial, en el caso de un ordenamiento que no intente producir efectos fuera del ámbito territorial del Estado del que deriva; atribuirles valor en este caso, significa, como es na-

[247] [Sobre este punto, vid. mi Corso di dir. internaz.(4) p. 52. Vid. también en este sentido, Cavaglieri, Lezioni di dir. internaz. privato (3), Napoli, 1933, p. 60 y ss. En sentido contrario, Ago, Teoria del dir. internaz. privato, p. 102; Régles générales, p. 58 y ss.; Checchini, Introd. dommatica, etc., p. 72. Vid. también los autores citados en la nota siguiente.]

tural, aumentar su eficacia. Pero incluso cuando el mismo ordenamiento quiera, por ejemplo, imponerse a todos sus súbditos, incluso respecto de ciertas relaciones, aun cuando aquellos se encuentren en un Estado extranjero y éste por su parte renuncie a someterlos a sus propias leyes, por lo que a las relaciones en cuestión respecta, no se da tampoco en este caso una coincidencia necesaria entre la eficacia originaria del ordenamiento y la que le es atribuida por el Estado que lo reconoce. Cuando este último no se limite a un comportamiento puramente pasivo, a tomar simple nota de sus efectos, sino que aplica él mismo el derecho extranjero, lo hará observar con su fuerza y autoridad, etcétera, atribuyéndole una eficacia que va más allá de la que deriva del propio Estado, que es la única que puede calificarse como propia y originaria. Inversamente, el ordenamiento extranjero no podrá alcanzar todos los efectos para él admisibles, si son contrarios al orden público o a las buenas costumbres o a las leyes prohibitivas del otro Estado: en tal caso, su eficacia quedará disminuida si no llega a excluirse, a pesar de su genérico reconocimiento. Desde esta perspectiva hay que distinguir, al menos teóricamente, la llamada norma de colisión de aquella otra que dispone la eficacia del derecho extranjero al que aquella reenvía, lo que no impide que práctica y materialmente exista con frecuencia solo la segunda, pero que en todo caso presupone a la otra; de todas formas, podemos prescindir de examinar aquí si se trata efectivamente de dos normas distintas o bien de dos, aspectos diferentes de una misma norma. En todo caso es importante destacar que la disposición relativa a la eficacia del derecho extranjero no se resuelve siempre en una norma de aplicación, a pesar de que la doctrina así lo destaque normalmente. Existe una norma de aplicación cuando se atribuye eficacia inmediata y directa al ordenamiento extranjero, considerado *in se* y *per se* como sistema de derecho objetivo. Será necesario entonces, ordenar su aplicación a las autoridades, e incluso a los sujetos privados, en los casos en que se admite su relevancia. Pero puede suceder que se trate solamente de reconocer validez a los actos emanados por el propio Estado extranjero en base a su derecho, por ejemplo, a una sentencia; la aplicación de este derecho la llevara a cabo entonces de modo precedente este Estado, y el otro, que atribuye eficacia a tales actos, se limitará a examinar si tienen existencia y validez, de acuerdo con el derecho en que se fundan. De esta forma se le reconoce, desde luego, eficacia al derecho extranjero, pero no se aplica: se reconocen, en cambio, sus consecuencias.

En todo nuestro razonamiento aparece además implícito el hecho de que el derecho extranjero no se "nacionaliza" ni siquiera con la disposición que regula su eficacia[248]. "Nacional" es, desde luego, la norma que establece

[248] [Como se sabe, este punto es todavía objeto de vivas controversias y la doctrina no ha logrado ni siquiera ponerse de acuerdo acerca de los principios que le sirven de fundamento. No podemos aquí entretenernos en señalar la más reciente evolución, que presupone en todo caso, la necesidad de una revisión fundamental de toda la materia. Nos limitaremos solo a algunas breves observaciones. En primer lugar debemos remitirnos a lo indicado más arriba (nota 227), acerca de la inadmisibilidad de la opinión que, basándose en el principio de la exclusividad de los ordenamientos originarios, niega, entre otras cosas, la posibilidad de relevancia jurídica de un ordenamiento estatal para con el ordenamiento de otro Estado. Concretamente nos parece injustificada la objeción (Ago, Teoria del dir. interno priv., p. 105) de que una norma extranjera, aun permaneciendo como tal, no podrá tener eficacia jurídica en el ordenamiento de otro Estado, ya que una norma es jurídica solo en cuanto forma parte del ordenamiento que tal carácter le atribuye, carácter que pierde en cuanto se la separa completamente de ese ordenamiento. Pero a ello puede replicarse fácilmente diciendo que el Estado que se remite a una norma de otro Estado, considera ésta en su contenido particular y no como separada del ordenamiento de que forma parte. Es más, esta norma se considera jurídica solo en cuanto es jurídica en el Estado extranjero, y pertenece, por tanto, al ordenamiento de este último. Hay

sus efectos, pero no el ordenamiento que contempla esa norma, que a su vez quiere ser considerado como extranjero. Así como también creemos, a diferencia de cuanto han sostenido voces autorizadas, que no se "nacionaliza" una sentencia extranjera por el hecho de que un Estado consienta su ejecución en su mismo territorio, y menos aún, por ejemplo, se nacionaliza el nombramiento de un cónsul al que ese Estado otorga el *exequatur*.

En realidad, los efectos, como en general la eficacia de una norma o de un acto cualquiera, no deben confundirse con la norma y con el acto en sí mismo considerados. Un

---

que añadir, además, que estimamos irremediablemente contradictorias las opiniones de los que, en tal caso, niegan la figura del reenvío recepticio y continúan hablando, en cambio, de una auténtica y propia incorporación en el ordenamiento que ha efectuado el reenvío de las normas a que se remite. Tal contradicción no se elimina afirmando que la norma de reenvío al derecho extranjero es una norma de producción jurídica, (Perassi, Lezioni, II, p. 60 y ss.; Balladore Pallieri, Il concetto di rinvio formale, etc., en "Riv. di dir. civ.", 1929, p. 443; Il limiti di efficacia dell'ordinamento it., en "Ius", 1940, p. 25 y ss.; Morelli, Limiti dell'ordinamento statuale e limiti della giurisdizione, en "Riv. di dir. internaz.", 1933, p. 12; Ago, Teoria, cit., p. 108 y ss., etc.), en cuanto por medio de ella se insertan en el propio ordenamiento normas cuya juridicidad en este ordenamiento está subordinada a la juridicidad de tales normas en el ordenamiento extranjero del que se extraen. Es recurso poco afortunado para justificar tal opinión, el decir que de esa forma queda incorporada como fuente jurídica en el propio ordenamiento la misma fuente competente para emanar normas jurídicas que regulan las relaciones similares en el ordenamiento extranjero o, peor aún, el decir que se atribuye así al legislador extranjero competencia legislativa en el propio ordenamiento. Vid., contra tales concepciones artificiosas e ilógicas, Piccardi, La pluralitá degli ordinamenti giuridici, etc., loc. cit. § 13. Entre las más recientes tentativas de revisión de este problema, Balladore Pallieri, Le varie forme di rinvio e la loro applicabilitá al dir. internaz. privato, en Annuario di dir. comparato e di studi legislativi, 1943, XVI, p. 331 y ss., quien modifica las opiniones sostenidas en escritos anteriores] acto jurídico (comprendiendo también en el término a las normas), puede existir y ser totalmente válido y no tener en cambio eficacia total o parcialmente. Y a la inversa, puede persistir la eficacia de un acto, aun cuando tal acto haya dejado de existir. Hay que tener presente, además, que la eficacia o los efectos de un acto (incluida también, como hemos dicho, la norma jurídica) no derivan necesaria y totalmente de su contenido, sino que pueden derivar también de otros actos o de otras leyes (y cuando se trata de normas, de otras normas). Sin insistir sobre distinción tan elemental, ya de por sí tan clara, e incluso que, sin embargo, presenta dificultades cuando se trata de precisarla exactamente y que además es olvidada con frecuenta, todo ello demuestra en definitiva que la eficacia de una ley extranjera resulta determinada por la ley nacional sin que ello, suponga que esa ley extranjera deje de existir como tal y se transforme en ley nacional. Semejante principio es, cierto no solo cuando la eficacia que se le atribuye es igual a su eficacia originaria, sino también cuando es distinta, sea mayor o menor[249].

Relaciones hasta cierto punto, análogas, pueden darse también entre el derecho estatal y el derecho de la Iglesia[250]. En páginas anteriores tratamos de demostrar que este último es un ordenamiento jurídico *a se*, separado e independiente del primero. En materia espiritual y disciplinaria tiene la Iglesia una potestad normativa que desde luego no le deriva del Estado, sino que es propia y originaría, Sin embargo, el Estado no solo reconoce —dentro de ciertos límites que no importa aquí precisar—, los efectos que el ordenamiento eclesiástico atribuye a sus leyes y a los actos emanados en virtud de tales leyes, sino que con

[249] Por el contrario, incluso algún autor que con carácter general estima como no recepticio el reenvío al derecho extranjero, opina que en este caso se trata de un reenvío material: así, Ottolenghi, op. cit., p. 83 y ss.
[250] [Vid. los autores citados en las notas 212, 244 y 245].

frecuencia añade a estos efectos otros que se denominan, precisamente, efectos "civiles", esto es, "estatales", y que el Derecho de la Iglesia en modo alguno podría conseguir por sí mismo. Tenemos así un ejemplo típico —que si no nos equivocamos puede servir también para la valoración exacta de figuras similares—, de un ordenamiento relevante respecto de otro, no solo por lo que se refiere al momento de su existencia o de su contenido, sino también por cuanto concierne a sus efectos. Tanto más, si se tiene en cuenta que para el Estado no coinciden estos efectos con los propios de su ordenamiento mismo, erectos que son no solo mayores o menores, sino también intrínsecamente diferentes.

c) En las relaciones entre varios ordenamientos de los que uno es presupuesto del otro

Otros casos en que un ordenamiento jurídico puede producir efectos respecto de otro, se presentan cuando aquél es un presupuesto del segundo, en el sentido que más arriba hemos examinado. No obstante, no es posible ni oportuno entretenernos ahora sobre este particular.

Baste simplemente recordar, a título de ejemplo, que a veces se condiciona la eficacia de un tratado internacional a la emanación por parte de los Estados contrayentes o de terceros, de nuevo derecho objetivo, que de tal forma si es que llega a ser emanado, produce el efecto de hacer que se verifiquen las condiciones que el tratado contiene[251]: así es como ciertas actividades que derivan de obligaciones internacionales, no pueden ser desarrolladas u omitidas por los Estados sin la previa emanación de normas jurídicas de ca-

[251] Triepel, op. cit., p. 290 y ss., habla en este sentido de un "völkerrechtlich vorausgesetzes Recht". Vid también, Donatti, I trattati internazionali, p. 34.9 y ss.

rácter interno[252]. En este último caso, tenemos que, por una parte, el Derecho internacional influye, aunque sea indirectamente como hemos visto, sobre el contenido del derecho estatal en cuanto impone al Estado, implícita o explícitamente, la obligación de emanar tales normas, pero por otra, el derecho estatal produce efectos para con el Derecho internacional, según que tales normas sean o no emanadas en cuanto de ellas depende la ejecución de sus disposiciones.

d) En las relaciones entre varios ordenamientos que se suceden entre sí

Más aún, puede suceder que un ordenamiento jurídico ya extinguido, continúe produciendo efectos sobre otro ordenamiento que supone a su vez la continuación de aquél. Más arriba (§ 41) nos referimos al supuesto de un ordenamiento que al integrarse en otro influye así sobre su contenido. La hipótesis que ahora examinamos se relaciona con la anterior, pero es distinta. Supóngase un Estado que se anexiona otro, o simplemente una parte de él. Por un lado, aquél admitirá, en el sentido y con los límites señalados, los institutos y normas del segundo, vigentes en el momento de verificarse la unión. Pero por otro lado, podrá suceder que aquél aplique o, en general, reconozca eficacia a leyes del Estado anexionado, que ya habían sido abrogadas antes de verificarse la unión, y que por tanto no había tenido oportunidad de hacer suyas. Tal podrá suceder en virtud del principio de irretroactivídad de las leyes, o mejor del de la persistencia de las leyes abrogadas, en relación con los

[252] Triepel, op. cit., p. 301; Donati, op. cit., p. 361; Anzilotti, Corso, I, p. 37 [p. 40 de la edición alemana. Para otras aplicaciones de estos conceptos, distintas de las referentes a las relaciones entre el derecho estatal y el Derecho internacional, vid. mis Principii di dir. costituz. generale, cap. VII, § 6, n. 14.]

actos realizados bajo su imperio y bajo sus efectos. Tales principios se aplican, pues, no solo en el ámbito de un mismo ordenamiento cuando éste se modifica, sino también en las relaciones entre ordenamientos distintos. Cuando un ordenamiento hereda a otro, este último influye, como vimos, sobre el contenido del primero, en el que continúan viviendo una, parte de sus normas, pero además, normalmente, el primero reconoce en ciertos casos a las partes ya extinguidas del segundo, una eficacia similar a la que en casos análogos atribuye a sus propias normas cuando dejan de estar en vigor.

§ 43. Distinta amplitud de la relevancia de un ordenamiento para con otro. Aplicaciones en orden al problema de las llamadas obligaciones naturales

Del análisis que hemos intentado sobre los diversos sentidos y modos en que un ordenamiento jurídico puede ser relevante para con otro, se deduce que tal relevancia puede alcanzar una extensión muy diferente. En ocasiones afecta a todo un ordenamiento, pero lo más normal es que se refiera solo a una parte del mismo. Así, por ejemplo, si el ordenamiento de un Municipio es normalmente relevante en su totalidad para el ordenamiento del Estado, el ordenamiento de los distintos Estados, en cambio, para el Derecho internacional es solo relevante en algunos puntos, y lo mismo sucede entre el ordenamiento de la Iglesia y el del Estado, o entre el de un Estado en relación con otro Estado, etc. Resulta así que la relevancia que hemos examinado constituye, en ocasiones, la regla absoluta o con excepciones, mientras en otros casos constituye la excepción que puede ser incluso muy reducida.

Detengámonos brevemente sobre uno de tantos ejemplos ofrecido por esta última hipótesis, que estimamos muy interesante, incluso también porque no se ha pensado en analizarlo desde este punto de vista, sino solo de modo extremadamente vago e impreciso; me refiero a las llamadas obligaciones naturales. Es desde luego empresa difícil reducir el concepto de tales obligaciones a una fórmula única y precisa, concepto que algunos decididamente rechazan por estimarlo carente de todo contenido, mientras otros, en cambio, le atribuyen una amplitud realmente excesiva. Nosotros no podemos, ni queremos intentar empresa que tan dispar resulta en relación con nuestro tema. Pero nos parece útil, en cambio, plantearnos el problema de si la obligación natural —reducida en sus justos límites, que son quizá los señalados por su formulación originaria— no consiste en una obligación válidamente contraída, según un ordenamiento jurídico distinto del ordenamiento civil, esto es, del estatal, e irrelevante por tanto para con éste, a no ser excepcionalmente, y por lo que a los efectos que todos conocemos se refiere. Así, si puede ser cierto que el derecho tiende actualmente a una asimilación progresiva de la obligación natural con el deber moral en general[253], o con los deberes morales de naturaleza patrimonial[254], no debemos pasar por alto que ello tendrá como resultado, o lo ha tenido ya, el resurgimiento de un nuevo tipo de obligaciones naturales sustancialmente distinto del antiguo, del que sería interesante distinguirlo con toda claridad[255]. La auténtica, la

---

[253] Vid., por no citar sino alguno de los más recientes, Planiol, Assimilation progressive de l'obligation naturelle et du devoir morale, en "Revue critique de legisl.", XLII, 1913, p. 161 y ss, para quien tal asimilación no es, sin embargo, todavía completa; Perreau, Les obligations de conscience devant les tribunaux en "Revue trimestrielle de droit civil", XII, 1913, p. 510 y ss.

[254] Bonfante, Le obbligazioni naturali e il debito di gioco, en "Rivista di diritto commerciale", XIII, 1915, parte I, p. 97 y ss. [ahora en Scritti giuridici vari, Torino, 1926, III, p. 42 y ss.].

[255] Distinción intentada por la doctrina, incluso en aquellos sistemas como el del Código suizo de las obligaciones (art. 63) o del Código civil

originaria obligación natural, no se confunde con la obligación moral, y así, durante mucho tiempo, la doctrina que es todavía dominante ha estado concorde en este punto. Se trata, en nuestra opinión, de una obligación jurídica perfecta y completa, en cuanto se la contempla en relación con su propio ordenamiento, pero que al transportarla al ordenamiento Civil o del Estado, éste no la reconoce sino solo de modo parcial. El ordenamiento positivo no estatal en el que se desarrolla la obligación plenamente jurídica, que luego el derecho del Estado califica de "natural", puede ser diferente. No nos interesa ahora averiguar si en el Derecho romano tal ordenamiento estuvo constituido por el *ius naturale* o por el *ius gentium*, y en qué sentido, en cuanto se contraponía precisamente al *ius civile*, o incluso si no haya que conceder mayor importancia de la que habitualmente se le da al hecho de que en el Derecho romano clásico las únicas obligaciones naturales reconocidas eran las de los esclavos y las de los *filii familias*, que se apoyaban precisamente en el ordenamiento familiar. En el derecho moderno, y refiriéndonos solo a una, posibilidad abstracta, sin prejuzgar por tanto ninguna cuestión concreta que no tenemos intención de examinar, pueden ser fuentes de las obligaciones que el Derecho civil considera como naturales, las siguientes:

---

alemán (§ 814), que han sustituido la expresión "obligaciones naturales" por la de "deberes morales y sociales". Vid. la bibliografía que recoge Polacco, Le obbligazioni nel diritto civile italiano (2), Roma, 1915, p. 110. [Hay que tener en cuenta, por lo que al derecho italiano se refiere, el artículo 2.034 del nuevo Código civil. Vid., acerca de la opinión expresada en el texto, Maroi, voz Obbligazioni, en el Diz. prat. di dir. privato; Brunetti, Scritti giur. vari., Torino, 1920, p. 201 y ss.; Betti, Il concetto dell'obblig. costruito dal punto di vista dell'azione Pavia 1926, p. 128, nota 21; Cesarini Sforza, Il dir. dei privati, en "Riv: it. per le sc. giur.", 1929, pp. 68-9; Romano Sal., Note sulle obblig. naturali. Firenze, 1945, p. 10 y ss. y passim.]

a) El ordenamiento interno de la familia, que puede apoyarse incluso en antiguas costumbres. Así, por ejemplo, la obligación —entendida en el sentido de carga— que el padre tiene de dotar a la hija, obligación que según el artículo 147 de nuestro Código civil[256] está desprovista de acción, y que puede ser considerada a *priori* como una obligación, no solo moral, sino también jurídica, según las costumbres señaladas que antes eran acogidas por el derecho estatal y que ahora han permanecido como simples costumbres familiares.

b) El ordenamiento de la Iglesia, en cuanto impone una serie de obligaciones que el Estado no reconoce, pero cuyo cumplimiento tampoco niega. Así, por ejemplo, quien paga voluntariamente los diezmos, obligación que ha sido abolida por el Estado pero que la Iglesia mantiene todavía, no realiza en nuestra opinión una donación, pues no lo hace precisamente con ánimo de liberalidad, sino con la intención de cumplir un deber derivado del derecho positivo eclesiástico, deber que para el derecho estatal puede constituir una obligación natural.

c) El ordenamiento interno de cualquier Instituto privado o de un grupo de personas que tenga una cierta organización, etc. Como ejemplo, podemos mencionar la famosa deuda de juego, que sin ser una obligación moral, es considerada como una rigurosa y concreta obligación por las normas reconocidas por los jugadores, normas que forman, por así decir, el estatuto de las casas de juego.

d) Otras normas derivadas de la autonomía privada. No es caso de examinar aquí, si —y en qué condiciones— la autonomía privada pueda originar derecho objetivo. Pero admitido que la cuestión alcance una solución afirmativa, se pueden explicar de tal modo aquellos casos de obligaciones naturales que nacen —a diferencia de las anteriormente

[256] [El Código civil de 1942 no contiene disposición alguna que corresponda al artículo 147 del Código de 1865.]

examinadas— como auténticas obligaciones civiles, pero que por falta de alguna formalidad, o por sobrevenir algún hecho que no afecta a su sustancia (prescripción, absolución injusta del deudor, etc.), no son consideradas ya como obligaciones civiles, y permanecen como simples obligaciones naturales. Como fundamento de tal calificación, podríamos señalar el siguiente: se trata, en última instancia, de obligaciones cuyo título se mantiene *in se* y *per se*, ya sea como "ley" de los contratantes, o como "ley" del testador, o como cualquier otra manifestación de autonomía, siendo por tanto susceptible de continuar dando vida a relaciones jurídicas; lo único que sucede es que el derecho del Estado no las considera ya como plenamente eficaces, bien por vicios puramente extrínsecos Y formales que no afectan a su sustancia o naturaleza, bien por aquellos otros motivos específicos del derecho estatal a los que antes nos referimos.

Tal enumeración de los ordenamientos jurídicos que dan lugar a obligaciones, que al ser trasplantadas luego al campo del derecho estatal son consideradas solo como obligaciones naturales, no pretende ser taxativa, sino simplemente demostrativa. Los ejemplos señalados tienen solo la finalidad de proporcionar un punto de partida para la reconstrucción de la teoría de las obligaciones naturales que precisamente por haber sido mal planteada, ha podido ser considerada como una teoría anticuada, como un residuo de concepciones arcaicas, cuando en nuestra opinión se trata no solo de una teoría todavía viva, sino susceptible además de amplios y fecundos desarrollos, así como de posteriores derivaciones. Si nuestro punto de vista resulta exacto, será una prueba más de que el concepto de derecho que tratamos de aclarar no solo responde a las exigencias de la lógica y es necesario para darse cuenta de muchos problemas de derecho público, sino que es útil también en el campo del derecho privado.

Debemos añadir además, que el derecho estatal atribuye efectos a la llamada obligación natural, en cuanto la considera como "obligación", reconociendo también por tanto, Y dando relevancia —si bien limitada a los efectos señalados—, al ordenamiento en que aquélla se apoya. La opinión[257] que considera la obligación natural como un "puro hecho" que produce determinadas consecuencias podría ser solo cierta, si prevaleciera en el derecho positivo, y en la medida en que esto ocurriese, la tendencia —existente desde luego, pero hasta ahora, por lo menos entre nosotros, solo como mera tendencia— según la cual la obligación natural se identificaría con el deber moral o de conciencia, con un deber que de por sí no es jurídico.

§ 44. La irrelevancia de un ordenamiento para con otro: irrelevancia total o parcial, recíproca o unilateral

Cuando faltan los extremos analizados, según los cuales un ordenamiento es relevante para con otro, resulta pues que aquél es irrelevante respecto de este último. Pero si el concepto de irrelevancia, *in se* y *per se* es Simplemente negativo, y no puede ser definido de otra forma, no será sin embargo inútil una consideración más detenida que nos habrá de permitir la distinción de varias de sus características. .

En primer lugar, la irrelevancia puede ser total o parcial; esta última resulta implícitamente y como una consecuencia necesaria de la relevancia parcial a la que en varias ocasiones nos hemos referido.

Es claro, en segundo lugar, que la irrelevancia puede ser recíproca entre los distintos ordenamientos en cuestión. Pero

---

257 De Crescenzio, voz Obbligazione, en la Enciclopedia giuridica it., p. 19 y ss.; Simoncelli, Le presenti difficoltá nella scienza del diritto civile, Camerino, 1890, p. 24 y ss.

puede ser también unilateral, en el sentido de que mientras un ordenamiento considera irrelevante a otro, puede éste en cambio atribuir por su cuenta cierta relevancia al primero.

§ 45. Ordenamiento jurídico irrelevante como tal para con otro, pero relevante bajo otros aspectos (ordenamientos considerados ilícitos por el Estado; organizaciones industriales; instituciones de hecho)

Más importante, y también más difícil de analizar, es el caso de que un ordenamiento jurídico sea en cuanto tal, irrelevante en relación con otro, pero éste a su vez lo tome en consideración, haciendo incluso derivar de él algunas consecuencias, bien que atribuyéndole una figura distinta.

Una de las manifestaciones más simples de esta hipótesis, se produce por ejemplo, cuando el derecho del Estado considera como ilícita una determinada organización y la sanciona con medidas penales. En tal caso, no solo considera como delitos las acciones ejecutadas de conformidad con el ordenamiento de tal organización, sino que podrá incluso constituir delito el simple hecho de haberla instituido, es decir, de haber ordenado tal organización. Así, el Código penal, aparte de calificar ciertos actos como delitos, castiga también la formación de bandas armadas para cometerlos, así como el haberlas mandado o el haber desarrollado en ellas una función especial (arts. 131, 253), así como también, en general, toda clase de asociaciones para delinquir (artículo 248)[258]. En tales casos, el ordenamiento estatal persigue con la máxima fuerza de que dispone a los ordenamientos que amenazan su propia existencia, o que constituyen un peligro para los bienes más importan-

---

[258] [Vid. ahora los artículos 306 y ss. y 416 y ss. del Código penal de 19 de octubre de 1930.]

tes que él trata de proteger, y lejos de reconocerlos como "jurídicos", los persigue como los más graves hechos antijurídicos, esto es, como delitos. De tal forma culmina, en su más típica manifestación, la antítesis entre el derecho del Estado y el derecho interno de tales organizaciones.

Puede suceder también que un ordenamiento, aun no siendo reconocido como un sistema *a se* de derecho objetivo por otro ordenamiento, por ejemplo, por el del Estado, puede sin embargo ser considerado por éste como un hecho lícito y encuadrado, al menos hasta cierto punto, en alguna de las figuras que se atribuyen a los hechos que se realizan en su esfera de imperio. Sucede, en tal caso, que lo que en sí mismo considerado es un ordenar miento objetivo, se convierte, en relación a otro ordenar miento, en algo muy diferente.

Ejemplos de tal conversión podemos encontrar entre los casos que, desde otros puntos de vista, antes hemos examinado. La organización de un establecimiento industrial, que en nuestra opinión puede dar lugar a un ordenamiento de derecho objetivo (§ 31) que atribuye a una cierta persona un poder de supremacía sobre otras, que le estarán por ello subordinadas, se resuelve, en cambio para el Derecho civil del Estado en un simple contrato entre personas en situación paritaria[259]. De tal forma, que los derechos y deberes que pretendan sean tutelados o cumplidos con auxilio del Estado, podrán ser solamente los que deriven de las leyes de este último o de los negocios jurídicos que tales leyes permiten; pero como según estas últimas no es admisible un contrato de trabajo del que derive un poder de dominación de los patronos y empresarios, y el correspondiente deber de sumisión personal de los trabajadores, resulta así que no puede ser admitido y reconocido como tal por el

---

[259] [Las observaciones del texto se refieren a la reglamentación de las relaciones laborales anterior a la que luego se adoptó en Italia, y que dio lugar a una bibliografía ciertamente numerosa.]

Estado un poder disciplinario de los primeros en relación con los segundos. Tal poder podrá desarrollarse, y se desarrolla continuamente en el interior de ese establecimiento, con las sanciones que le son prácticamente posibles, pero si surge una controversia que hayan de resolver los Tribunales del Estado, resultará que el ordenamiento de la fábrica solo será tomado en cuenta como un contrato de trabajo o como un aspecto del mismo, la falta del trabajador se considerará como una violación del contrato, y la pena infligida, como una consecuencia de una cláusula penal o como rescisión por incumplimiento de ese contrato. O sea, que ello supone, y se trata por otro lado de una observación obvia, que el Derecho civil solo contempla una parte de las relaciones que surgen en la realidad, y las contempla además de forma inadecuada e imperfecta. Prueba manifiesta de ello son los esfuerzos de la doctrina que trata de adecuar a la realidad las normas de derecho positivo estatal con diferentes artificios, en ocasiones con contradicciones. Así, mientras hay quienes, con concepción atrevida, desde luego contraria al espíritu del legislador actual, al menos del italiano, admiten sin más que el contrato de trabajo supone una relación de dominación y de correlativa dependencia[260], hay quien intenta, en cambio, una construcción más compleja. Se niega, por un lado, tal dominación[261], pero se admite al mismo tiempo que en el arrendamiento de obra se da lugar a una

[260] Vid. los autores que cita Barassi, Il contratto di lavoro nel diritto positivo italiano (2), I, Milano, 1915, p. 473 y ss. y 622. [Respecto de la nueva regulación, el mismo autor, Il diritto del lavoro, Milano, 1935, l, p. 56; Riva Sanseverino, Corso di dir. del lavoro (2), Padova, 1938, n. 216 y ss., así como la bibliografía que recoge.] También Cuche, Du rapport de dépedence, élément constitutif du contrat de travail, en "Revue critique de législation et de jurisprudence", 1913; Nawiasky, Forderungs u. Gewaltverhältnis, en Festschrift für Zitelmann, München und Leipzig, 1913.

[261] Barassi, *op. cit.*, pp. 473 ss, [*Diritto del lavoro*, n. 80.]

subordinación del trabajador respecto del otro contratante, resolviendo entonces tal subordinación en una relación compleja de obligaciones, que vendría a constituir el *status* personal del trabajador, formulando además y precisamente para ello, un concepto especial de *status*[262]. La realidad parece, sin embargo, muy otra. La llamada disciplina del establecimiento no puede ser reconducida al contrato de trabajo si no es indirectamente y por simple conexión externa. Es cierto que sin tal contrato el trabajador no estaría vinculado a esa disciplina, pero se trata simplemente de un presupuesto. Tal disciplina no nace del pacto contractual, sino de la organización interna de la empresa de la que forma parte, aún antes que tal pacto se haya producido: y el derecho estatal, por el contrario, no toma en consideración directa tal organización. Tan cierto es ello, que incluso quienes adoptan la perspectiva que hemos señalado, reconocen que la disciplina es "la afirmación dominante de la voluntad de uno solo, del jefe, para quien son los riesgos y que dirige y coordina por tanto el trabajo[263]". Ahora bien, la voluntad de uno solo es desde luego algo muy diferente de la voluntad que se manifiesta en el contrato. Añádase también que la disciplina supone un vínculo de cohesión, no solo con el jefe de la empresa, sino también de los trabajadores entre sí, entre los que, fuera de casos particulares que aquí no importa señalar, no puede decirse que exista ningún contrato. Todo ello confirma nuestra tesis de que estamos en presencia de dos ordenamientos jurídicos: uno el interno, el propio de la empresa, Y otro el del Estado; aquél, no es reconocido como tal por el segundo[264], que solo toma en con-

---

[262] Barassi, op. cit., pp. 600 y ss., 622 y 623 en nota [Diritto del lavoro, II, nn. 179 ss., 187 ss. 192 ss.]

[263] Barassi, op. cit., p. 632.

[264] En los ordenamientos de aquellos Estados que regulan el derecho de los patronos a emanar o modificar la reglamentación de sus estableci-

sideración algunos hechos y algunas relaciones de las que contempla y regula, pero ya de modo distinto, y atribuyéndoles la única figura que es compatible con sus principios básicos. Hoy en día, como se sabe, el derecho del Estado moderno ha querido eliminar toda relación que implicase la dependencia de una persona respecto de cualquier otra persona privada; pero se ha excedido, sin embargo, en esta reacción contra el ordenamiento anterior y contra los abusos que suponía, desconociendo que ciertas manifestaciones de la vida social exigen todavía, y probablemente exigirán siempre, una desigualdad entre los individuos, una supremacía de unos y una subordinación de los otros. Y la vida social, más imperiosa y fuerte que el derecho estatal, se ha vengado constituyendo junto a él y en oposición suya, una serie de ordenamientos parciales, en los que aquellas relaciones, que son necesarias, pueden encontrar más adecuada y amplia satisfacción. Se trata, desde luego, de ordenamientos que, por el hecho mismo de no ser reconocidos por el Estado, no pueden desarrollar prácticamente una eficacia completa como el propio ordenamiento estatal que los ignora, desconociendo por ello la realidad, ordenamiento estatal que de este modo resulta, también él, en parte ineficaz.

La concurrencia del Estado con estos otros ordenamientos es ya de por sí causa de numerosos inconvenientes, sin que sea fácil llegar a una auténtica y recíproca conjunción; pero si se contemplan las dificultades que obstaculizan la reforma del derecho estatal en relación con el contrato de trabajo, se pone de manifiesto que tales dificultades son en

---

mientos, se produce una situación diferente. Algunos autores estiman en tales casos, que se trata de la atribución por parte del Estado de un derecho de imperium. (Jellinek, Sistema, p. 278, así como otros por él citados: Bornhak, Rehm, etcétera.); otros derivan en cambio tal derecho del contrato (Laband), o lo consideran como formando parte del derecho corporativo autónomo (Oertmann).

parte intrínsecas y derivan de la complejidad y variedad de formas que hoy día asume el trabajo; pero en parte también, están constituidas por la persistencia de una serie de prejuicios políticos: precisamente aquellos mismos prejuicios que originaron la insuficiencia del derecho en vigor, que se vio empujado a reducir a una relación de igualdad, la que era, en cambio, una relación entre términos desiguales.

Otro ejemplo de relaciones o de hechos que son considerados por el ordenamiento estatal de modo diferente a como lo son por el ordenamiento interno de instituciones especiales, podemos encontrarlo en las asociaciones o instituciones de *facto*. Sin embargo, bastará aquí con remitirnos a lo que sobre ellas dijimos ya (§ 31)[265].

§ 46. La irrelevancia total de un ordenamiento con respecto a otro: posibilidad de tal irrelevancia en relación, incluso, con el ordenamiento estatal

Puede suceder también, como ya quedó indicado, que un ordenamiento concreto sea total o parcialmente irrelevante para con otro, no solo en cuanto tal ordenamiento objetivo, sino incluso bajo cualquier otro aspecto; ello significa, a diferencia de lo que sucede en la hipótesis recogida en el apartado anterior, que aquel primer ordenamiento no es tomado en absoluto en consideración por parte del segundo, que para este último no existe ni como ordenamiento ni como cual-

265 [Otro ejemplo podemos ver en los "usos caballerescos", en cuanto normas de la denominada "comunidad de gentilhombres", que se pueden considerar, en sí y de por sí, como reglas jurídicas, pero eso no significa, como algún autor ha señalado (Calamandrei, Regole cavalleresche e processo, loc. cit, que el Estado las reconozca como tales; es cierto que en el derecho italiano su violación puede llegar a producir algún efecto, pero en todo caso, no como violación de leyes, sino como violación de normas consuetudinarias. Vid. mi Corso di dir. amministrativo (3), Padova, 1937, pp. 37-8.]

quiera otra figura jurídica, ni son tampoco consideradas las relaciones o hechos concretos que en su ámbito puedan surgir.

La posibilidad de una irrelevancia así entendida, debe ser admitida sin rodeos, y se deduce claramente de los principios que hemos ido desarrollando. Tal irrelevancia constituye precisamente la regla general para muchos ordenamientos, sin que ello excluya, desde luego, la existencia de excepciones. Tal sucede respecto de muchas instituciones particulares, algunas de las cuales persiguen fines totalmente diferentes de los de otras, y que no tienen por tanto la oportunidad de una recíproca correspondencia. Cuando se trata, en cambio, de instituciones con base muy amplía y cuyos fines se extienden a distintos ámbitos de la vida social, nace entonces la oportunidad o la necesidad de aquellas relaciones entre los ordenamientos de esas instituciones que antes analizamos, precisamente debido a los numerosos lazos de unión que ofrecen las manifestaciones de la propia vida social. En todo caso, hay que tener presente que no existe institución, por muy amplia y comprensiva que sea, que sienta la necesidad de considerar relevantes para su ordenar miento a todas, indistintamente a todas las relaciones sociales, por lo que una parte de éstas quedará excluida del ámbito de su derecho e irá a caer en el ámbito de otro derecho, para aquel ordenamiento indiferente. Ello sucede incluso respecto de instituciones que tienen carácter de universalidad, como la Iglesia, que se desinteresa de cualquier relación o hecho que no se enlace, mediata o inmediatamente, con los fines religiosos que trata de alcanzar. Lo mismo sucede respecto de instituciones que no son universales, pero que, sin embargo, persiguen fines generales, como el Estado (§ 33): también los ordenamientos jurídicos estatales están circunscritos y por tanto limitados, desde varios puntos de vista, en el sentido que aquí nos interesa. En primer lugar, en relación a los elementos que lo componen, el territorio y los habitantes;

resulta así que aun teniendo cada Estado la posibilidad de incluir en su ordenamiento hechos o relaciones que tengan lugar en el extranjero o entre extranjeros, no se suele extender el derecho más allá de su propia esfera territorial y personal. Esta regla conoce, desde luego, numerosas e importantes excepciones, sobre todo en los Estados modernos, más abiertos al exterior que los antiguos; pero no por ello deja de ser una regla que ha alcanzado gran predicamento, sobre todo en algunas materias; de ella se sigue el que sean indiferentes para cada uno de los distintos Estados, si no en su totalidad, sí al menos en gran parte, los ordenamientos de los Estados extranjeros como tales, así como lo que en ellos acaece o lo que ellos consideran relevante. Estimamos que se trata de una cuestión obvia. Así por ejemplo, en algunos Estados como Francia se considera que los Tribunales solo deben administrar justicia en relación con los ciudadanos franceses, sin que sean, por tanto, llamados a resolver, excepción hecha de algunos casos, las controversias que surjan entre extranjeros exclusivamente. Respecto incluso de Italia, voces autorizadas[266] han sostenido que nuestros magistrados solo tienen jurisdicción sobre los extranjeros en los casos enumerados en los artículos 105 y 106 del Código de Procedimiento civil. Y aunque no se considere taxativa tal enumeración, queda siempre como principio general el de que el sometimiento de los extranjeros a nuestra jurisdicción, depende de determinadas condiciones que no son aquí del caso, pero que en cuanto no se produzcan; habrán

[266] Anzilotti, Il riconoscimento delle sentenze straniere di divorzio, etc., Bologna, 1908, p. 57 y ss. en nota, y en "Rivista di diritto internazionale", 1908, p. 171. [Vid., ahora los artículos 4 y 5 del nuevo Código de procedimiento civil de 1940, y entre la doctrina Morelli, I limiti della giurisdizione it. nel nuevo C. P. C., en "Riv. di dir. process. civ.", 1941, I, p. 104 y ss.; Zanzucchi, Il nuovo dir. processuale civ., P, Padova, 1942, p. 22 y ss.; etc.]

de significar que ciertas cuestiones se excluyen de nuestro ordenamiento, tanto procesal como sustantivamente.

Pero no hay que creer tampoco que todas las relaciones o hechos que tienen lugar en el ámbito interno del Estado, son subsumidos por éste dentro de su propio derecho. Para que tal subsunción se produzca, es preciso que se trate de relaciones o hechos que ofrezcan interés para el Estado y para los fines que éste persigue (§§ 33 y 40). Ahora bien, aun cuando es normal concebir al Estado como institución de fines ilimitados, es claro que esta expresión no tiene más que un sentido relativo, que viene a significar que no existe ningún fin social que no pueda ser considerado como propio por parte del Estado. Pero no se trata más que de una potencialidad o posibilidad abstracta; en la realidad, por muy extensa o amplia que sea la injerencia estatal, el derecho de cada Estado está siempre limitado, incluso por lo que respecta a sus propias materias. Ello significa, pues, que existen materias que no caen dentro del ámbito del Estado porque éste se desinteresa de ellas, de tal forma que no hay motivo para tenerlas en cuenta ni por lo que en sí mismas significan, ni tampoco porque hayan podido ser eventualmente reguladas por otro ordenamiento.

§ 47. Examen crítico de la doctrina contraria. Las limitaciones del ordenamiento estatal; sus distintas figuras y consecuencias

También se ha sostenido la opinión contraria, esto es, la de "que no existe ninguna esfera de la actividad individual que no sea tenida en cuenta por el derecho", entiéndase por el derecho estatal. Una determinada acción —se dice— está siempre impuesta o prohibida por una norma legal concreta, o bien entra en la esfera de libertad y como tal está permitida, a no ser que suponga una limitación para un tercero no prevista por alguna norma específica, en cuyo caso hay que considerar que se trata también de una acción prohibida"[267]. Tales afirmaciones se hacen derivar de un principio que puede quedar formulado del siguiente modo: un ordenamiento jurídico, al prever determinados casos, en relación con los cuales establece la existencia de ciertas obligaciones o limitaciones, admite implícitamente una norma general, a tenor de la cual ninguna otra limitación podrá ser impuesta fuera de tales casos. No se trataría de una norma negativa, ya que entonces, se dice, no podría ser jurídica, sino de una auténtica norma positiva que vendría a permitir de forma también positiva la realización u omisión de toda clase de actividades que no estuvieran prohibidas o cuya realización no fuera, por el contrario, obligatoria; tales actividades vendrían a constituir, según esta tesis, el contenido de un derecho de libertad, y serían, por tanto, no indiferentes jurídicamente, sino en todo caso relevantes[268].

No es este el lugar de realizar una crítica exhaustiva sobre tal doctrina, que ha sido formulada en función del problema de las lagunas del derecho, problema que debe ser en todo caso planteado de modo muy diferente, tal y como me propongo demostrar en otros estudios posteriores[269]. En todo caso, sin embargo, no serán superfluas algunas observaciones que nos permitan al mismo tiempo remachar la teoría que venimos exponiendo.

En primer lugar parece injustificada la afirmación de que aquella norma general y determinante a que nos hemos referido, haya de ser una norma positiva en el sentido que se pretende, esto es, que atribuya necesariamente

---

[267] Donati, Il problema delle lacune dell'ordinamento giuridico, Milano, 1910, p. 223.

[268] Donati, *op. cit.*, p. 35 y *passim*.

[269] [Vid. ahora sobre el tema mi estudio Osservazioni sulla completezza dell'ordinamento statale, Modena.

un derecho —el derecho de libertad— con el que luego se relaciona un deber para con otros sujetos, y no pueda ser en cambio una norma simplemente negativa que se limite a negar que existen más obligaciones que las contenidas en las otras normas. Tal punto de vista arranca del prejuicio, al que más arriba nos opusimos (§ 22), de que el derecho debe ser concebido exclusivamente como una regulación de relaciones entre diversos sujetos, constituidas por derechos y deberes recíprocos[270]. No obstante, se puede concebir perfectamente, a nuestro modo de ver, que un ordenamiento jurídico admita como principio fundamental la limitación a determinadas materias, de forma que las que quedan fuera hayan de ser consideradas como jurídicamente irrelevantes, formando por tanto un campo en el que no reconoce ni derechos ni obligaciones y no se trata solo de una mera posibilidad, sino de una exigencia indeclinable de todo ordenamiento, si resulta cierto el axioma antes recogido de que ningún ordenamiento asume la pretensión de regular toda clase de actividades y manifestaciones individuales, sino simplemente las que interesan a sus fines[271].

Pero además, es inadmisible el querer ver un auténtico y propio derecho de libertad en todas las facultades de hacer o de no hacer que puedan derivar del hecho de que un ordenamiento jurídico no imponga o prohíba determinadas actividades. Tenemos, en primer lugar, que según este procedimiento se termina viendo un derecho de libertad en todas partes, incluso donde la doctrina tradicional, con muy justa intuición aunque quizá inconsciente de ello, no

[270] Bierling, Juristiche Prinzipienlehre, I, p. 91 y ss.; Donati, op. cit., p. 38 y ss

[271] Cfr. especialmente Bergbohm, Jurisprudenz u. Rechtsphilosophie, I, Leipzig, 1892, p. 371 y ss. Vid. también Marinoni en "Rivista di diritto e procedura penare", 1911, parte I, p. 312 y ss. [y en Scritii vari, p. 41; Romano, Principii, cit., cap. VII, § 2 y passim].

había soñado, ni mucho menos, con poder encontrarlo. Se comprende así cómo ha podido llegarse al grado de configurar como un derecho de libertad del Estado, el desarrollar o no aquella actividad que no le ha sido prohibida o impuesta por el ordenamiento jurídico[272], cuando tal posibilidad no es sino manifestación de su propia potestad, que es desde luego algo sustancialmente diferente de un simple derecho de libertad. Este último, puede ostentarse lógicamente frente a un sujeto que se encuentra en una posición de igual o de superior, pero no frente a un súbdito. Frente a los súbditos no se es solamente libre, sino incluso, y se nos perdone la expresión, se es un auténtico patrón.

Pero aun prescindiendo de esto, estimamos inexacto el confundir con el derecho de libertad una serie de otros derechos, cada uno de los cuales tiene una figura propia y diferente, y cuyo contenido positivo viene regulado por el ordenamiento jurídico. No solo la potestad del Estado, sino incluso, por ejemplo, la autarquía de los Municipios, el derecho de propiedad pública o privada, etc., que suponen en todo caso la facultad de hacer o no hacer, y que implican también la pretensión de que los demás se abstengan de conductas que pudieran obstaculizar aquella facultad, no son en absoluto derechos de libertad. Solo puede pretenderse hacer del derecho de libertad un derecho *a se*, en cuanto se concibe como un derecho cuyo objeto es la independencia de un sujeto respecto de otros, superiores o iguales, que tienen a su vez la obligación de no invadir la esfera jurídica de aquél: derecho negativo, pues, a una simple omisión; en cambio, la actividad positiva que corresponde a esta omisión podrá constituir el objeto *a se* de otro derecho, público o privado, o podrá ser incluso irrelevante. La opinión, por lo demás ampliamente admitida, de que el derecho de libertad es un derecho esencialmente único en

---

[272] Donati, op. cit., 227 ss.

el sentido de que no se resuelve en tantos derechos autónomos como múltiples facultades se contienen en él, solo puede encontrar justificación si a tal derecho de libertad se atribuye ese contenido negativo a que nos hemos referido[273]; porque tales facultades, en cuanto se traducen en actividades positivas, pueden dar lugar a otros tantos derechos autónomos, completamente distintos entre sí; estos últimos pueden, en cambio, concebirse como manifestaciones de un único derecho complejo solo en cuanto se pone de manifiesto su elemento común, según el cual, en ciertos momentos y bajo un determinado aspecto, se traducen en manifestaciones de la independencia personal. Solo cuando se pretende fijar este carácter, solo cuando se quiere poner de manifiesto este objeto indiferenciado, pueden reducirse bajo el concepto de derecho de libertad, ya que si no, *in se* y *per se*, o dan lugar a figuras jurídicas distintas que es preciso no confundir, o bien son jurídicamente irrelevantes.

Hay que observar por último —prescindiendo de otros aspectos que nos desviarían de nuestro tema—, que un ordenamiento jurídico puede realizar su propia limitación de diferentes maneras, que deben ser tenidas en cuenta y a las que ni siquiera hace mención la teoría a que nos hemos referido. Entre ellas, nos interesan principalmente las siguientes: a) Un ordenamiento jurídico puede, en primer lugar, limitar los poderes de las autoridades, sin que, por el contrario, se atribuya a nadie un derecho al cumplimiento de tal limitación. Tal era el sistema preferido especialmente en los tipos de Estado anteriores al actual; ello explica la, exacta *communis opinio* de que el afianzamiento del derecho público de libertad es algo totalmente reciente y propio del Estado moderno, y no una afirmación necesaria de todo

[273] [En contra de tal opinión, véase ahora mi escrito citado, Osservazioni sulla completezza dell'ordinamento statale, p. 5, nota 2 y mis Principii, cit., cap. VIII, § 4, n. 2 y cap. IX, § 1].

ordenamiento jurídico, como ha sido sostenido en contraste con la realidad histórica. Pero incluso hoy, podríamos enumerar una serie de supuestos tomados de nuestro derecho positivo, en los que a las limitaciones del poder público no corresponde ningún derecho de los ciudadanos. El ejemplo más notable sería aquel en que, admitida la hipótesis de que existan limitaciones al poder legislativo, nadie estaría autorizado a constreñirlo al respeto de las mismas (vid. *supra* § 22).

b) Puede suceder, en segundo lugar, que de los límites de un ordenamiento jurídico nazcan —atribuidos por este último— una serie de derechos, cuyo contenido sea precisamente el respeto de tales límites, o .que al menos presupongan tal respeto. El más característico de esos derechos es el de libertad, si se concibe en el sentido puramente negativo a que nos hemos referido y teniendo como objeto una determinada independencia de cada uno de los sujetos sometidos al ordenamiento jurídico; a tal derecho corresponde la obligación de los demás de no perturbar la esfera que a aquel primer sujeto se le deja libre. Pero no es este el único derecho a que nos debemos referir aquí; existen otros muchos derechos de contenido esencialmente positivo, y que se distinguen por tanto del derecho de libertad, que presuponen que el ordenamiento jurídico detiene sus normas ante cierta actividad, cuyo desarrollo, dentro de ciertos límites, no viene marcado por cl propio ordenamiento, sino que se abandona a la voluntad de un sujeto; así, por seguir con los ejemplos ya utilizados, el derecho de propiedad. En otros casos, mejor que de derechos, debe hablarse de *status* correspondiente a ciertos sujetos: así por ejemplo, el *status* de autarquía de algunos entes públicos. En otras ocasiones se presenta, siempre desde el punto de vista señalado, la figura del poder discrecional atribuido a ciertos órganos del Estado o de otros entes.

Existe como vamos viendo, toda una serie de supuestos diversísimos, que presentan la característica común, por lo que aquí nos interesa, de que el ordenamiento considera relevantes jurídicamente ciertas manifestaciones de su actividad, pero *solo hasta un cierto límite*; esto es, circunscribiendo una esfera que, en cuanto viene delimitada por el ordenamiento, constituye un derecho, o un status, o un poder, de modo que no puede salirse de ella sin incurrir en un abuso que es, en todo caso, jurídicamente relevante; sin embargo, el ordenamiento se abstiene de penetrar dentro de ella, de modo que lo que en su interior pueda suceder es indiferente desde un punto de vista jurídico. La valoración inexacta y exagerada de este ámbito jurídicamente indiferente, ha hecho dudar en ocasiones de que, considerado en su conjunto, pudiera relacionarse con la figura de este o de aquel derecho en concreto. Así, algunos han negado el derecho de libertad, afirmando que se trataba de una simple facultad o de un conjunto de facultades de hecho; partiendo de las mismas bases, han negado otros también que la propiedad fuera un derecho. Ahora bien, tales opiniones, que amplían excesivamente el campo de lo que es jurídicamente indiferente, no son menos erróneas que aquellas otras que afirman, por el contrario, que todo tipo de actividad es siempre relevante para el derecho. Ni unas ni otras saben apreciar con exactitud hasta dónde llega o dónde se detiene el ordenamiento jurídico. El ordenamiento consagra realmente el derecho de libertad, pero al mismo tiempo de este derecho derivan una serie de actos que son indiferentes para aquél; consagra igualmente el derecho de propiedad, pero no se interesa sobre la manera que el propietario disfruta de la cosa hasta que no la utiliza en sentido contrario a las leyes; atribuye al padre de familia la patria potestad, y prohíbe y castiga su abuso, pero no considera en cambio como auténticos y verdaderos derechos las distintas facultades comprendidas en aquella potestad y que le son jurídicamente indiferentes, como la de dar un coscorrón al pequeño que cometa una travesura.

Admitida, pues, esta esfera, o mejor estas diversas esferas, que en su aspecto interno son indiferentes para el derecho en el sentido que hemos señalado, se deduce la consecuencia de que puede ocurrir que en aquel ámbito interno surja otro ordenamiento jurídico, que será por tanto indiferente para aquel primer ordenamiento que ha reconocido esa esfera como cerrada y ello, claro está, mientras no se traspasen los límites que se le han asignado. Lo mismo que son indiferentes los distintos actos que pueda realizar el *dominus*, por así llamarlo, de esa esfera cerrada, será también indiferente el ordenamiento con que en algunas ocasiones intente ese mismo *dominus* regular dichos actos. Dicho ordenamiento podrá ser un auténtico ordenamiento jurídico si reúne los requisitos necesarios para ello que más arriba señalamos, pero será desde luego irrelevante respecto del ordenamiento estatal. De la misma forma que este último no atribuye importancia alguna a los distintos modos como un padre corrige a sus hijos siempre que no constituyan abuso de la patria potestad, ignora también, como regla general, el reglamento disciplinario vigente en un convento, en un instituto o en una clínica privada. Se castigan ciertamente (art. 390 Cód. pen.)[274] determinados métodos de corrección o de disciplina que son considerados como abusivos, pero ello no en base a las normas del reglamento interno, que es indiferente para el Estado, sino en cuanto dicen relación con los límites que el propio Estado ha asignado a esos derechos en base a los cuales pueden ser tomados en consideración dichos establecimientos[275].

---

[274] [Art. 511 del Código penal vigente.]

[275] Estimamos, pues, inexacta la posición de los que hablan de un derecho disciplinario de los particulares, basándose en el derecho positivo italiano. La disciplina privada, si es relevante para el derecho estatal, no

Pero puede suceder también que, por razones especiales que varían según los casos, un determinado ordenamiento jurídico de un ente particular que no trascienda el ámbito de autonomía otorgado a éste por el Estado, no sea del todo indiferente para este último; tal sucede, por ejemplo, con la regulación de los entes autárquicos o con el Derecho de la Iglesia, que el Estado considera como auténtico derecho objetivo. Sucede también que este último, aun deteniendo como regla general su competencia frente a los actos concretos de tales entes allí donde alcanza la discrecionalidad propia de esos actos, puede controlar su legalidad no solo en base al derecho estatal, sino incluso en base al derecho interno de los mismos entes[276].

c) Debernos señalar, por fin, un último supuesto. Puede suceder también que, por un lado, el ordenamiento jurídico del Estado no prohíba ni tampoco imponga a ninguno de sus súbditos desarrollar una determinada actividad, que permanece libre por tanto, pero que al mismo tiempo tampoco prohíba, por otro lado, que se lleve a cabo una actividad contraria a aquella primera, de tal modo que permanece indiferente ante el desarrollo de cualquiera de las dos acti-

---

lo es como tal disciplina, sino bajo la fórmula de otras figuras jurídicas y, normalmente, como sanción de obligaciones resultantes de un contrato. Pero también puede ser totalmente irrelevante, a no ser que lo sea como abuso de otro derecho distinto (por ejemplo, el derecho de patria potestad), en cuyo caso ya no se trata de un verdadero derecho disciplinario. Claro que esto no supone que en algunos casos no pueda ser relevante para un ordenamiento diferente del ordenamiento estatal. [Mi opinión actual es que tal problema, que en todo caso debe ser replanteado, no es siempre susceptible de solución tan radical y absoluta.]

276 Respecto a la cuestión de las relaciones entre el Estado y la Iglesia, vid., con sentido no coincidente, Scaduto, en "Giurispr. it,", 1904; Vacchelli, en "Foro it.", 1904; Schiappoli, en "Legge", 1900; el mismo autor, en Manuale, nn. 291-292 [ed. de 1934, p. 75 y ss]; Coviello, Manuale, I, §§ 98-99 [también en la ed. 1922]; Jemolo, Amministrazione ecclesiastica, n. 85 y ss.

vidades que se oponen entre sí y que no pueden ser consideradas como objeto de auténticos y verdaderos derechos. Así, por ejemplo, el Derecho italiano no prohíbe el suicidio, pero con ello tampoco pretende prohibir el que se impida a otro quitarse la vida, y es claro que no puede hablarse de un derecho a la libertad de suicidio. Existen también, como reiteradamente hemos señalado, intereses materiales que el ordenamiento del Estado excluye de su ámbito, desinteresándose por tanto de ellos no solo de forma parcial, como en los casos antes indicados (*sub* b), sino totalmente.

Interesa destacar de entre estas materias las que tienen carácter puramente espiritual o religioso, a alguna de las cuales ya nos hemos referido. En el Estado moderno, que se afirma laico y separacionista, existe al menos la tendencia a desinteresarse de ellas. Las disposiciones cada vez más contadas que las tornan en consideración no son más que residuos de ordenamientos anteriores que, al no haber sido abrogados, continúan estando en vigor, pero que no son más que excepciones que confirman la regla señalada. Podemos citar como ejemplo la materia del matrimonio religioso, en relación con la cual las recientes normas que han instituido y regulado el matrimonio civil[277] han supuesto la derogación de las normas estatales vigentes con anterioridad. De forma que esta materia, *in se* y *per se*, permanece ajena al derecho estatal, para el que son indiferentes los ordenamientos de las diferentes Iglesias o de los otros entes de culto que la regulan por su cuenta. Este principio nos sirve para resolver la cuestión de si para el derecho del Estado existe un derecho de los fieles a obtener de la autoridad religiosa competente la celebración del matrimo-

[277] [El actual derecho del Estado italiano reconoce, como se sabe, efectos civiles a los matrimonios celebrados ante los ministros de la Iglesia católica o de las confesiones reconocidas.]

nio[278]. En nuestra opinión, el problema debe ser resuelto de modo negativo por el hecho de que se trata de una materia indiferente para el derecho estatal. Por ello que no sirva, como alguien ha intentado, el tratar de ver si tal derecho, que desde luego no es atribuido directamente por el Estado, lo es en cambio por el ordenamiento de las distintas comunidades religiosas; aunque se pudiera probar esta última atribución, habría siempre que considerar que se trata de un ordenamiento que no existe para el Estado, quien no puede por tanto tutelar los derechos que de ese ordenamiento derivan. El reconocimiento por parte del Estado, del Derecho eclesiástico como derecho objetivo, está preordenado a los efectos civiles que de él puedan derivar; entonces, aquellas otras partes que no producen tales efectos son irrelevantes para aquél a no ser que existan disposiciones especiales, quizá mejor excepcionales, que dispongan lo contrario.

Hay que destacar que se trata de un principio que no es solo válido para las materias religiosas, sino también para otras. En este sentido podemos recordar aquí la famosa controversia de si son admisibles en el ámbito del derecho privado —excluido el derecho de familia, en el que existen normas especiales— las obligaciones que no tienen carácter patrimonial. Tal controversia, en cuanto se resuelva en sentido negativo, postula fundamentalmente el principio de la irrelevancia para el derecho privado estatal de toda una serie de relaciones, por el simple hecho de que aquél delimite su materia, como regla general, a aquellas relaciones que tengan, directa o indirectamente, efectos o valor patrimonial.

A un punto de vista análogo hay que trasladar en nuestra opinión el problema de si el miembro de una sociedad

---

[278] Sobre este problema Jemolo, Esiste un diritto dei fedeli al sacramento? en "Rivista di diritto pubblico", 1915, II, p. 133 y ss.; también una breve referencia en Chironi, Colpa extracontrattuale, Torino, 1903, II, pp. 533 y 673 [nn. 529 y 598 de la ed. de 1906]

privada, que ha sido expulsado de ésta, puede siempre y en todo caso dirigirse a los Tribunales del Estado en contra de tal expulsión. Tal derecho no puede desconocerse, al menos como regla general, si se trata de una sociedad civil o mercantil o si está constituida al menos como entidad moral, ya que entonces nos encontramos en presencia de entes reconocidos por el Estado, regulados directa o indirectamente por su derecho. Pero si se trata, en cambio, de una sociedad que no puede dar lugar en ningún sentido a relaciones o efectos "civiles", entendida esta palabra en su más amplio significado, estimamos que decae entonces la competencia de los Tribunales estatales, ya que tanto aquella sociedad como su propio ordenamiento interno son indiferentes para el derecho del Estado. Tal competencia no se da, pues, no solo cuando el ordenamiento interno contenga disposiciones que prohíban a sus socios dirigirse a las autoridades del Estado y remitan a otros la resolución de tales controversias[279], sino incluso cuando el estatuto social no contenga disposición alguna en este sentido. Asimismo estimamos que no es posible en ningún caso que la autoridad judicial decida, por ejemplo, si un partido político ha hecho bien o mal expulsando a uno de sus miembros, así como tampoco es concebible que condene a dicho partido a admitirlo de nuevo[280]; claro está que tal competencia habría que reconocerla, en cambio, para aquellas cuestiones relacionadas con esa expulsión que eventualmente pudieran estar en co-

[279] Un planteamiento de la cuestión partiendo de la existencia de tales disposiciones, cuya eficacia se detiene a estudiar, en C. Lessona, I diritti dei soci nelle associazioni private, en "Rivista di dirítto commerciale", 1910, I, p. 378 y ss. Referencias más generales al problema en Bianchi, Corso di diritto civile (2), IV, n. 17.

[280] [La cuestión exige un planteamiento diverso en aquellos ordenamientos en que un partido político asume la figura de ente público encuadrado en el orden constitucional. Debemos prescindir aquí, sin embargo, de qué solución debe entonces adoptarse.]

nexión con posibles "efectos civiles". No podemos aquí, sin embargo, detenernos a averiguar a qué consecuencias podrían conducir estos principios aplicados a una elaboración, que todavía falta, de la teoría general de las asociaciones.

§ 48. Los ordenamientos internos de instituciones, especialmente estatales, frente al ordenamiento de otras instituciones en las que están comprendidas

Será conveniente, por fin, cerrar el presente capítulo refiriéndonos a un argumento, sobre el que nos reservamos el volver más adelante, pero del que podemos anticipar entretanto algunos puntos.

Hasta ahora hemos establecido las relaciones entre los diversos ordenamientos jurídicos, considerando las instituciones en que se concretan, cada una *in se* y *per se*, esto es, como esferas jurídicas distintas una de otra, a pesar de las relaciones que entre ellas se intercambian. Pero como ya hemos advertido repetidamente, existen instituciones comprendidas en otras y dominadas absolutamente por estas últimas, de modo que hay que considerar su ordenamiento jurídico como una parte del ordenamiento de ellas. Por tanto, la distinción entre los respectivos ordenamientos, que debe en todo caso mantenerse y que bajo ciertos aspectos es siempre necesaria, se resuelve, desde otros puntos de vista, en una partición interna del ordenamiento de la institución superior. La doctrina se ha preocupado últimamente de examinar en numerosas ocasiones cual haya de ser la importancia y el significado que hay que atribuir a tal partición, si bien parece que los resultados no son decisivos, y no podrían ser de otra manera dado el planteamiento, no del todo exacto, que se ha dado al problema.

Al examinar el ordenamiento de algunos entes, especialmente el del Estado, se han contrapuesto las normas que regulan la posición y las relaciones del ente con sus súbditos —el uno frente a los otros—, o las relaciones de éstos entre sí, con aquellas otras normas que se denominan internas y que están dirigidas por dicho ente a sí mismo o a sus propios órganos. Pero semejante distinción, que formulada de esta manera parece a primera vista muy clara, resulta en cambio imprecisa Y oscura cuando se siente la necesidad de incluir entre las normas internas otras normas que conciernen a las relaciones entre el ente y otras personas distintas: piénsese, por ejemplo, en las normas que constituyen el reglamento de una biblioteca del Estado, o en las normas disciplinarias que se aplican en una escuela de este último, etc. Entonces se ha echado mano de otro recurso; se han distinguido, por un lado, las normas concernientes a los poderes de supremacía general de los que el ente es titular, de las referentes en cambio a sus poderes de supremacía especial, que suponen un *status* de subordinación singular en el que se pueden encontrar diferentes personas, por razones diversas, que no están comprendidas en aquellas que originan la subordinación general. Estas segundas, a diferencia de las primeras, deberían incluirse entre las normas internas. Tal forma de entender la distinción, que yo mismo he contribuido a precisar en diferentes trabajos[281], no es en sí misma inexacta. Me parece, sin embargo, que hoy día debe ser superada y comprendida desde otro punto de vista más amplio y elevado, que al mismo tiempo que aclara el concepto de norma interna, ayuda para comprender

---

[281] Vid. mi memoria Sulla natura dei reqolamenti delle Camere parlamentari, en "Arch. giur,", 1905 y mis Principii di dir. amministrativo it.(39, Milano, 1912, n. 7; Ranelletti, Principii di dir. amministrativo, I, pp. 236, 276; G. Arangio Ruiz, Istituz. di dir. costituzionale it., nn. 481, 549; Salemi, Le circolari amministrative, Palermo, 1913, p. 55 y ss.; Zanobini, Le norme interne di dir. pubblico, en "Riv. di dir. pubbl.", 1915, n, p. 321 y ss.: Presutti, Istituz. di dir. amministrativo it(2), Roma, 1917, n. 40 [en la 3ª ed., Messina, 1934, n. 40, p. 75].

mejor el concepto de poder de supremacía especial junto con otros, que han permanecido hasta ahora en la sombra.

El punto de vista al que nos referimos es aquel, según el cual en algunos entes de estructura más compleja —como especialmente, aunque no de modo exclusivo, el Estado—, hay que distinguir diversas instituciones que consideradas luego de modo conjunto no forman más que una sola. Como instituciones en este sentido hay que señalar los diversos órganos del Estado (las Cámaras, los Ministerios y, en general, cada una de sus distintas dependencias), y no solo los órganos *strictu sensu*, sino también los llamados institutos estatales, como escuelas, museos, bibliotecas, establecimientos, etc. (§ 12, *sub*. 3). Cualquier conjunto de estos órganos e institutos, en cuanto estén coordinados y subordinados entre sí y reducidos a unidad, puede ser considerado como institución y, por tanto, también lo será cada uno de los denominados tres poderes del Estado: él legislativo, el ejecutivo, el judicial, que luego, una vez integrados conjuntamente, constituyen aquella institución mayor que es la total organización estatal; hasta que por fin se llega a la institución máxima que es el propio Estado, que comprende todas las instituciones menores señaladas y que comprende, por tanto, además de su propia organización propiamente dicha, todos los otros elementos de que consta.

Si todo esto es cierto, se puede deducir el siguiente corolario: toda institución es por definición, según quedó demostrado en el capítulo primero, un ordenamiento jurídico; dado que en nuestro caso existen varias instituciones que son parte de otra, resultará también que los ordenamientos jurídicos, que constituyen las primeras, serán partes del ordenamiento jurídico de aquella institución más amplia que los comprende; aquellos serán, por tanto, ordenamientos jurídicos internos de esta última. Concretándonos al Estado, aunque evidentemente podamos adoptar los mismos criterios pata cualquier otro ente de estructura compleja, entendemos por normas internas, y ahora podemos decir mejor y más exactamente, por ordenamientos internos:

a) Los ordenamientos de su organización, en cuanto conciernen a la posición y a las relaciones de sus distintos órganos e institutos.

b) Los ordenamientos de los diferentes órganos e institutos, ya sean considerados en sí mismos, ya en las relaciones con las personas titulares de los respectivos cargos o con las personas que por distintas razones pueden ser admitidas en tales institutos.

Siguiendo estos criterios podemos alcanzar las siguientes ventajas. El concepto de ordenamiento interno resulta delimitado con precisión, y sobre todo queda reducido a unidad: será interno el ordenamiento de una institución comprendida en otra mayor frente al ordenamiento de esta última; así, por ejemplo, el derecho de un órgano estatal en relación con el derecho del Estado considerado globalmente, o el derecho del Estado en relación con el Derecho internacional. En segundo lugar, y por cuanto respecta al derecho estatal, el concepto de ordenamiento interno no aparece ya subordinado al de poder de supremacía especial, sino que este último debe deducirse de aquél, de modo que, así puede presentarse mucho más claro y completo. De esta forma podemos ser ya capaces de poner de relieve en su justo punto, no solo los poderes de supremacía especial frente a los de supremacía general, sino toda una serie de poderes, derechos, deberes, posiciones y situaciones que pueden ser calificados de especiales frente a otros análogos que tienen carácter de generalidad. Y aquella distinción, que así aparece clarísima, no puede ser sino la siguiente: habría que calificar como generales aquellos *status*, relaciones, poderes, derechos, obligaciones, etc., que se basan en el ordenamiento del Estado considerado en su conjunto, o sea como institución en la que quedan absorbidas las demás; especiales serán aquellos que se fundan en el ordenamiento de una institución estatal considerada aisladamente *in se*. De esta forma la distinción del derecho objetivo que hemos señalado, justifica y explica también la que se refiere a los aspectos Subjetivos. Y, desde luego, ello parece mucho más exacto, incluso desde un punto de vista lógico.

Después de esto podemos pasar a distinguir dos tipos de ordenamientos internos. En primer lugar, aquellos que vienen establecidos por la institución más amplia y que comprende a las demás, pero que no son establecidos para tal institución considerada globalmente, sino para alguna de las instituciones menores subordinadas a ella; por ejemplo, las normas contenidas en el Estatuto albertino o en otras leyes referentes a los llamados *interna corporis* de las Cámaras parlamentarias, a las normas disciplinarias de los funcionarios del Estado contenidas en leyes o reglamentos generales, etc. En segundo lugar, los ordenamientos que cada una de las instituciones menores se dan a sí mismas; por ejemplo, los reglamentos de las Cámaras, las instrucciones que el superior jerárquico dirige a sus subordinados, los reglamentos propios de un Instituto, de una biblioteca, etc. Los primeros son ordenamientos internos no por la fuente de la que emanan, sino por la esfera en que se aplican, que es la de una institución comprendida en otra mayor. Los segundos son ordenamientos internos, tanto por su esfera de eficacia como por la fuente de que provienen.

Hay que señalar, por fin, que de esta forma queda fácilmente resuelta la cuestión de si tales ordenamientos internos deben ser considerados como ordenamientos jurídicos. La opinión negativa, que en alguna otra ocasión hemos admitido, y que es la predominante, es exacta en el sentido de que los ordenamientos del segundo tipo señalado son irrelevantes como tales para el ordenamiento general: ni forman parte de este última, ni se integran en él; pero ello no quiere decir que sean irrelevantes desde otros puntos de vista. Así, los reglamentas internos de las Cámaras parlamentarias o las instrucciones jerárquicas, aun cuando el hecho de emanarlos sea contemplado por el derecho general del Estado, y aun cuando lo señale como obligatorio, no entran sin embargo a formar parte de él, no se integran con las leyes y reglamentos generales en el ordenamiento mismo del Estado considerado como institución única y aglutinante. Ello no es más que un corolario del principio de que son elementos de un ordenamiento *a se*, de una institución particular, comprendida en la estatal, pero distinta de ella, y que se refieren a la propia institución, precisamente en cuanto ésta permanece diferenciada y no en cuanto se integra en la superior. En este sentido son auténticas manifestaciones de autonomía, y ello se ha puesto ya de manifiesto en alguna ocasión respecto de los reglamentos parlamentarios. Pero por otro lado, cuando se les considera no ya en relación con el ordenamiento conjunto del Estado, sino en sí mismos, no se puede negar que sean auténticos y propios ordenamientos jurídicos. También esto es consecuencia de la definición de derecho que dejamos señalada, y del principio de que toda institución es siempre un ordenamiento jurídico. Vemos, pues, que estas dos opiniones que hasta ahora se han repartido el terreno, son las dos ciertas, pero cada una en un sentido relativo, de igual manera que si se las considera en sentido absoluto son falsas las dos, en cuanto presuponen un concepto de derecho que debe ser rectificado según los criterios que dejamos señalados. Por lo que respecta a las normas internas del primer tipo, esto es, las que son tales no por su origen, sino por su ámbito de eficacia, no cabe poner en duda su carácter jurídico si nos remitimos al punto de vista más arriba señalado de la plena juridicidad de las relaciones orgánicas del Estado (§ 22, sub. 3).

Estimamos que, llevando estos principios a sus últimas consecuencias, se habrían de obtener numerosas ventajas para la reconstrucción de algunas teorías generales; nuevos e interesantes aspectos podrían presentar, por ejemplo, la teoría de las relaciones jurídico-públicas o la de la división de poderes, etc.

ÍNDICE